U0519431

管理
经济学
（第四版）

Managerial Economics

主　编　张晓东

副主编　刘海燕　田艳丽

西南财经大学出版社

四川·成都

图书在版编目(CIP)数据

管理经济学/张晓东主编 . —4 版.—成都:西南财经大学出版社,
2021. 8

ISBN 978-7-5504-5031-8

Ⅰ. ①管… Ⅱ. ①张… Ⅲ. ①管理经济学 Ⅳ. ①C93-05

中国版本图书馆 CIP 数据核字(2021)第 167360 号

管理经济学(第四版)
GUANLI JINGJIXUE

主 编 张晓东
副主编 刘海燕 田艳丽

策划编辑:何春梅
责任编辑:何春梅
封面设计:墨创文化
责任印制:朱曼丽

出版发行	西南财经大学出版社(四川省成都市光华村街 55 号)
网 址	http://cbs. swufe. edu. cn
电子邮件	bookcj@ swufe. edu. cn
邮政编码	610074
电 话	028-87353785
照 排	四川胜翔数码印务设计有限公司
印 刷	郫县犀浦印刷厂
成品尺寸	185mm×260mm
印 张	18.5
字 数	437 千字
版 次	2021 年 8 月第 4 版
印 次	2021 年 8 月第 1 次印刷
书 号	ISBN 978-7-5504-5031-8
定 价	49.80 元

前言

寒暑往复，这本《管理经济学》从第一版问世到现在已走过十三个年头，得到了越来越多高校的认可和读者的喜爱。

这次修订，仍然不改初衷，本着几个原则：

一是精实。作为管理人才的培养者本身必须坚守精益管理和"最优化"的思想，杜绝一切浪费。让教材的使用者在学习管理经济学这门课程的过程中获得最大的"产出"。本书简明扼要地介绍管理经济学的基本理论和方法，剔除复杂的公式和图表，深入浅出地将深奥问题分析得通俗易懂，通过精心选编的大量现实案例提高学习者的分析决策能力，最终使学习者能够用经济学的方法思考企业决策。

二是新颖。管理经济学是管理专业的基础性应用科学，有很强的时代背景。本书杜绝陈旧过时的案例与分析方法，重点突出当下的时代特点。在案例编写与应用分析中立足于"数字经济""互联网+""智能制造""经济全球化"等实现背景与未来趋势。教材的结构和主题既包括了传统的核心内容，又在许多新的方面有所扩展，反映出现代管理工具和方法的最新趋势。

三是有趣。所有内容，不论是理论、方法，还是决策，都以大量事实为依据，以具体环境为背景，用大量市场经济实例来说明主题，增加学习者学习兴趣。本书不仅使抽象的理论与概念生动易学，而且能使学生了解管理实际，为今后的实际工作提供指导。

本书内容全面，既包括传统教材的核心内容：市场供求与均衡、弹性分析、消费理论与应用、生产理论与应用、成本理论与应用、市场结构、产品与服务的定价、市场失灵与政府规制。又在许多新的方面有所扩展，把最新的博弈论与信息经济学在管理中的决策和思考方法在"博弈论与企业策略"一章中进行了生动而细致讲授；把企业在国际经营中所遇到的重要决策问题提炼形成了"开放经济中的管理经济"一章。

在栏目设置方面，每章以"思维导图"栏目开篇，让学习者一览本章的全貌，把握学习的脉络与重点。以有趣的"导入案例"栏目吸引学习者深入学习，激发学生的探索欲望。以"管理实践"栏目突出管理经济学在企业决策中的独特应用价值，强化学生分析、解决企业管理问题的能力。经济学细节往往隐藏在细密的逻辑分析中，我们精选了一些典型习题和历年各名校研究生入学考试中重点考察的知识点试题作为课后练习，开辟了

"经典习题"栏目,通过精选习题让学习者更加快速、深入地了解管理经济学的精髓。每章的结尾设置"综合案例"栏目,让学生直接面对企业的实际问题和具体环境,提高在复杂条件下利用所学理论进行管理决策的能力。

为了方便教学,本书建立了完整的立体化教材资源库,包括电子课件、教学大纲、课程视频、考试试卷以及课后习题的详细答案,各位同仁可以在西南财经大学出版社网站下载使用。

本书适合作为经济管理类专业学生学习"管理经济学"或"微观经济学"课程的教材,也可用作企业经营管理人员培训教材和自学参考书。

本书出版过程中得到了内蒙古农业大学、西南财经大学、宁波工程学院、宁波大学、河海大学、四川农业大学、成都信息工程大学、台州学院、成都理工大学工程技术学院等院校同仁的大力支持,西南财经大学出版社编辑同志为本书的出版付出了辛勤工作,写作过程中我们参考和引用了部分国内外同行的有关著作和文献,在此一并表示感谢!

张晓东

2021 年 2 月

目　录

第一章 管理经济学导论

【思维导图】

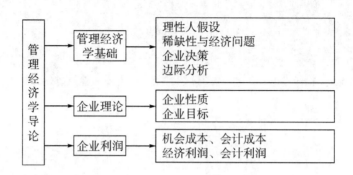

【导入案例】 生意不好，是网店冲击了实体店吗？

商务部的相关数据显示，2020年社会消费品零售总额为39.2万亿元，比2019年下降3.9%。2020年全国网上零售额为11.8万亿元，比2019年增长10.9%，电子商务业务已成为消费品零售业的核心力量。

面对网店的竞争，很多开实体店的老板抱怨，以前生意怎么怎么好，现在这么难做，他们认为是网店断了实体店的财路，这样下去会导致实体商铺倒闭、经济下行、人员失业。马云则说，不要怪淘宝太便宜，是实体店成本高。

快速发展的互联网与高效率配送的物流技术给企业带来了什么影响？到底是网店冲击了实体店，还是科技改变了企业的运作成本与运作方式？

第一节　经济学基础知识

一、经济学概念

（一）经济学的基本假设

1. 资源稀缺（scarcity）

（1）人类欲望是无穷的。

人类生存发展总是需要生活资料，人们的需要具有多样性和无限性。它是由人的自然属性和社会属性决定的，表现为各种各样的需要，如生存需要、享受需要、发展需要，或者经济需要、政治需要、精神文化需要等，这些需要形成一个复杂的需求结构，这一结构随着人们生活的社会环境条件的变化而变化。人们的需要不断地从低级向高级发展，不断扩充其规模。旧的需要满足了，新的需要又产生了。从历史发展过程看，人们的需要是无限的。

（2）资源是有限的。

资源的有限性是指相对于人们的无穷欲望而言，经济资源或者说生产满足人们需要的物品和劳务的资源总是不足的。资源主要指生产要素：①劳动（包括体力劳动和脑力劳动）；②土地（自然资源）；③资本；④科学技术。进一步可以把时间、机会、信息等也看作是资源的一部分。

2. 经济人

经济人 = 自利人（广义利己）+ 理性人（"精明的""会算计的"）

最有代表性的，是斯密在《国富论》中提出的后人称之为"经济人"（economic man）的理性人："每个人都在力图利用他的资本，使其生产品能得到最大的价值。一般地说，他并不企图增进公共福利，也不知道他所增进的公共福利为多少。他所追求的仅仅是他个人的安乐，仅仅是他个人的利益。在这样做时，有一只看不见的手引导他去促进一种目标，而这种目标绝不是他所追求的东西。由于追逐他自己的利益，他经常促进社会利益，其效果要比他真正想促进社会利益时所得到的效果为大。我们每天所需的食物和饮料，不是出自屠户、酿酒师或面包师的恩惠，而是出于他们自利的打算。我们不说唤起他们利他心的话，而说唤起他们利己心的话。我们不说自己需要，而说对他们有利。"

从理性的经济人出发，那么企业经营管理可以这样分析：经营是创造价值的过程，管理是利益协调与统一的过程，它不是基于道德、文化等层面，而是通过利益来管理利益，通过利益来约束利益。

（二）经济学定义

经济学是研究稀缺的资源在各种可供选择的用途中，进行最有效的配置，以求得人类无限欲望之最大满足为目的的一门社会科学。

二、研究内容与结构

（一）研究内容

经济学家的忠告

某日，一位总经理向一位经济学家请教经营之道。

经济学家：第一条，一定要把利润作为首要目标。

总经理：这我知道，我办这个企业正是为了赚钱。

经济学家：第二条，一定要做到 MR＝MC。

总经理：不就是有赚头就干吗？这我也知道，我一直就是这么干的。

经济学家：第三条，一定要做到 MRP＝ME。

总经理：是不是雇员不称职就炒他的鱿鱼？这我也知道，我已经炒了好几个。

经济学家：就这些。

总经理：这些我都知道，能不能讲些我不知道的？

经济学家：那得学点信息经济学。

经济学的研究对象表明，对一个经济社会来说，首要的任务就是要充分利用稀缺资源，按照社会经济目标的要求，选择合适的商品组合进行生产。这就是合理有效地利用和配置资源。因此，一个社会的经济系统通常应具备如下功能或解决以下基本经济问题：

①生产什么；

②如何生产；

③为谁生产；

④充分就业；

⑤物价水平；

⑥经济增长。

其中，前三个问题是资源配置问题；后三个问题则是资源利用方面的问题。20 世纪 70 年代后，西方社会出现了失业和通货膨胀、能源危机、环境污染、生态破坏、贫困化、城市膨胀等一些新的问题，从而进一步扩展了经济学的研究内容和范围。

（二）经济学结构

现代西方经济学把经济学原理或经济理论区分为两大组成部分或两个分支学科——微观经济学与宏观经济学。在经济分析中以单个经济主体（作为消费者的单个家庭、单个厂商以及单个产品市场）的经济行为作为考察对象，称为微观经济学；而把整个社会作为一个整体的经济活动作为考察对象，称为宏观经济学。

1. 微观经济学

微观经济学的内容包括两大部分：一是考察消费者对各种产品的需求与生产者对产品的供给怎样决定着每一种产品的产销数量和价格；二是作为消费者的生产要素所有者提供的生产要素与生产者对要素的需求怎样决定着生产要素的使用量与生产要素的价格。上述问题实际上是考察既定的生产资源总量如何被使用于各种不同的用途问题，即统称为价格理论。微观经济学的大致框架为：

需求供给理论→消费者行为理论→供给理论（生产理论与成本理论）→市场理论→生产要素的价格与收入分配理论→一般均衡理论与福利经济学

2. 宏观经济学

宏观经济学考虑被假定为已知和既定的被使用的生产资源总量的大小是怎样决定的，即国民收入大小的决定、物价水平的高低及其变化、全社会就业与失业人数以及经济增长与经济周期和国际贸易等。

经济学大厦结构

经济理论：微观经济学、宏观经济学、制度经济学

分析方法：数理经济学、博弈论、计量经济学

理论应用：产业组织理论、货币金融学、投资学、保险学、公共经济学、国际经济学、农业经济学、发展经济学、区域经济学、管理经济学、劳动经济学、环境经济学、卫生经济学、旅游经济学、教育经济学等

第二节　管理经济学内涵

一、管理经济学与企业决策

在解决上文提出的"生产什么""生产多少"和"怎样生产"三个问题时，管理经济学起到了什么样的作用呢？实际上，这三个问题的解决就是一个决策的过程。

1. 决策

所谓决策，就是在许多可行方案中选择最佳方案。

（1）确立目标。

在进行决策时，首先要明确我们要获得一个什么样的结果。

（2）提出可选方案。

达到一个目标，可以有多条途径，我们的任务就是提出所有可能的方案。

（3）选出最优方案。

这是关键的一步，我们要对所有的方案进行比较，选出最为可行的方案，使这个方案

的实施最有可能达到以较小的投入获得最大产出的目的。

2. 管理经济学在决策中的作用

管理经济学研究如何对可供选择的方案进行分析比较，从中找出最有可能实现企业目标的方案。在这个决策过程中，管理经济学的作用就是提供相关的分析工具和分析方法。

二、管理经济学内涵

1. 管理经济学的定义

管理经济学是将经济学原理和方法应用于企业经营决策的一门应用性经济学科。

2. 管理经济学结构

管理经济学总体结构如图 1-1 所示。

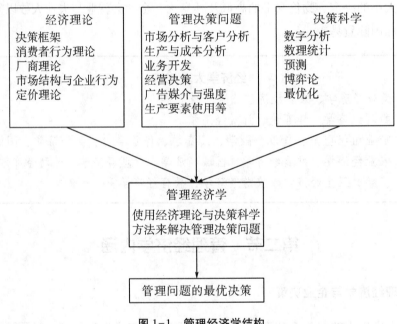

图 1-1 管理经济学结构

（1）市场理论，包括需求定理、供给定理、供求均衡、弹性理论；

（2）消费行为理论，包括消费的性质、一种商品的购买决策、多种商品的购买决策、消费者行为规律对企业开发新产品的启示；

（3）生产的效益理论，包括短期生产的最佳投入理论、长期投资的最佳规模理论和多元生产的最佳配置理论；

（4）生产的成本理论，包括经济成本的定义、短期成本的分类、长期成本的走势、成本曲线的管理学意义；

（5）经营决策理论，包括完全竞争市场决策、完全垄断市场决策、垄断竞争市场决策、寡头垄断市场决策；

（6）业务开发决策，包括市场需求预测、价格走势预测、经营成本预测、投资规模决策、设备选型决策、保本量价预测、微利量价预测、亏损量价预测和风险决策。

第三节　管理经济学的基本方法

一、边际分析法（增量分析）

边际分析法分析自变量微量变化对因变量的影响，即决策前后境况的变化。

> 录取分数线提高一分，会影响哪些考生？
> 房价每平方米提高 100 元，会不会影响富人？
> 商品价格提高 1 元，哪些人会减少购买？
> 多生产、销售一个产品，多雇用一个职员对企业利润有何影响？
> 生产普通的一杯可口可乐要多少成本？增加生产一杯可口可乐要多少成本？
> 思考：边际分析比起总量分析、平均分析的优点在哪里？

边际值表示自变量每变化一个单位，引起因变量变化的多少。

（1）边际收入 MR：每增加一个单位产量（销量）所引起的总收入的变化量。

$MR = \Delta TR/\Delta Q = dTR/dQ$

（2）边际成本 MC：每增加一个单位产量（销量）所引起的总成本的变化量。

$MC = \Delta TC/\Delta Q = dTC/dQ$

（3）边际利润 $M\pi$：每增加一个单位产量（销量）所引起的总利润的变化量。

$M\pi = \Delta T\pi/\Delta Q = dT\pi/dQ = MR - MC$

（4）边际产量 MP：每增加一个单位的投入要素（如劳动力或资本）所引起的总产量的变化量。

$MP = \Delta TP/\Delta L = dTP/dL$

二、最优化原理

消费者：效用最大化

厂商：利润最大化、成本最小化

$T\pi = TR - TC$，求导 $T\pi' = TR' - TC' = 0$，即 $MR = MC$

（1）MR > MC，可行

（2）MR < MC，不可行

（3）MR = MC，最优

一农民在小麦地里施肥，所用肥料数量与平均收获量之间的关系如表 1-1 所示：

表 1-1　施肥数量与平均收获量　　　　　　　　　　　　　单位：千克

每亩施肥量	平均每亩收获量	平均每亩边际收获量
0	200	
10	300	10
20	380	8
30	430	5
40	460	3
50	480	2
60	490	1
70	490	0

市场上肥料每千克售价 3 元，小麦每千克售价 1.5 元，那么每亩（1 亩 = 666.67 平方米，下同）施肥多少最划算？

我们知道，边际收益等于边际成本时，利润最大，施肥量最划算。边际收益等于边际收获量乘以小麦价格，边际成本为肥料价格。

由此可计算出各种施肥量条件下的边际收益、边际成本和边际利润（见表 1-2）。

表 1-2　施肥量与边际成本、边际收益与边际利润

每亩施肥量（千克）	边际收益（元）	边际成本（元）	边际利润（元）
0			
10	15	3	12
20	12	3	9
30	7.5	3	4.5
40	4.5	3	1.5
50	3	3	0
60	1.5	3	-1.5
70	0	3	-3

从表 1-2 得知，每亩施肥量为 50 千克时，边际收益等于边际成本，此时边际利润为零，利润达到最大，施肥量最划算。

利润 = 总收益 - 总成本 = 1.5×480 - 3×50 = 570（元）

第四节　企业理论

一、企业性质

企业是以盈利为主要目标而从事生产经营活动，向社会提供商品或服务的经济组织，它是实行独立核算，自负盈亏，具有法人资格的独立实体。我国企业划分为国有企业、集体企业、私营企业、个体企业、联营企业、股份制企业和外资企业等。

（一）生产方式

企业生产有外部采购与内部制造两种方式。

外部采购需要付出交易成本。交易成本（交易费用）是指企业在市场交换过程中，包括寻找交易对象、谈判、签订合同、实施合同、解决合同纠纷等过程中发生的所有费用的总和，实际上就是围绕契约（合同）发生的费用。

内部生产需要付出组织成本。组织成本是企业组织管理人、财、物、信息等运作所产生的成本。

（二）企业的本质

1. 传统观点

传统的观点认为，企业的本质就是把劳动、资本等输入要素组织生产出产品或服务，即完成生产要素到产品的转换。如图 1-2 所示：

图 1-2　传统观点认为的企业的本质

2. 现代观点

（1）节约交易费用。

企业通过减少交易次数、缩短交易过程，可以达到节约交易费用的目的，其本质手段是把原来在外部市场进行交易的活动转化为内部活动。需要注意的是，企业这种组织形式在节约交易成本的同时，增加了管理成本。所以企业在扩张其规模时，必须保证因此而节约的交易费用要大于管理费用的增加值。

（2）集体生产效率。

集体生产效率就是指团队生产效率。在现代的工业生产和经营中，有许多工艺和大型设备，只有在集体生产的条件下才能发挥效力，在个体生产的条件下，这些工艺或设备或是不能使用，或是高成本、低效率。这实际上是集体生产带来的高效率，只有在企业组织中才能实现。

（三）企业的边界

企业的边界扩大至最后一笔交易的成本与通过市场交易的成本一样为止。如图1-3所示：

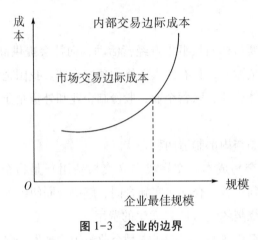

图1-3　企业的边界

二、企业分类与企业法人

（一）有限责任企业与无限责任企业

企业通常可以分为两类：有限责任企业和无限责任企业。所谓"有限"，是指投资者对企业负有限责任，同时企业自身对其债务负有限责任；而"无限"则是指投资者对企业负无限责任，同时企业自身对其债务负无限责任。经济学中所说的责任是指经济主体对其行为后果履行的义务。这样的义务有强有弱，承担的责任有大有小。

　　举例来说，假定你大学毕业后与你的亲朋或者好友准备成立一家公司，假如一开始你投入10万元人民币（在中国这就是所谓个体户），注册成立一个企业，此时投资者仅你一人，也就是股东就只有你一人，你将对企业负什么样的责任呢？简单来讲，如果盈利，则你悉数全收；如果亏本，且亏本额小于10万元，那么你就要从10万元资产中拿出一部分来抵还债务；如果不幸亏本额大于10万元，则不仅要把10万元全部用来还债，不足部分还要动用你个人的全部财产如积蓄、不动产等来偿还，直到债务清偿完毕；如果还是不够，"要钱没有，要命一条"的话，则在有些西方国家，你还将锒铛入狱。这样的企业就称为无限责任企业。可见，对于无限责任企业，企业的财产和投资者个人的财产联为一体，换句话说，债权人不仅对企业的财产有求偿权，对你个人的财产也有求偿权。企业对自己的债务承担无限责任，投资者对企业行为承担无限责任。如图1-4所示（箭头所指是负无限责任的方向）：

图1-4　投资者、企业与债权人的关系

如果你经营有方，生意红火，你想进一步把你的企业做大，那么你首先面临的困难是资金短缺，毕竟小微企业向银行贷款比较困难，而且你向周围亲朋好友借入的资金也有限，这与你规模扩张的要求相去甚远，这将白白丢失赚钱的良机；而你的企业通常由你和家庭成员组成，人力资源是有限的，企业的关系范围较窄，只有你一人或几人为企业操劳，人少智寡，势单力薄，同样会使企业丧失良好的发展机遇；由于你的企业是无限责任制，承担的风险很大，企业经营不善很可能使你倾家荡产，你会整天绷紧着弦，行动谨慎小心，如履薄冰。基于上述种种不利因素，你会自然考虑拉人入伙，让对方带入一些资金并按协商好的比例分享利润。这样，企业就从业主制演进到了合伙制。一般认为，合伙制比起业主制是一种进步，因为新人的加入带来了新的更广泛的社会关系，增加了企业可以动用的社会资源，使企业的管理和决策更为科学，并且入伙人带来了资金，可以对规模扩张起一定作用。

但是，合伙制企业一旦经营不善而亏本，如果亏本额小于共同出资额，则清盘偿还；如果最后资不抵债，则需各自变卖财产来按照比例偿还自己应担的债务；如果合伙者中贫富不同，则富者必须帮贫者偿还他无力偿还的债务。这就叫连带责任。所以，合伙制企业的投资者之间负连带责任，投资者对企业、企业自身对其债务负无限责任，这种制度也称无限连带责任。这样可以使企业的合伙者精诚协作、同舟共济。

如果你的企业发展良好，蓬勃壮大，你想进一步拉更多的人加入。其中有些人愿意以合伙者身份加入（负无限责任），有些人则只愿以出资为限，以有限股东身份加入（负有限责任）。这就是两合制企业，即企业的股东构成上，一部分是有限股东，一部分是无限股东。有限股东负有限责任，无限股东负无限责任。

假如逐渐地这些无限股东都愿意转成有限股东，并且法律也允许，那么随着所有无限股东都变成有限股东，企业的财产就是由各个有限股东出资构成的，每个股东以其出资额为限对企业负有限责任，那么企业也只能以法人财产为限对其自身债务负有限责任。企业也就从两合公司转变为有限责任公司。假如企业经营不善而亏损，即使亏损额大于企业财产，企业最多也只能以其自身所有财产抵债，债权人对投资者个人的私有财产没有求偿权。因此，这种形式的企业对投资者而言风险相对较低，容易吸纳更多的投资者，管理决策相对更科学。

假如你的企业进一步发展壮大，名声大振，准备扩大规模，进行多元化经营，甚至跨国经营，而你没有资金，但你有辉煌的业绩，你就可以面向一定的范围，公而告之，说明企业的优良业绩和广阔的发展前景，欢迎广大投资者来本企业"掘金"。于是公司逐渐成长为股份有限公司。但是因为是面向一定范围筹集资金，还是有限，所以进一步，你可以到一个资本市场，比如说纽约去，依照一定的法定程序，编制一个规范的招股说明书，成功地吸纳全世界的投资者，使得企业迅速发展壮大。此时你的公司已经变成了一个上市公司，或者叫公众公司或开放式公司。

（二）法人与法人财产权

企业是一个营利的法人，法人是有别于自然人的。法人有两个最显著的特点，其一是有自己独立的财产可以支配；其二是可以独立承担民事责任。其他特点是有自己的名称和固定住所。

以股份公司为例，说明法人财产是如何形成的。简单来说，就是由投资者的出资形成的。

假定50人以下的投资者投资注册成立一个有限责任公司（50人以上就可以组成一个股份有限公司），投资者一旦出资，投资额就成了法人财产而不是投资者的个人财产了。换句话说，投资者投资于法人的财产不可以收回，而只具有取得收益和其他的相应权利，如投票议决法人的重大行为等。这样，大量投资者的投资形成了法人财产，而法人对自己拥有的财产有相应的权利，如处置、使用、占有等权利，这就是我们通常所说的法人财产权。但这并不意味着投资者的财产权被完全剥夺，投资者出资后，财产的占有、使用、处置等权利固然丧失，但投资者享有了相应的股东权力，取得了收益、表决甚至转让投资的权利。换句话说，投资者用自己的资金的处置权换取了一种收益权，投资者也失去了对这笔资金的处置权。因此，公司的组建过程也是一个产权的交换过程。这可以看成是法人和投资者之间的权利交换。当企业盈利时，这样的交换对投资者十分有利；当企业亏损时，这样的交换则给投资者造成了损失，这就是投资的风险。投资者对法人财产没有处置权，只有法人代表才能对法人财产行使处置权。投资者对公司的一砖一瓦都不能擅自挪动，否则就是自然人侵犯法人财产。

三、企业的目标

（一）利润目标

1. 短期利润最大

利润最大化是古典微观经济学的理论基础，经济学家通常都是以利润最大化这一概念来分析和评价企业行为和业绩的。利润最大化公式为：

$$MR = MC$$

利润最大化目标的不足主要表现在以下几个方面：

第一，利润最大化是一个绝对指标，没有考虑企业的投入和产出之间的关系。例如，同样获得100万元的利润，一个企业投入资本500万元，另一个企业投入资本700万元，若不考虑投入的资本额，单从利润的绝对数额来看，很难做出正确的判断与比较。

第二，利润最大化没有考虑利润发生的时间，没有考虑资金的时间价值。例如，今年获利100万元和明年获利100万元，若不考虑货币的时间价值，也很难准确地判断哪一个更符合企业的目标。

第三，利润最大化没能有效考虑风险问题，这可能使财务人员不顾风险的大小去追求最大利润。例如，同样投入100万元，本年获利都是10万元，但其中一个企业获利已全部转化为现金，另一个企业则全部表现为应收账款，若不考虑风险大小，同样不能准确地判断哪一个更符合企业目标。

第四，利润最大化往往会使企业财务决策行为具有短期行为的倾向，只顾片面追求利润的增加，而不考虑企业长远的发展。

2. 长期企业价值最大

企业价值通俗地讲就是"企业本身值多少钱"。企业价值通常可以通过两种途径表现出来：一种途径是用买卖的方式，通过市场评价来确定企业的市场价值；另一种途径通过其未来预期实现的现金流量的现在价值来表达。企业价值最大化是一个抽象的目标，在资本市场有效性的假定下，它可以表达为股票价格最大化或企业市场价值最大化。

以企业价值最大化作为企业财务管理目标有如下优点：

首先，价值最大化目标考虑了取得现金性收益的时间因素，并用货币时间价值的原理进行科学的计量，反映了企业潜在或预期的获利能力，从而考虑了资金的时间价值和风险问题，有利于统筹安排长短规划、合理选择投资方案、有效筹措资金、合理制定股利政策等。

其次，价值最大化目标能克服企业在追求利润上的短期行为。因为不仅过去和目前的利润会影响企业的价值，而且预期未来现金性利润的多少对企业价值的影响更大。

最后，价值最大化目标科学地考虑了风险与报酬之间的联系，能有效地克服企业财务管理人员不顾风险的大小只片面追求利润的错误倾向。

企业价值最大化公式为：

$$\max: \mathrm{EV} = \sum_{t=1}^{n} \frac{\mathrm{TR}_t - \mathrm{TC}_t}{(1+r)^t} \qquad (r \text{ 为折现率})$$

企业价值最大化是一个动态的指标，它促使企业在生命周期内追求价值的持续增长，考虑行为的长期性、投资风险性和收益的时间性。

实现利润最大化面临的挑战

1. 企业无法准确得知自己产品的市场需求曲线和生产要素的市场供给曲线

企业产品的市场需求曲线就是企业的平均收益曲线，后者高度影响着企业的总收益进而影响着企业的边际收益。市场变动的无常性，使企业难以准确知道自己产品的市场需求曲线，从而造成企业边际收益的不确定性和不可知性。因此，难以用边际成本等于边际收益的办法来确定最优产量进而实现利润最大化。于是，普遍的情况是企业在偏高最大利润的某一相对满意状态下进行生产经营。与此相对应的是，在生产要素市场上，由于无法准确把握要素市场变动的无常性，企业难以准确知道自己所面临的生产要素的市场供给曲线，而要素供给状况又高度影响着企业的总成本进而影响着企业的边际成本，因此造成企业边际成本的不确定性和不可知性。同样，难以用边际成本等于边际收益的办法来确定最优产量进而实现利润最大化。这样，普遍的情况是企业只能在偏高最大利润的某一相对满意的状态下进行生产经营。市场信息的不完备性往往使企业偏离利润最大化的行为目标。

2. 企业内部存在着效率损失

企业内部的效率损失包括配置效率损失和 X 效率损失。配置效率损失是指各种投入的生产要素在配置比例上存在着非科学性，即一个企业很难使投入的生产要素的配合比例优化到使产出最大化。配置效率损失产生的根本原因是科学技术的飞速进步和决策者决策的相对滞后性，因为技术的进步直接导致最优要素配置比例的变化。X效率损失主要是指由于生产的组织结构、对工作人员的监督等不可能达到最优而产生的效率损失。通常，技术、社会习惯、文化乃至意识形态等都是影响企业生产的组织结构的重要变量，而企业工作人员对工作的大量自主决策性又很难保证他们全心全意为企业工作，这些都是X效率损失的重要原因。

3. 企业有时以牺牲利润最大化为代价追求产量最大化

追求产量最大化的企业主要基于这样的考虑：①为打入某一产品市场，企业必须以薄利多销的方法扩大自己的市场份额，以求长远利益的实现。这样的企业必然以产量最大化为行为目标，短期利润是次要的，甚至在极端情况下还可以按照低于平均成本的价格出售产品，这就必然违反边际成本等于边际收益的原则。②企业在创办初期，为了创建品牌，不惜以薄利多销的方法扩大产品销量，而每一件产品就是一个广告，企业的知名度和品牌就会逐渐树立起来。这种行为也当然违反使利润最大化的边际成本等于边际收益的原则。

4. 企业存在内部人控制问题

当股份公司的股东十分分散时，企业可能出现控制权落入管理者手中的现象，这就产生了内部人控制问题。通常，企业是股东的企业，企业的税后利润主要归股东所有，如果管理者与股东的行为目标一致，企业必然追求利润最大化。但不幸的是，管理者与股东的行为目标往往存在差异，股东的行为目标是使利润最大化从而实现自身经济利益（红利）的最大化；而管理者追求的可能是企业的知名度、规模、管理者的报酬甚至是企业职工收入的最大化，前后往往存在着矛盾。而一旦管理者摆脱了股东大会的制约，管理者就会按照自己的行为目标进行决策，例如：

（1）以牺牲利润即牺牲股东红利的方法提高企业的知名度和规模。企业的知名度高了，规模大了，企业家的社会地位就高，何乐而不为呢？

（2）以牺牲利润即牺牲股东红利的方法增加职工的收入。通常认为，在股份公司中，最能和企业同甘苦、共患难的通常不是股东而是职工，股东是企业中最大的机会主义者：公司业绩好了，买入或多买入股票；公司业绩差了，就大量卖出股票而脱身。而职工则受到企业因破产而随之失业的威胁，所以总是能与企业保持忠诚一致的关系。既然这样，作为管理者为什么非要追求利润最大化而让那些机会主义者——股东多得利呢？为什么不追求员工利益的最大化而让他们精进敬业呢？

（二）非利润目标

1. 销售额最大化

在所有权与经营权分离的情况下，销售额对经理人员的地位、声望和收入的影响大于利润。

2. 股东财富最大化

股东财富最大化是指通过财务上的合理经营，为股东带来最多的财富。持这种观点的学者认为，股东创办企业的目的是增长财富。他们是企业的所有者，是企业资本的提供者，其投资的价值在于它能给所有者带来未来报酬，包括获得股利和出售股权获取现金。在股份经济条件下，股东财富由其所拥有的股票数量和股票市场价格两方面来决定，因此，股东财富最大化也最终体现为股票价格。他们认为，股价的高低代表了投资大众对公司价值的客观评价。它以每股的价格表示，反映了资本和获利之间的关系；它受每股盈余的影响，反映了每股盈余大小和取得的时间；它受企业风险大小的影响，反映每股盈余的风险。

股东财富最大化适用于资本市场比较发达的美国，不符合我国国情。在我国，目前股份制企业还是少数，所占比例不大，不具普遍性，不足以代表我国企业的整体特征。仅提股东财富最大化，就不能概括大量非股份制企业的理财目标，这显然是不合适的。即使在西方发达资本主义国家，也存在许多非股份制企业。因此，股东财富最大化没有广泛性，兼容能力也小。

3. 追求多方利益平衡

企业是多边契约关系的总和，股东、债权人、经理阶层、一般员工等缺一不可。各方都有各自的利益，共同参与构成企业的利益制衡机制。企业目标应与企业多个利益集团有关，是这些利益集团相互作用、相互妥协的结果，但在一定时期、一定环境下，某一集团利益可能会占主导作用，但从企业长远发展来看，不能只强调某一集团的利益，而置其他集团利益于不顾。企业利益相关者治理机制模式遵循一定的规律和框架，见图1-5。

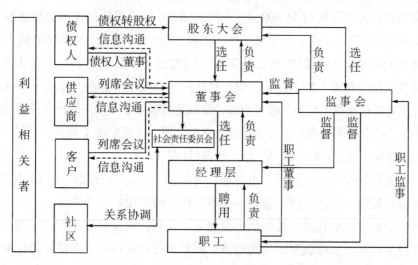

图1-5 企业利益相关者治理机制模式框架

四、委托—代理问题

委托代理关系是随着生产力大发展和规模化大生产的出现而产生的。其原因一方面是生产力发展使得分工进一步细化,权力的所有者由于知识、能力和精力的原因不能行使所有的权力了;另一方面是专业化分工产生了一大批具有专业知识的代理人,他们有精力、有能力代理行使好被委托的权利。但在委托代理的关系当中,由于委托人与代理人的效用函数不一样,委托人追求的是自己的财富更大,而代理人追求自己的工资津贴收入、奢侈消费和闲暇时间最大化,这必然导致两者的利益冲突。在没有有效的制度安排下代理人的行为很可能最终损害委托人的利益,而世界——不管是经济领域还是社会领域都普遍存在委托代理关系。

很多公司常常使用股票期权。股票期权是指一个公司授予其员工在一定的期限里(如10年),按照该授权日的股票的公平市场价格(FMV),即固定的期权价格购买一定份额的公司股票的权利。行使期权时,享有期权的员工只需支付期权价格,而不管当日股票的交易价是多少,就可得到期权项下的股票。期权价格和当日交易价之间的差额就是该员工的获利。如果该员工行使期权时,想立即兑现获利,则可直接卖出其期权项下的股票,得到其间的现金差额,而不必非有一个持有股票的过程。究其本质,股票期权就是一种受益权,即享受期权项下的股票因价格上涨而带来的利益的权利。

比如,某公司授予其员工200股为期10年的期权,授予日股票的价格为100元/股,那么该员工就可在规定时期的任何一天行使期权,即以100元一股的价格购买200股该公司的股票。如果该股票平均每年价格上涨20%,则3年以后股票价格为173元/股。如果该员工行使期权,他就可获利15 600元。如果他在10年里最后的期限才行使期权,那时股票价格为620元/股,该员工可获利104 000元。假设3年后行使期权的员工将其所得15 600元进行再投资,年均回报率也是20%,则再过7年后他的总获利仅为52 314元。可见把握时机和耐心程度上的不同,可以导致从同一期权中的获利结果大不一样。

员工有权选择行使或不行使其股票期权,结果是包赚不赔。员工的代价仅是必须为公司工作一段特定的期限。因为在许多公司的股票期权计划中,规定员工离开公司时,公司有权没收其享有的期权,或者有权要求离职员工加速行使期权。

对于发行股票期权的公司而言,也有显而易见的好处。持有股票期权的员工的收益,完全取决于公司股票上涨的幅度,公司本身不承担任何担保责任和风险。

股票期权的收益周期相对较长。员工要想从中获利,至少需要几年的时间,而不像年度奖金那般触手可及。这样就要求公司和员工都要有长远的打算,期望公司有中长期的成功,避免只追求短期利益。

第五节　企业利润

一、机会成本

选择（choose）（取舍）：因为稀缺，人们不能得到所有想要的东西，不得不在有限的资源下做出选择。为了得到某种东西所必须放弃的东西，也是一种成本，这是选择的必然潜在后果。

（一）机会成本的概念

机会成本（opportunity cost）也叫择一成本。一种经济资源被选择了特定用途时，必然要放弃其他用途，在放弃的其他用途中，可能给选择者带来的最大收益就是选择这种特定用途的机会成本。

举一个例子来说明机会成本：假定你有100万元人民币用于投资，可供投资的方向和年收益见表1-3，同时假定投资的其他成本都相同。

表1-3　不同投资方向可能带来的收益

投资方向	股票	债券	房地产	贸易	储蓄	放贷
投资收益（万元）	20	10	15	12	7	8

如果你是理性投资者，你必然选择股票投资而放弃其他投资方向。在放弃的投资方向中，房地产可能给你带来最大的收益（15万元），则你投资股票的机会成本就是15万元。

机会成本是衡量决策正确与否的重要因素，一旦做出决策，决策者一般会取得相应的现实收益，同时付出机会成本。当现实收益大于机会成本时，决策是正确的，否则属于决策失误。我们通常所说的"后悔"就是机会成本大于现实收益所造成的。因此，可以说选择不一定导致后悔，但后悔必然是选择的结果。

这样计算会议的机会成本可行吗？

企业经常忽略考虑它们的一个最重要的机会成本，这就是它们的高级雇员的时间。根据一家私营机构对美国的1 000家企业的200名老总所做的调查，老总估计在每天的工作时间中，平均有15分钟用于打电话，有32分钟用于阅读或抄写不必要的备忘录，有72分钟用于不必要的会议。假设这些老总们每年平均工作时间是48周（休假4周），每周工作5天，那么他们用于打电话的时间就是60小时，读写备忘录用128小时，而不必要的会议就占288小时。

也许读者会觉得，这些数字顶多算是某种有趣的描述，并不是精确的计算。试问有谁能预言即将召开的会议纯粹是浪费时间？无可否认，每个会议都具有一定目的，通常我们只能在会后对会议的必要性下结论。要命的是，企业在安排会议的时候，常常因为不必为参加会议的人额外付钱，便相信会议的成本为零。他们忘了，如果不开会，这些薪水很高的老总们会去做别的有用的事情。

如何纠正人们对会议成本的认识，加强与会者的紧迫感，进而提高会议的效率？有人提出了一种简便易行的方法，就是在会议室显眼处设置一块计时牌，预先录入每个与会者每小时的薪金数额，从他们到会议室的时刻开始计时，累计并显示全体与会者的薪金消耗数额，直到会议结束。

举例来说，20个平均时薪为200元的行政人员参见的会议，每小时的成本就是4 000元。此外，我们还可以加上诸如会议室的使用成本和传达开会通知的费用等项目。有了这块分秒必争的计时牌，"时间就是金钱"便真正成为一种压力。试想，当薪金数字跳到四位数时，还有哪个大老板愿意继续付钱让一群人毫无成效地空坐下去？还是长话短说为妙，趁早结束会议，把职员送回各自岗位上为公司多干活吧！

（二）机会成本的两个条件

1. 所使用的资源具有多种用途

机会成本本质上是对不能利用的机会所付出的成本，因为企业选择了这种用途，就必然丧失其他用途所能带来的收益。如果资源的使用方式是单一的，那就谈不上各个机会的利益比较。只有当资源具有多用性的时候，企业才需要考虑机会成本，这是考虑机会成本的一个前提条件。

2. 把可能获得的最大收入视为机会成本

考虑机会成本时并不是指任何一个使用方式，而是指可能获得最大收入的使用方式。在这里，需要强调可能性。

假设小李有100 000元资金，可以用来开服装店，也可以开水果店，还可以存入银行；开服装店可赚取总收入120 000元，开水果店总收入135 000元，存入银行一年连本带利收入105 000元。现在小李用来开服装店，那么就放弃了开水果店和存入银行的用途，所以放弃的最大收入为135 000元，就是这100 000元开服装店的机会成本。

请问：

你们选择坐在这个教室的机会成本是多少？

你们选择进修的机会成本是多少？

你们选择买房的机会成本是多少？

你们选择结婚的机会成本是多少？

管理实践1-1　机会成本分析

在企业决策中，我们很难明确了解每一种资源的用途，并且悉知每一种用途的收入，一般这样来计算机会成本：

（1）业主用自己的资金来经营的机会成本，等于这笔资金借出去的本金加利息。

（2）业主自己管理企业的机会成本，等于他从事其他工作的收入。

（3）机器设备原来闲置，现在用来生产的机会成本为零。

（4）机器设备原来生产产品甲，可以带来一笔利润，现在用来生产产品乙的机会成本就等于这笔利润。

（5）过去买进的材料，现在市价变了，其机会成本就按照现在的市价来计算。

（6）机器设备折旧的机会成本等于该机器设备期初与期末可变卖价值之差。

[**例1-1**] 张飞用自己的 1 000 000 元钱开工厂（若这些钱借出去，每年可获得利息100 000 元）。王豫民从银行借钱 1 000 000 元开工厂，每年支付利息 100 000 元。

分析张飞和王豫民资金的会计成本和机会成本。

解：

张飞：会计成本 = 1 000 000 元，机会成本 = 1 100 000 元

王豫民：会计成本 = 1 100 000 元，机会成本 = 1 100 000 元

从会计数据来看，张飞的成本更低，经济学上张飞和王豫民的资金成本是一样的。

[**例1-2**] 张飞开了一个公司，自己当经理，不拿工资，他若到其他公司当经理，每月可得 9 000 元。王豫民聘请其他人来自己的公司当经理，每月付工资 9 000 元。

分析张飞和王豫民管理公司的会计成本和机会成本。

解：

张飞：会计成本 = 0 元，机会成本 = 9 000 元

王豫民：会计成本 = 9 000 元，机会成本 = 9 000 元

从会计数据来看，张飞的管理费用更低，经济学上张飞和王豫民的管理费用是一样的。

[**例1-3**] 有如下两个方案：

方案 I：机器甲原来闲置，现在用来生产产品 B，所花的人工、材料费按现行市价计算共为 20 000 元，折旧费 4 000 元（折旧费与机器甲期初、期末残值的差额相等）。

方案 II：机器乙原来用于生产产品 A，利润收入为 3 000 元。现在转为生产产品 B，所花的人工、材料费按现行市价计算共为 20 000 元，折旧费 4 000 元（机器甲期初、期末残值的差额为 5 000 元）。

请分析两个方案的会计成本和机会成本。

解：

方案 I：

生产 B 产品的会计成本 = 20 000+4 000 = 24 000（元）

生产 B 产品的机会成本 = 人工、材料费的机会成本+折旧的机会成本+设备的机会成本 = 20 000+4 000+0 = 24 000（元）

方案 II：

生产 B 产品的会计成本 = 20 000+4 000 = 24 000（元）

生产 B 产品的机会成本 = 人工、材料费的机会成本+折旧的机会成本+设备的机会成本 = 20 000+5 000+3 000 = 28 000（元）

从会计上看两个方案成本是一样的,实际上方案 I 优于方案 II。

[例1-4] 当当网上个月进购了 1 000 册《和大师聊哲学》图书用作库存,当时采购价格 25 元/册。京东商城这个月采购了 1 000 册同样的图书,市价为 30 元/册。

请分析当当网和京东商城采购图书的会计成本和机会成本。

解:

当当网:会计成本 = 1 000×25 = 25 000(元)

　　　　机会成本 = 1 000×30 = 30 000(元)

京东商城:会计成本 = 1 000×30 = 30 000(元)

　　　　　机会成本 = 1 000×30 = 30 000(元)

从会计来看,当当网的成本更低,经济学家看来,两个网商的成本是一样的,不分优劣。

二、经济利润、会计利润

(一)经济利润与会计利润

会计利润 = 总收益-会计成本

经济利润 = 总收益-机会成本

(二)经济利润反映资源的配置情况

经济利润大于零,说明本用途的资源配置较优;

经济利润小于零,说明资源用于本用途的价值低于用于其他用途。

[案例1-1] 下海值得吗?

小王与夫人用自己的 20 万元资金办了一个服装厂。一年结束时,会计拿来了收支报表。当小王正看报表时,他的一个经济学家朋友小李来了。小李看完报表后说,我的算法和你的会计不同。小李也列出了一份收支报表。这两份报表如表 1-4 所示。

表 1-4　小李和经济学家的报表　　　　　　　　　单位:万元

小李的会计报表		经济学家的报表	
销售收益	100	销售收益	100
设备折旧	3	设备折旧	3
厂房租金	3	厂房租金	3
原材料	60	原材料	60
电力等	3	电力等	3
工人工资	10	工人工资	10
贷款利息	15	贷款利息	15
		小王与夫人应得工资	4
		自有资金利息	4
总成本	94	总成本	102
利润	6	利润	-2

管理实践1-2　怎样保证企业长期协调发展，避免目光短浅化？

[案例1-2] 成为百年企业需要持续努力。在日本，存续超过100年以上的"长寿企业"已突破2.1万家，历史超过200年的企业有3 146家，为全球最多，更有7家企业历史超过了1 000年。排在世界最古老企业前三位的都是日本企业。超过200年历史的长寿企业在欧洲也不少，德国有837家，荷兰有222家，法国有196家。就连历史较短的美国，百年家族企业也达到1 100家。

创建于1837年的宝洁，一直在做日用消费品；1886年诞生的可口可乐，至今从未游心他业；世界上历史最悠久的企业是创建于公元578年的日本金刚组株式会社，成立时间相当于中国的南北朝时期，专门从事寺院建筑业。

世界上第一家真正意义上的股份制公司1554年诞生于英国。但值得思考的是，今天全球拥有200年以上历史的公司，无一例外都是家族企业。90%的日本百年企业都是员工少于300人的中小企业，它们多以家庭为单位经营。经营范围大部分是制作食品、酒类、药品以及与传统文化相关的行业。

请讨论，如何使企业做到长盛不衰？

管理实践1-3　如何提高企业员工凝聚力，实现企业目标？

[案例1-3] 近年来某公司不停地流失重要销售人员，现任骨干销售员也想跳出，企业的凝聚力出现了问题，正如常说的"人心散了，队伍不好带了。"

员工变得缺乏了一颗"夺冠"的心，只会令更加多有能力有潜力的员工把该厂当作跳板。

思考：如何解决员工凝聚力缺乏的问题？

管理实践1-4　企业改制

企业改制是改革企业体制的简称。企业改制的核心是经济机制的转变和企业制度的创新，实质是调整生产关系以适应生产力发展的需要。目前国有企业改革与民营企业改制成为我们企业管理中的重点问题。

[案例1-4] 某电信器材生产企业连续三年出现亏损，亏损额达到5 600万元，资产负债率接近100%。企业冗员严重，职工的平均文化水平相对偏低，缺乏现代管理观念。改制前在职人员共有1 370人，其中有16名残疾人员，内部退休人员170人，有230名离退休人员已经纳入社会养老保险统筹。在职人员中，有86%的人员与企业签订了无固定期限的劳动合同，其余14%的人员与企业签订了合同期限为10年的有固定期限的劳动合同。

思考：面对这样的状况，提出你的改制方案。

管理实践1-5　企业流程优化与供应链管理

企业的所有业务都要自己做吗？哪些适合自己做？哪些适合外包？

[案例1-5] 爱定客的UDP模式

爱定客是一家集设计、生产、销售为一体的制鞋厂，由客户设计和推广自己的鞋子，爱定客负责生产,并直接由快递送到客户手中。它创造了一个平台化商业模式,即人人是设计师、人人是消费者、人人是经营者、人人是创业者的全新商业模式。企业把设计、生产、销售等运作环节拿出来,设置有效的激励机制,让消费者和其他实体店铺、网络店铺、生产企业等线上线下资源充分参与,最大限度地发挥出所有资源的价值。这种用户参与设计和推广的模式,称为 UDP(user design promotion)模式。

整合生产配送。爱定客有效整合供应链各个环节,实现 7 天内完成供货。除了设计和推广的部分需要开店者的亲自投入,客户服务、产品包装、仓储物流等其他环节都由爱定客负责整合完成。

激励参与设计。消费者可以从图库中选出喜欢的图案,根据喜好定制在服装或鞋帽上。图库中的图片分为两类:一类是免费的共享资源;另一类则是设计师原创图案,这类图案会在原价基础上多收取 10%的费用作为设计版权的使用费。使用的是图库中的免费素材,开店者每售出一件商品便可以获得 10%的商品售价提成,如果消费者是通过开店者在其他网站中的推广页面进入官网购买产品,开店者还会得到 15%的流量引入提成;两者叠加在一起,就可以获得高达销售额 25%的纯利润。爱定客把有能力的设计师都吸引进来,每个设计师的收益则由产品的受喜爱程度决定,充分竞争的市场氛围驱使爱定客网站的产品越来越优秀。

促进社交推广。当设计师完成设计发布商品时,为了扩大宣传,会在新浪微博、腾讯微博、豆瓣、微信、抖音等各类有影响力的新媒体渠道进行产品推广。设计师努力建立自己的圈子,并利用自己在圈子里的影响力推广产品,吸引更多的人购买自己设计的产品。用户自发促进了爱定客与社会化媒体、社交网络的深度融合。

整合线下体验。爱定客为加盟商提供了各种优惠的条件,除了"零保证金"开店之外,公司还设立了一套可以切实保证实体店利益的规范。只要是在实体店中注册成为会员的消费者,日后不论通过任何途径在爱定客进行消费,该实体店都会得到相应的销售提成。当实体店都担心自己成为电商的"试衣间"的时候,爱定客制定这样的规范,有效消除了实体店店主的这种担心。由于没有库存,实体店里并不需要很大的展示空间,消费者在店中看到样品后,注册成为会员,随即可以在官网选择喜爱的样式下订单,货品也会直接寄到消费者填写的收件地址中。

思考:爱定客给我们的经营管理带来哪些启示?

【经典习题】

一、名词解释

1. 稀缺
2. 管理经济学
3. 经济人

二、选择题

1. 经济物品是指（　　）。
    A. 有用的物品　　　　　　　　B. 稀缺的物品
    C. 要用钱购买的物品　　　　　D. 有用且稀缺的物品
2. 微观经济学研究的是（　　）。
    A. 资源配置理论　　　　　　　B. 相对价格理论
    C. 就业理论　　　　　　　　　D. 储蓄—投资理论

三、简答与论述

1. 什么是理性人假设？试举两例说明微观经济学是建立在这个假设基础上的。
2. 概述微观经济学的理论体系，并说明其研究的中心问题。
3. 管理经济学是研究什么的？它与经济学之间有什么关系？
4. 请阐述管理经济学的决策过程。
5. 什么是边际分析法？在管理决策中有什么作用？
6. 企业的作用是什么？
7. 企业有哪些经营目标？举例说明。

四、计算与分析

1. 假如一家企业接受的任务是这样的：增加一个单位产量，增加销售收入 500 元，但同时增加总成本 600 元。那么此企业应该增产还是减产？

2. 一垄断企业，其产品的成本函数为 $TC = Q^2 + 200Q + 400$（Q 为产量，TC 为总成本），需求为 $P = 300 - Q$（P 为价格）。求该企业的最优产量。

3. 天威公司下属两家工厂 A 和 B，生产同样的产品。A 厂的成本函数为 $TC_A = Q_A^2 + Q_A + 5$，B 厂的成本函数为 $TC_B = 2Q_B^2 + Q_B + 10$（TC_A、TC_B 分别为 A、B 厂的总成本，Q_A、Q_B 分别为 A、B 厂的产量）。如果该公司中的生产任务为 900 件产品。为了使整个公司总成本最低，应该如何在这两家工厂间分配任务？

4. 王经理的受聘合同规定：年薪为 40 000 元，当利润超过 1 000 000 元时，超过部分的 2% 为奖金。此外还可以按每股 50 元的价格购买 5 000 股普通股期权，现在股票市场价格为每股 70 元，今年企业利润为 1 200 000 元。王经理通过股票期权卖掉股票。

问：王经理今年的总报酬是多少？

5. 昌盛电子公司有库存电子芯片 5 000 个，它们是以前按每个 2.5 元的价格买进的，现在市场价格为每个 5 元。这些芯片加工以后可按每个 10 元的价格售出，加工所需的人工和材料费是每个 6 元。分析该公司应否加工这些芯片。

6. 张慧是今年市场营销专业的毕业生，她拒绝了一份每年 70 000 元薪水的工作，开始自己经营企业，她用自己的积蓄50 000元来投资，这笔钱原本存入银行，每年可得7%的利息。她还计划使用父母多余的一套房屋，这套房屋每月可得租金1 500元。第一年销售收入为107 000元，其他费用如下：

广告	5 000元
设备租金	10 000元
税	5 000元
雇员薪水	40 000元
杂费	5 000元

问：

（1）张慧的会计利润是多少？

（2）张慧的经济利润是多少？

7. 一家个人电脑制造商，库存有10 000个备份存储驱动器，去年采购该种驱动器的价格为每个500元，现在市场价格为每个350元。如果在生产的电脑上加装一个这种驱动器，每台电脑售价就可以增加400元。

问：该企业应不应该加装这种驱动器？

五、阅读与思考

阅读1：关于占座现象的经济学分析

"占座"这一现象在生活中时有发生，在大学校园里更是司空见惯。无论是三九严冬，还是烈日酷暑，总有一帮"占座族"手持书本忠诚地守候在教学楼或图书馆门前，大门一开，争先恐后地奔入，瞅准座位，忙不迭地将书本等物置于桌上，方才松了一口气。后来之人，只能望座兴叹，屈居后排。上课的视听效果大打折扣，因而不免牢骚四起，大呼"占座无理"。

请运用经济学原理对占座行为进行分析。

占座——理性人的选择

"占座"意味着什么？意味着你可以拥有令你满意的座位，可以不必伸长脖子穿过重重障碍捕捉老师的每一个动作，每一个眼神，可以不必端起眼镜费神地辨认黑板上的板书，可以不必伸长耳朵生怕漏听了什么，而这一切都意味着当你和你的同学同样用心时，你比他们更容易集中精神，获得更好的听课效果，最终得到更优异的成绩，而这一切都仅仅是因为你占了个好座位。

机会成本

当然，天下没有免费的午餐，你需要为占座付出一定的代价。你可能无法在床上多躺一会儿，可能无法吃顿悠闲的早餐，它们是你为占座付出的机会成本，关键在于机会成本与收益比较孰轻孰重。对于一个学生而言取得好成绩的意义是不言自明的，而上述的机会成本，当你用积极的态度看待它们时完全可以被压缩到很小，甚至为负值——早起有益于身体健康，精力充沛。这么看来，你为占座付出的机会成本是很小的，而得到的收益却大得多，那么占座无疑是理性人的最佳选择。

替他人占座——理性人考虑边际量

我们发现那些占座的同学往往不仅为自己占座，还会为自己的室友占座。当然，这可能声明这些同学比较细心周到。但是，从经济学的角度看，这里包含了"理性人考虑边际量"的原理。

当你已经提前赶到了教室，多占个座对你来说不过是举手之劳。在这里边际成本几乎不存在，而这一行为将带来怎样的边际收益呢？首先，你的室友可能会认为你很体贴，并因此提高对你的评价；其次，即便是你所服务的人不认为这是美德的表现，而将之视为一项投资，那么遵循等价交换的原则，在适当的场合下，他也必定会为之付出某种程度的报酬。

这种情况，民间叫做"顺水人情"，本小利大，何乐而不为呢？

固定占座人——发挥相对优势使交易群体获利

如果说，你们寝室每天需要有一个人负责占座，那么是每天轮流由不同的人充当占人好呢，还是固定专人占座好呢？答案是后者。这体现了人们发挥自己的相对优势，创造价值，并将之与具有其他相对优势的人进行交易，从而使得交易各方从中获利的经济学原理。

规定轮流占座并非不可，大家的收益并未改变，问题在于，不同的人在这件事情上的机会成本是不同的。小王习惯晚睡，因此早起半个钟头对他来说无异于酷刑加身，勉强爬起来完成"神圣使命"，可能将导致一天的无精打采，哈欠连天。相反，小李习惯早起，占座对他来说不费吹灰之力。而小张不仅可以早起，而且拥有先进的代步工具——电动车，占座对他来说更加容易。三者在占座这一行为的相对优势比较中：小张>小李>小王。那么当在三人中作出选择时，小张无疑是最合适的，而小王也许可以利用晚睡的时间为大家提水，小李也许可以利用早起时间去买早餐。于是各自发挥相对优势，结果使整个交易群体从中获利。

座位轮换制——另一种制度设计的优劣

抨击"占座"的人，往往会指出占座违背了公平的原则，每个人都应当平等地拥有占有好座位的机会。于是他们提出他们认为公平的制度——座位轮换制，即每人编号入座，每周逐排调动。

这种制度的优越性在于，首先它的操作性较强，同时它为人们提供了明确的预期。你可以不必为占座操心，因为座位就在那里等你，因此你可以更灵活地安排自己的时间。其次，正如它的支持者所言，在长期内每个人都有机会获得好位子（当然也必然获得坏位子），于是实现了一种表面上的公平。

而这种制度的弊端在于其极有可能引发不效率的结果，因此从实质上背离了公平原则。首先，由于它是强制性的而非建立在个人意志自由选择的基础上的，于是就会出现两种情况，一方面，那些给予某些座位最高评价的人得不到该座位；另一方面，某些人可能由于对这门课不感兴趣而对这些座位评价很低。于是这些座位无法在他们身上发挥最大效用，甚至还会由于他们的缺席而导致资源的无谓损失。

运用"行政"手段——对占座无效率的克服

至此，我们已经看到了占座带来的种种优越性。但是这一制度在具体实施中，由于运用不当也可能造成无效率的出现。因此，我们还需进一步讨论对这种无效率的抑制。

比如说，如果早上8点上课，而楼门早上6点就打开了，由于竞争的存在，意味着占座人必须早上6点前赶到，这便加大了占座的机会成本，而影响人们的获利。于是，在一定情况下，当人们认为机会成本超过了其收益时，便会退出竞争，而使得占座带来的优越性得不到发挥。更严重的是，由于必定有人坚守阵地，而这个坚定者作为一个理性人，为了弥补这部分增加的机会成本必定会努力扩大收益。此时不存在其他竞争者，他想占多少座位都不受限制，于是便形成了其对座位的垄断，那些对座位高评价的人仍无法得到座位，从而导致无效率，不公平。那么是不是需要对占座的数量加以限制呢？答案是不需要，也不可能（因为没有人可以监督其占了多少座位）。

再如，有人长期以本占座，妄图一劳永逸，对付这一行为的措施是开门前将本收回，以保证每个人有平等竞争的机会。

总之，正如政府在市场中对"市场失灵"的干预，用"行政"手段调整占座制度，同样可以发挥积极功效。

思考：每一种方法都有各自的优缺点，在其他资源配置时如何合理组合用好这些方法？

阅读2：以下把教材中出现的字母通常所表示的含义列出如下：

A = 平均（average）

C = 成本（cost）

D = 需求（demand）

E = 弹性（elasticity）；期望（expectation）

F = 固定（fixed）

I = （消费者）收入（income）

K = 资本（capital）

L = 劳动力（labor）；长期（long-run）

M = 边际（marginal）

P = 价格（price）

Q = 数量（quantity）

R = （企业）收入（revenue）

S = 供给（supply）；短期（short）

T = 总（total）

U = 效用（utility）

V = 可变的（variable）

π = 利润（profit）

阅读3：经济学史上的几个关键人物

亚当·斯密——现代经济学之父

大卫·李嘉图——古典经济学集大成者

卡尔·马克思——马克思主义经济学创立者

马歇尔——新古典经济学的代表

凯恩斯——现代宏观经济学创立者

萨缪尔森——新古典综合派代表人物

参见图1-6：

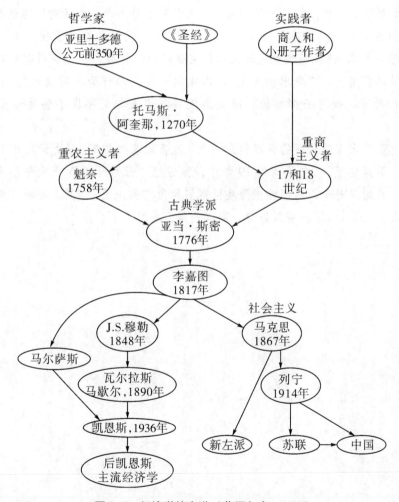

图1-6 经济学的家谱（萨缪尔森，1982）

【综合案例】范蠡经商

范蠡是春秋末著名的政治家、军事家和实业家，人尊称"商圣"。他出身贫贱，但博学多才。他帮助勾践兴越国，灭吴国，一雪会稽之耻，功成名就之后急流勇退，化名姓为鸱夷子皮，变官服为一袭白衣与西施西出姑苏，泛一叶扁舟于五湖之中，遨游于七十二峰之间。其间三次经商成巨富，三散家财，自号陶朱公。

范蠡很有经商的头脑。他根据市场的供求关系，判断价格的涨落。他发现价格涨落有个极限，即贵到极点后就会下落，贱到极点后就会上涨，出现"一贵一贱，极而复返"的规律。一种商品价格上涨，人们就会更多地生产，供应市场，这就为价格下跌创造了条件。相反，如果价格太低，就打击了积极性，人们就不愿生产，市场的货物也就少了，又为价格上涨创造了条件。故他提出一套"积贮之理"。这就是在物价便宜时，要大量收进。他说"贱取如珠玉"，即像重视珠玉那样重视降价的物品，尽量买进存贮起来。等到涨价之后，就尽量卖出。"贵出如粪土"，即像抛弃粪土那样毫不吝惜地抛出。就这样，范蠡不但自己致富，也为平抑物价、避免丰年谷贱伤农与荒年民不聊生做出了积极的贡献。

范蠡堪称历史上弃政从商的鼻祖和开创个人致富记录的典范。《史记》中载其"累十九年三致金，财聚巨万"。在从商的 19 年中，他曾经"三致千金"三次散尽家财，又三次重新发家。在秦汉时代，人们就把那些巨富们称为"陶朱公"，其名字成了财富的代名词。世人誉之："忠以为国，智以保身，商以致富，成名天下。"

2

第二章 市场供求与均衡

【思维导图】

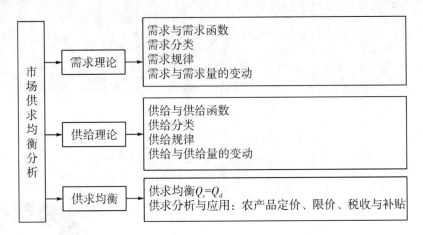

【导入案例】 为何"农村多'剩男'城镇多'剩女'"?

目前，未婚男性多集中在农村地区，而未婚女性更多集中在城镇地区。

中国男女比例结构性失衡，意味着有数千万男性只能打光棍。由于婚姻梯度挤压的存在，同龄适婚女性短缺时，男性会从低年龄女性中择偶，"老夫少妻"增多；挤压到一定程度，就会向其他地区发展，如城镇男性找农村女性增多。农村女性本就结构性不足，还要与城镇男性配偶，部分农村男性在婚姻上没法向更低梯度挤压，只能"剩下"了。经济发展不平稳，城乡差距较大导致最关乎老百姓幸福的婚姻问题主要靠经济来说事，最终受伤的只能是多米诺骨牌倒下的末端——农村男性他们因为经济地位较低而处于全社会的末端。

从客观情况看，"剩男"现象容易理解，"剩女"大量出现又是为何呢？其实婚姻天平的背后就是"婚姻市场的供求"。城镇女性"剩着"，是因为她们受教育程度和经济独立性较高，因追求自我价值的实现和职业发展，对另外一半往往有比较高的要求。而能够满足这些要求的男性群体相对较少，再者这些相对较少的优秀男性又有更多的女性追求者。按照一些"剩女"的说法，剩着是因为"找不到有感觉的男性"。

第一节　需求与需求函数

一、需求

需要是无限的，无限的需要产生于无限的欲望。

需求量是指在某一时期内的某一市场上消费者所愿意并且有能力购买的该商品的

数量。

构成需求必须具备三个要素：① 购买欲望；② 支付能力；③ 一定的时间和空间。

二、需求的影响因素

（一）商品本身的价格

从大量经验事实中可以观察到：一种商品的价格越高，人们对该商品的购买量就会越少或减少；价格越低或价格下降，人们的购买量越多或增加。商品本身的价格是影响需求量最重要、最直接的因素，商品的价格与其需求量之间存在着相当稳定的反方向关系。

（二）消费者的收入水平

一般情况下，在其他条件不变的情况下，消费者的收入越高，对商品的需求越多，而收入越低，对商品的需求越少，相应地需求曲线的移动分别为向右或向左移动。一般来说，生活必需品对收入变化的反应不大，而一些耐用消费品和奢侈品对收入变化的反应相当大。但有一些商品——劣等品的需求量是同收入成反方向变化的，如消费者收入低时对低档衣服的需求量较大，而当其收入提高后对低档衣服的需求量减少，对高档衣服的需求量增加。

（三）消费者的嗜好（偏好）

所谓嗜好（偏好）是指消费者喜欢或愿意购买、使用商品的数量，也就是对商品的喜爱程度。其在一定程度上产生于人类基本的需要，如人们对粮食的需要是满足充饥，对衣服的需要是满足御寒等。而经济学中的嗜好（偏好）及其变化，更多地涉及人们的社会环境，主要因人、因时和因地的不同而不同。另外，卖者通过广告提供商品的一些信息，影响消费者的嗜好，从而影响其对商品的需求。

（四）其他有关商品的价格

其他有关商品主要指替代品和互补品。替代品（substitute goods）是指使用价值相近可以相互替代的商品。如大米和白面、猪肉和牛肉、棉织品和化纤产品等，都是可以相互替代的商品。替代品之间的价格和需求成正相关关系，也就是一种商品的价格上升，需求减少，而对另一种商品的需求增加；反之则会发生相反的变动。如对于棉织品的需求，在棉织品价格既定条件下，随化纤产品价格的下降而减少，随化纤产品价格的提高而增加。互补品（complement goods）是指共同配合满足人们需求的商品。如汽车和汽油、房子和家电、打印机和打印纸等，都是互补品。互补品之间的价格和需求成负相关关系，也就是一种商品的价格上升，需求减少，而对另一种商品的需求也随之减少；反之则会发生相反的变动。如汽车和汽油，汽油价格提高会引起人们对汽车的需求量的减少，反之则反是。由此可见，人们对于一种商品的需求量，除了取决于该商品的价格以外，还受到与该商品有某种联系的其他商品的价格的影响。

（五）人们对将来商品的价格预期

如果消费者认为某种商品的价格未来要涨价，消费者就愿意增加现在的购买；如果消费者认为某种商品的价格未来要降价，消费者就愿意减少现在的购买，等待未来再购买。例如人们预料"双11"网店价格会大幅优惠，便把当前的需求放在购物车，延后等待"双11"再下单；把"双11"之后的需求提前到"双11"购买。在金融资产市场（股票和债券市场）和房地产市场，预期特别重要。当人们认为在不久的将来，股票、债券和房地产的价格将上升时，就会多购买这些商品，从而使需求曲线右移。

其他如人口规模或人口构成、企业的广告费、商品的饱和度、政府的消费政策、可供选择商品的范围等都会对商品的需求产生影响。

三、需求函数

需求函数反映市场需求与其影响因素之间的关系，其函数形式如下所示：

$$Q_d = f(P, I, J, P_r, N, A, P_b, M, \cdots)$$

式中：Q_d——对某种商品的市场需求；P——该商品的价格；I——消费者收入水平；J——消费者偏好；P_r——相关商品的价格；N——人口数量；A——广告费用；P_b——该商品的预期价格；M——该商品的市场饱和程度；省略号则表示还有一些未列入的其他影响因素。

鉴于影响一种商品的市场需求的因素十分复杂，所以经济学在需求分析中采用抽象法，假定在影响需求量的因素中，除该商品的价格以外，其他因素给定不变，因此上式可简化为：

$$Q_d = f(P)$$

对商品的需求进行定量分析时一般采用：

$$Q_d = aP^{-b} \quad （非线性形式）$$

$$Q_d = a - bP \quad （线性形式）$$

四、需求表、需求曲线与需求规律

（一）需求表

需求表（demand schedule）是指在其他因素不变的条件下，某种商品的价格与商品需求量之间关系的表。需求表可以直观地表明价格与需求量之间的一一对应关系。

需求表具体分为个人需求表、企业需求表和市场需求表。描述某人（家庭）与价格相对应的需求数量的表，称为个人需求表。把某一商品（也就是该商品市场）所有个人需求加总求和，也就是把每一个价格对应的每个人的需求量加在一起，就构成了该市场上与每一价格对应的市场需求表。表2-1反映了某一市场上某种商品的个人需求和市场需求随价格的变化而变化的需求表。

表 2-1　消费者甲和乙对某商品的需求

价格（元）	消费者甲的需求量（千克）	消费者乙的需求量（千克）	市场的需求量（千克）
10	1 000	1 500	2 500
20	900	1 300	2 200
30	800	1 100	1 900
40	700	900	1 600
50	600	700	1 300
60	500	500	1 000
70	400	300	700

个人/企业/市场需求是指在某一时期内的某一市场上，在各种可能的价格下，某个消费者/某个企业的所有消费者/市场所有消费者所愿意并且有能力购买的某种商品的各种数量。市场和企业需求是由个人需求水平加总而成：

$Q_1 = f(P)$

$Q_2 = g(P)$

$Q = Q_1 + Q_2 = f(P) + g(P)$

（二）需求曲线

需求曲线（demand curve）是指用图示法把需求表中需求量与商品价格之间的关系表示出来的曲线。把表 2-1 的数据描绘在平面坐标图上可以画出图 2-1：

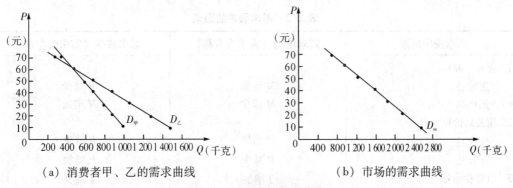

　　（a）消费者甲、乙的需求曲线　　　　　　　　（b）市场的需求曲线

图 2-1　某商品的需求曲线

注：经济学中为了方便分析，习惯将自变量 P 放在坐标纵轴，因变量 Q 放在坐标的横轴。

图 2-1 中，横轴表示商品的需求量，纵轴表示商品的价格，曲线 $D_甲$、$D_乙$、D_m 分别表示消费者甲、乙和市场的需求曲线。市场需求曲线（或需求曲线）显示了假设影响需求的所有其他因素不变情况下商品价格与需求量之间的关系。曲线上的每个点显示了在特定价格下消费者能够选择购买的数量。

(三) 需求规律

在影响需求量的其他因素给定不变的条件下，对于一种商品的需求量与其价格之间存在着反方向关系，即价格越高，需求量越小，价格越低，需求量越大，这称为需求规律 (law of demand)。

需求规律的理论解释：替代效应和收入效应共同作用的结果。

(1) 替代效应。例如，假设丝绸的价格下降，而棉布的价格没有变化，那么，消费者会在一定程度上减少棉布的购买量，转而增加丝绸的购买量。也就是说，丝绸价格下降促使人们用丝绸来替代棉布，从而引起丝绸需求量的增加。

(2) 收入效应。在丝绸价格下降，而其他商品的价格都不变的情况下，同等数量的货币收入在不减少其他商品消费量的同时，可以购买更多的丝绸。也就是说，虽然消费者的货币收入数量（名义收入）没有变，但实际收入即实际购买力却增加了。

> 思考：王晓军在上大学的时候，经常购买某品牌的牛仔裤；毕业后该品牌牛仔裤价格相对以前下降不少，但是王晓军反而很少购买该品牌牛仔裤。王晓军的行为符合需求规律吗？

五、需求与需求量的变动

需求变动：非价格因素发生变化，需求曲线移动（需求函数发生了变化）。

需求量变动：需求量 Q_d 发生了变化（横坐标数量发生了变化）。

影响需求的因素见表 2-2。

表 2-2　影响需求的因素

需求决定因素	需求增加（需求线右移）	需求减少（需求线左移）
1. 收入 (M)		
正常品	M 增加	M 减少
低档品	M 减少	M 增加
2. 相关品价格 (P_r)		
替代品	P_r 增加	P_r 减少
互补品	P_r 减少	P_r 增加
3. 消费者偏好 (J)	J 增加	J 减少
4. 预期价格 (P_e)	P_e 增加	P_e 减少
5. 消费者数量 (N)	N 增加	N 减少

> 思考：通常有一种说法，"价格上涨，需求下降；需求下降，价格下跌"。你怎样理解这种说法？

管理实践 2-1　企业需求预测

1. 需求估计中的识别问题

需求估计是客观地反映需求量与各个影响变量之间的关系的方法。在需求估计时，观测得到的商品需求量、价格组合与需求曲线之间没有直接的关系，这就是所谓"识别问题"。解决识别问题的方法通常并不在数据的收集过程中，而是在数据的处理过程中，比较科学的方法是对现有的数据进行计量分析。通过计量分析，我们可得到一个多元方程，只有当价格以外的其他变量都被假定不变时，这个多元方程才能被转化为一个一元的方程，并可以得到一条相应的需求曲线。

2. 用回归分析方法进行需求估计

（1）需求函数的构造。

$Q_d = f(P, I, J, P_r, N, A, P_b, M, \cdots)$

（2）需求函数形式的确定。

线性形式：$Q_d = a_0 + a_1 P + a_2 I + a_3 P_r + a_4 N + a_5 M + \cdots$

需求函数的非线性形成可转化为线性形式。

（3）数据的收集。

数据的形式通常有三种：时序数据、横截面数据和面板数据。

（4）回归分析及结果的检验。

常用的回归分析方法是最小二乘法。当我们通过回归分析得到一个具体的需求函数之后，还需要对回归结果进行检验。

①看一下各参数的符号所显示的自变量与因变量的关系变化是否与理论分析的结果一致。

②还可以用 t 统计值来评价模型参数的显著性，用 F 统计值来评价整个模型的显著性。

［案例 2-1］汉堡的需求曲线为 $Q = \alpha \cdot P \cdot I \cdot A \cdot e$

Q 为每天的消费量，P 为每个的价格，I 为消费者的收入，A 为每月的广告预算，e 为随机误差。经过进一步研究，得知 $\log Q = 2.5 - 0.33\log P + 0.15\log I + 0.2\log A$。试说明价格、消费者收入和广告预算对汉堡销量的影响。

第二节　供给与供给函数

一、供给

（一）定义

供给量是指在一定时期内该商品市场上生产者愿意提供并有能力提供的该商品的数量。

构成供给必须具备三个要素：① 供给欲望；②供给能力；③一定的时间和空间。

（二）供给的影响因素

1. 商品的价格

在影响某种商品供给的其他因素（如其他有关商品的价格和生产要素的价格）既定不变的条件下，商品的价格越高，生产者愿意供给的数量就越大；反之，商品的价格越低，生产者愿意供给的数量就越小。

2. 生产技术与产品成本

在资源既定的条件下，生产技术的提高会使资源得到更充分的利用，从而供给增加。产品的成本增加，从而在产品价格不变的情况下，减少利润，减少供给。

3. 相关商品的价格

所谓相关商品，主要是指使用相同资源的商品。例如，土地可以用来种棉花，也可种小麦，棉花和小麦在同样都要使用土地这一要素的意义上是相关商品。那么，当棉花价格提高而小麦价格不变时，生产者将会增加棉花的种植面积，相应地减少小麦的种植面积。也就是说，棉花价格的提高会使小麦的供给量减少。

4. 供给者对商品价格的预期

如果厂商对未来的经济持乐观态度，则会增加供给；反之，如果厂商对未来的经济持悲观态度，则会减少供给。

5. 政府的税收政策

对一种产品的课税使卖价提高，在一定条件下会通过需求的减少而使供给减少。反之，减少商品租税负担或政府给予补贴，会通过降低卖价刺激需求，从而引起供给增加。

二、供给函数与供给曲线

（一）供给函数

供给函数反映供给量与影响因素之间的关系：

$$Q_s = g(P, w, r, T, P_r, P_b, X, \cdots)$$

式中：Q_s——商品供给量；P——该商品的价格；w—劳动力价格；r——资本价格；T——该商品的生产技术水平；P_r——相关商品的价格；P_b——该商品的预期价格；X——政府税收；式中的省略号则表示其他未予明确讨论的影响因素。

（二）供给曲线

供给曲线是指把其他因素作为给定的参数，考察价格变动对商品供给量的影响的曲线。其函数表达式为：

$$Q_s = g(P)$$

（三）供给规律

1. 供给基本规律内容

在影响供给量的其他因素给定不变的条件下，一种商品的供给量与其价格之间存在正向变动的关系：价格越高（或提高），供给量越多（或增加）；价格越低（或降低），供给量越少（或减少）。

2. 供给基本规律理论解释

一般而言，对一个企业来说，当其产品在市场上可以按比原先更高的价格出售时，它就会增加该产品的产量，以此获取更多的利润，以前亏损的企业也开始生产，还有新近加入的生产者都会使供给量增加；反之，当产品价格降低时，企业则会减少其产量，此时也会使利润增加或亏损减少。

> 思考：手机刚出来的时候很贵，供应量也不多；现在手机比以前性能强数十倍，价格也便宜得多，而市场上的手机供应量却迅速增加，这符合供给规律吗？

（四）行业（市场）的供给曲线

把单个企业的供给曲线按水平方向加总，即可得行业（市场）的供给曲线。如图 2-2 所示：

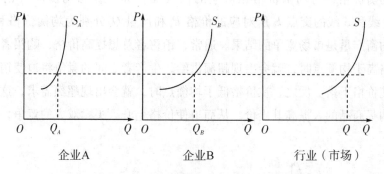

图 2-2　行业供给曲线是企业供给曲线的水平加总

三、供给与供给量的变动

供给变动：非价格因素发生变化，供给曲线移动（供给函数发生了变化）。

供给量变动：供给量 Q_s 发生了变化（横坐标数量发生了变化）。

影响供给的因素见表 2-3：

表 2-3　影响供给的因素

需求决定因素	供给增加（供给线右移）	供给减少（供给线左移）
1. 要素价格（w，r）	（w，r）减少	（w，r）增加
2. 相关品价格（P_r）		
替代品	P_r 减少	P_r 增加
互补品	P_r 增加	P_r 减少
3. 技术状况（T）	T 增加	T 减少
4. 预期价格（P_e）	P_e 减少	P_e 增加
5. 行业中企业数量（N）	N 增加	N 减少

重点：要区分开哪些因素影响供给、哪些因素影响需求、哪些因素是两者都影响，才能正确把握供给与需求的变动。

第三节　供求分析与均衡

一、供求分析

根据市场需求规律和供给规律，分别确定市场的需求曲线和供给曲线，而在这两条曲线的交点，生产者愿意出卖的价格和消费者愿意支付的价格以及生产者愿意供给的数量和消费者愿意买进的数量恰好相等，市场达到均衡状态，这时的市场成为出清（clearing）市场。

这种在需求状况和供给状况为已知和确定不变条件下，市场供求达到平衡状态时的价格，就称为均衡价格，与均衡价格相对应的供（需）量，称为均衡产（销）量。如图2-3所示，D线和S线的交点E所对应的价格P_e和产量Q_e分别为均衡价格和均衡产量。均衡价格和均衡产量是市场竞争的结果。通常，销售者总想提高价格，购买者总想降低价格。但在价格高于均衡点时，就会出现超额供给，生产者之间的竞争将迫使销售者降低要价，从而迫使价格下落。反之，在价格低于均衡点时，就会出现超额需求，这种情况导致一部分准备购买商品的人提高其出价，从而迫使价格上升。买卖双方的竞争，将最终趋于均衡状态。

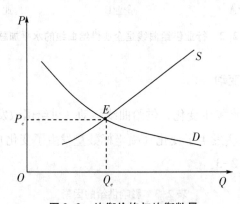

图2-3　均衡价格与均衡数量

二、供求均衡

把需求和供给的分析结合起来，就可以研究在完全市场上商品均衡价格的形成问题。

均衡（equilibrium）是由相反力量的平衡带来的相对静止状态。而均衡价格（equilibrium price）是指一种商品的市场需求与其市场供给相等时的价格，即一种商品的市场需求曲线与其市场供给曲线相交时的价格。

用函数形式将市场均衡状态表示如下：

$Q_s = Q_d$

供大于求，均衡价格下降；供小于求，均衡价格上升。

1. 需求变动

［**案例**2-2］某一年夏季天气特别热，这对冰激凌市场的影响如图2-4所示：

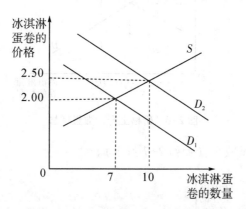

图 2-4 需求增加影响均衡

2. 供给变动

［**案例**2-3］在另一个夏天，地震摧毁了几家冰激凌工厂，这对冰激凌市场的影响如图2-5所示：

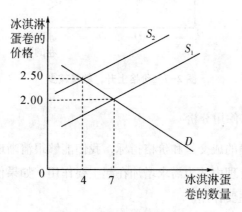

图 2-5 供给减少影响均衡

3. 供给和需求都变动

［**案例**2-4］假如以上两个事件同时对冰激凌市场产生影响：

（1）价格上升，数量增加（如图2-6所示）。

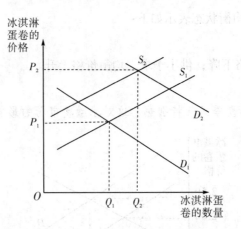

图2-6　价格上升，数量增加

（2）价格上升，数量减少（如图2-7所示）。

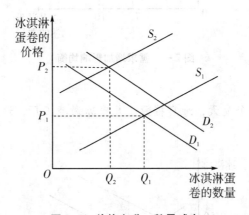

图2-7　价格上升，数量减少

管理实践2-2　供求作用分析

此时，通过观察明确的成交量和价格指标，我们能够很清晰地分析一个市场。如果价格和成交量都在攀升，有理由认为需求增加在起主要作用；如果价格上升，而成交量在下跌，说明供给减少在起主要作用。

三、对市场的干预

我们并不是生活在一个完全自由的市场经济中，而是常常受到各种政策的干预，此时的市场又是如何起作用的呢？

（一）支持价格（规定最低价格）

支持价格（support price）是指政府为了支持某一行业和某种商品的生产而规定的该行业产品的最低价格。支持价格一定高于均衡价格。支持价格的干预产生的后果：一是价格过高引起需求不足，供给过剩，产品积压；二是高价格保护了经营不善的企业，并使其继续得到过多的资源；三是处置积压产品的负担。

在图 2-8 中，供给曲线 S 与需求曲线 D 相交于 E 点，决定了均衡价格为 P_e，均衡数量 Q_e。政府为了支持某一行业而规定的支持价格为 P_s，$OP_s > OP_e$。供给量大于需求量，该商品市场将出现过剩（ab 部分）。为维持支持价格，就应采取相应措施。这类措施有：一是政府收购过剩商品，或用于储备，或用于出口；二是政府对商品的生产实行产量限制，但在实施时需有较长的指令性且需要付出一定的代价。

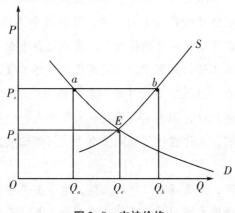

图 2-8 支持价格

在我国目前的情况下采取对农业的支持价格政策是有必要的，这对于稳定农业经济的发展有着积极的意义。主要表现在：一是稳定了农业生产，减缓了经济波动对农业的冲击；二是通过对不同农产品的不同支持价格，可以调整农业结构，使之适应市场的变动；三是扩大农业投资，促进了劳动生产率的提高和农业现代化的发展。

思考：试分析对劳动工资限定最低价格会有什么结果。

[案例 2-5] 制定最低工资标准考虑哪些问题

随着经济的不断发展，人们的生活水平也有所提高。我们的日常生活开支也不断增长，在各方面都变好的同时，物价、房价也在随之上涨。在这个高房价、高物价的时代，人们最关心的就是工资问题。

截至 2020 年 3 月 31 日，各地最低工资数据显示，上海最低工资排名最高，达到 2 480 元/月；北京、深圳 2 200 元/月；广东 2 100 元/月；天津 2 050 元/月；江苏省 2 020 元/月；浙江 2 010 元/月；山东 1 910 元/月；河北、河南 1 900 元/月；新疆 1 820 元/月；辽宁、广西 1 810 元/月；福建、陕西、重庆 1 800 元/月；贵州 1 790 元/月；吉林、四川 1 780 元/月；内蒙古 1 760 元/月；湖北 1 750 元/月；山西、湖南、青海 1 700 元/月；黑龙江，江西 1 680 元/月；海南、云南 1 670 元/月；宁夏 1 660 元/月；西藏 1 650 元/月；甘肃 1 620 元/月；安徽 1 550 元/月。在相应省市工作，最低必须达到上述工资标准。

除此之外，还有另一个按小时结算的标准。这方面标准最高的城市是北京，小时工资高达 24 元。简单地说，只要你在北京按小时工作，无论你从事什么样的工作，如保姆、清洁工等，每小时的价格都不得低于 24 元。

大多数人都对最低工资的标准持否定态度，认为他们无论如何是达到了最低工资的标准。没有必要太过在意这些。

其实，事实并非如此。各地之所以每年公布最低工资标准，也有一定的意义。因为最低工资标准是根据社会最低群体的收入来制定的，虽然每个人的工资普遍超过这个标准，但是也有很多人收入水平并不高，一直都在最低工资的周围徘徊不定。所以，这就是为何每年国家都会调整一下最低工资的原因了，以提高底层群体的收入水平。

另外，在其他角度来看，最低工资也并非和我们毫无关联，即使月收入超过 1 万元，我们也一定要关注最低工资标准，因为它关系到我们每个人。比如，由于特殊情况，如果你请了半个月或一个月的假，而你在休假期间没有为公司创造收入，公司自然会按照最低工资标准给你发工资。

除了上班的人需要关注，就连没有工作的人群，也需要关注最低工资的动向。因为如果满足条件的话，是可以领取失业金的。要知道失业金也是以最低工资标准衡量的，如果每年最低工资越高，那么你领到手里的钱也就越多。

思考：为了提升低收入人群福利，为何不把工资最低价格定的更高一些呢？制定最低工资标准要考虑哪些问题？

（二）限制价格（规定最高价格）

限制价格（ceiling price）是指政府为了限制某一行业和某种商品的生产而规定这些产品的最高价格。限制价格一定低于均衡价格，其目的是为了稳定经济生活。限制价格政策一般是在某些特殊的情况下运用的，例如，在战争时期或特殊的自然灾害时期。

在图 2-9 中，供给曲线 S 与需求曲线 D 相交于 E 点，决定了均衡价格为 P_e，均衡数量 Q_e。政府为了防止价格上涨，确定某种产品的限制价格为 P_c，$OP_c < OP_e$。供给量小于需求量，该商品市场将出现供给不足（ab 部分）。为解决商品短缺，政府可采取的措施是控制需求量，一般采取配给制，发放购物券。但配给制只能适应于短时期内的特殊情况。否则，一方面可能使购物券货币化，还会出现黑市交易；另一方面会挫伤厂商的生产积极性，使短缺变得更加严重。

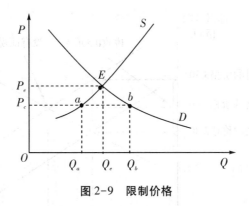

图 2-9　限制价格

注意：限制价格或者支持价格短期内并不改变供给与需求，也就是说，供给与需求函数并没有变化，只是影响供给量与需求量。

（三）征税

1. 向买者征税

我们首先考虑对一种物品的买者征税。为具体起见，假设政府要求冰激凌的买者为他们购买的每升冰激凌支付 0.5 元的税。这项政策如何影响冰激凌的买者和卖者呢？我们可以用供给与需求原理，并遵循三个步骤来考察：确定该政策影响的是供给曲线还是需求曲线；确定曲线移动的方向；考察这项移动如何影响均衡。

这项税收最初是影响冰激凌的需求。供给曲线并不受影响，因为在既定的冰激凌价格时，卖者向市场提供冰激凌的激励是相同的。与此相比，买者只要购买冰激凌就不得不向政府支付税收（以及支付给卖主的价格）。因此，税收使冰激凌的需求曲线移动。移动的方向是很容易知道的。由于对买者征税使冰激凌的吸引力变小了，在每一种价格时买者需求的冰激凌量也少了。结果，需求曲线向下移动。

在这种情况下，我们可以更准确地了解需求曲线移动多少。由于向买者征收 0.5 元的税，所以，对买者的有效价格现在比市场价格高 0.5 元，因此，如图 2-10 所示，税收使需求曲线向下从 D_1 移动到 D_2，其移动幅度正好是税收量（0.5 元）。

为了说明税收的影响，我们比较原来的均衡与新的均衡。没有征税前，均衡价格是 3 元，征税后均衡价格变为 2.8 元。征税后买者除了支付冰激凌的价格 2.8 元，还要另外支付税收 0.5 元，买者总支出 3.3 元（2.8 元+0.5 元＝3.3 元）。也就是说，征税后买者每购买一升冰激凌需要付出 3.3 元，比征税前 3 元的均衡价格多付出 0.3 元，买者承担了 0.3 元的税赋。征税后卖者每卖出一升冰激凌获得收入 2.8 元，比征税前 3 元的均衡价格少收入 0.2 元，卖者承担了 0.2 元的税赋。虽然买者向政府支付了全部税收，但卖者与买者分摊了负担。对买者征税，不但使买者的状况变坏了，也影响了卖者的利益。

在图 2-10 中看到，冰激凌的均衡价格下降了，均衡数量减少了。在新的均衡时，买者买得少了，者卖也卖得少了，所以对冰激凌征税减少了冰激凌市场的销售规模。

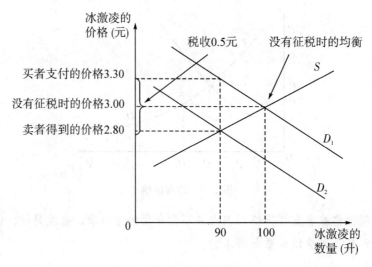

图 2-10 向买者征税

总之，这种分析得出了两个一般性的结论：税收抑制了市场活动，当对一种物品征税时，该物品在新的均衡时销售量减少了；买者与卖者分摊税收负担，在新的均衡时，买者为该物品支付得多了，而卖者得到的少了。

2. 向卖者征税

现在考虑向一种物品的卖者征税。假设政府要求冰激凌的卖者每卖一升冰激凌向政府支付 0.5 元。最初这项政策会影响冰激凌的供给。此时需求量是相同的，所以，需求曲线不变。与此相比，对卖者征税增加了销售成本，这就使卖者在每一价格水平时供给的数量少了。供给曲线向上移动。

在这种情况下，我们可以更准确地了解供给曲线移动多少。由于向卖者征收 0.5 元的税，所以，对卖者的有效价格现在比市场价格低 0.5 元，因此，如图 2-11 所示，税收使供给曲线向上从 S_1 移动到 S_2，其移动幅度正好是税收量（0.5 元）。

为了说明税收的影响，我们比较原来的均衡与新的均衡。没有征税前，均衡价格是 3 元，征税后均衡价格变为 3.3 元。征税后卖者销售每升冰激凌获得 3.3 元，还要每升冰激凌支付税收 0.5 元，买者实际收入 2.8 元（3.3 元－0.5 元＝2.8 元）。也就是说征税后卖者每卖出一升冰激凌实际收入 2.8 元，比征税前 3 元的均衡价格少收入 0.2 元，卖者承担了 0.2 元的税赋。征税后买者每购买一升冰激凌支付 3.3 元，比征税前 3 元的均衡价格多掏 0.3 元，买者承担了 0.3 元的税赋。虽然卖者向政府支付了全部税收，但买者与卖者分摊了负担。对卖者征税，不但影响了卖者的利益，也使买者的负担加重了。

在图 2-11 中可以看到，冰激凌的均衡价格上升了，均衡数量减少了。在新的均衡时，卖者卖得少了，买者也买得少了，所以对冰激凌征税减少了冰激凌市场的销售规模。

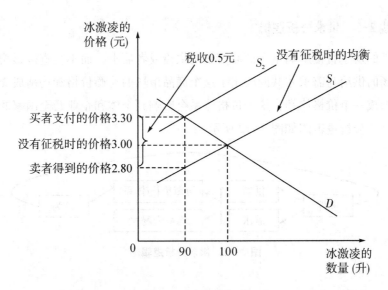

图 2-11 向卖者征税

比较图 2-10 和图 2-11 得出了一个令人惊讶的结论：对买者征税和对卖者征税是相同的。在这两种情况下，供给和需求曲线的相对位置发生了移动，在新均衡时，买者和卖者分摊税收负担。对买者征税和对卖者征税的唯一差别是谁把钱交给政府。一般来说，政府更喜欢对企业（卖者）征税，一方面比较隐蔽、不会引起消费者反感；另一方面对企业征税相对容易执行。

对买者征税和对卖者征税结果是相同的。法律制定者可以决定税收来自买者还是卖者的口袋，但是并不能用立法规定税收的真正负担。确切地说，税收归宿取决于供给与需求的力量。买者与卖者分担税收，但是极少情况下是平均分摊的。税收更多地落在缺乏弹性的市场一方身上。需求弹性小，意味着买者对该物品没有适当的替代品；供给弹性小，意味着卖者对生产该物品没有适当的替代品。

具体分析方法如下：

（1）向买者征税（每个商品向买者征税 n 元）。

征税前需求为 $Q_d = f(P)$，供给为 $Q_s = g(P)$，均衡为 $f(P) = g(P)$。

征税后需求变小，为 $Q_d{}^* = f(P+n)$，供给不变，仍为 $Q_s = g(P)$，新的均衡为 $f(P+n) = g(P)$。

（2）向卖者征税（每个商品向卖者征税 n 元）。

征税前需求为 $Q_d = f(P)$，供给为 $Q_s = g(P)$，均衡为 $f(P) = g(P)$。

征税后需求不变，仍为 $Q_d = f(P)$，供给变小，为 $Q_s{}^* = g(P-n)$，新的均衡为 $f(P) = g(P-n)$。

补贴与征税正好相反，同理。

管理实践 2-3 供求分析逻辑

各种事件的发生直接影响某个商品市场的供给或者需求，而不会直接影响价格和成交量。这个市场的供给与需求才共同决定了这个商品市场的均衡价格和均衡成交量。各个商品的价格就形成一个价格体系，这个价格体系会影响到个体和企业乃至国家的行为而发生一系列的事件。分析逻辑图如图 2-12 所示：

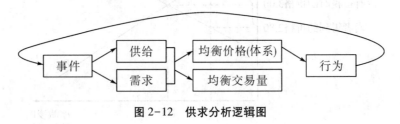

图 2-12 供求分析逻辑图

第四节 农产品定价

一、农产品供求的特点

同前面的均衡分析不同，动态分析是研究阐述经济现象的发展变动过程，这一节将以一种商品供给和需求与市场价格的相互作用为例，来说明一种商品的价格和产销数量在市场上随价格而变动的供求两种力量相互作用下在动态时间序列中会出现的发展变化过程。

从前面所讲的静态分析中可以看到，根据既定的供需状况，由于需求曲线的形状是自左向右下方倾斜，供给曲线的形状是自左向右上方倾斜，因而通过价格的调节以及供给之间的相互作用，市场将趋向均衡。而在动态时间序列中我们引入供给函数与需求函数。

（1）供给函数：像生猪这样的产品，从生产者开始饲养到育肥可供出售，需要经历一定的时间（一年），本期的上市量等于上年的饲养量，而初始年份市场上的成交价格（P）决定生产者会有的饲养量，从而决定次年的供给量，依此类推，供给函数记为 $S_t = f(P_{t-1})$。

（2）需求函数：我们假定，任一时期的需求量与同时期的价格有着相互依存的函数关系，即 $D_t = f'(P_t)$，（$D_t = S_t$）决定的成交价格将使同一年实有的上市量得以全部售出，购买者所愿意支付的价格，而这一价格又决定着下一年的供给量。

二、农产品供求分析

下面把供给曲线与需求曲线放到一个坐标系中去考虑，解方程组

$S_t = f(P_{t-1})$ 　　　　　　　　①

$D_t^* = f'(P_t)$ 　　　　　　　　②

$D_t^* = S_t$ ③

第一种情况：供给曲线 S_t 的斜率大于需求曲线 D_t 的斜率，即 S_t 比 D_t 陡峭，或者说与任一成交价格相应的供给的价格弹性小于需求的价格弹性。在这种场合，价格变动引起的需求量的变动大于价格变动引起的供给量的变动，因而任何超额需求或超额供给只需较小的价格变动就得以消除；同时，价格变动引起的下一年供给量的变动较小，从而对当年价格会发生的变动作用较小。这意味着超额需求或超额供给偏离其均衡值的幅度，以及每年成交价格偏离其均衡值的幅度逐渐减小并趋向其均衡值。这种情况称为动态的稳定均衡（stable equilibrium）。如图 2-13 所示。

第二种情况：与第一种情况相反，供给曲线 S_t 的斜率小于需求曲线 D_t 的斜率，与任一成交价格相应的供给的价格弹性大于需求的价格弹性。在这种情况下，价格变动引起的供给量的变动大于价格变动引起的需求量的变动，当出现供给过剩时，为使市场出清，要求售价大幅下降，以致下年供给量减少，导致该年价格大幅上升，由此下一年的供给量大幅上升，降价则大幅度下降，价格和产量与均衡值越来越背离。这种情况在时间序列上是发散的，称为不稳定均衡（unstable equilibrium）。如图 2-14 所示。

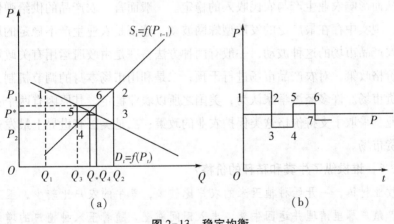

（a）　　　　　　　　　　　（b）

图 2-13　稳定均衡

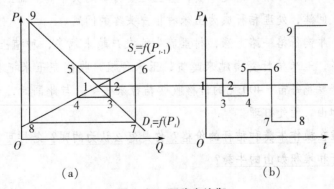

（a）　　　　　　　　　　　（b）

图 2-14　不稳定均衡

第三种情况：供给曲线 S_t 的斜率与需求曲线 D_t 的斜率绝对值相等，供给的价格弹性与需求的价格弹性完全相同，价格与产量将无休止地波动，其幅度既不扩大也不缩小。至于波动幅度背离均衡值的程度，取决于均衡被破坏的初始状态与均衡值的偏离程度。如图2-15 所示：

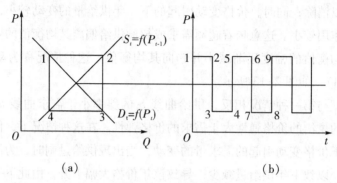

（a）　　　　　　　　　　（b）

图2-15　连续波动

该模型即蛛网模型。蛛网理论说明了在市场机制自发调节的情况下，必然发生蛛网型周期波动，从而影响农业生产与农民收入的稳定。一般而言，农产品的供给弹性大于需求弹性。因此，现实中存在最广泛的发散型蛛网波动。这正是农业生产不稳定的原因。为了减少或消除农产品市场的这种波动，一般有两种方法：一是由政府运用有关政策，如我国实行的保护价格政策，对农产品市场进行干预；二是利用市场本身的调节机制，这种调节机制就是期货市场。许多经济学家认为，美国之所以农业稳定，其原因有两个：一是政府始终关心农业，采取了支持价格这类保护农业的政策；二是美国有世界上最发达、最完善的农产品期货市场。

［案例2-6］谁操纵了牛粪和秸秆的价格？

一些农牧业村镇，一开始种植玉米的农户比较多，养牛的农户比较少，玉米种植户会主动去肉牛养殖户那里清理并运回牛粪，送入田间施肥。随着玉米种植户的增多，这些种植户不仅要免费帮助肉牛养殖户清运牛粪，甚至还要付费购买牛粪。而玉米收割后的留下的大量秸秆却无人问津，处理秸秆成为玉米种植户头疼的问题。

一段时间后，牛肉价格一路上涨，村里养牛的农户越来越多，种植玉米的越来越少，大量的牛需要饲料，玉米秸秆变得越来越贵，玉米种植户收割完玉米把秸秆丢在田里风干，肉牛养殖户需要花每亩①400元的价格收购秸秆来喂牛。与此同时，大量的肉牛养殖产生的牛粪堆积如山，无处打理。

思考：到底谁在操作牛粪和秸秆的价格？你是怎么认为的呢？怎样可以更好地解决农村无处打理的秸秆和堆积如山的牛粪？

---

① 1 亩 = 666.67 平方米。

管理实践 2-4　公共政策的制定与分析

［案例 2-7］　香烟问题

公共政策制定者经常想减少人们吸烟的数量。达到这一目标的方法有两种。

减少吸烟的一种方法是使香烟和其他烟草产品的需求曲线移动。公益广告、香烟盒上有害健康的警示以及禁止在电视上做香烟广告，都是旨在减少任何一种既定价格水平时香烟需求量的政策。如果成功了，这些政策就使香烟的需求曲线向左移动。

此外，政策制定者可以试着提高香烟的价格。例如，如果政府对香烟制造商征税，烟草公司就会以高价的形式把这种税的大部分转嫁给消费者。较高的价格鼓励吸烟者减少他们吸的香烟量。在这种情况下，吸烟量的减少就不表现为需求曲线的移动。相反，它表现为沿着同一条需求曲线移动到价格更高而数量较少的一点上。

一个相关的问题是，香烟的价格如何影响大麻这类非法毒品的需求。香烟税的反对者经常争论说，烟草与大麻是替代品，因此，香烟的高价格鼓励使用大麻。与此相反，许多毒品专家把烟草作为"毒品之门"，它引导青年人享用其他有害物质。大多数数据研究与这种观点是一致的：降低香烟价格与更多使用大麻是相关的。换句话说，烟草和大麻看来是互补品，而不是替代品。

问题：

（1）你怎么看待烟草和大麻之间的关系？

（2）什么是互补品和替代品商品？相关商品的价格对互补品和替代品商品的需求量有什么影响？

（3）结合经济学原理分析要减少吸烟有哪些方法。

【经典习题】

一、名词解释

1. 需求

2. 供给

3. 供给函数

4. 恩格尔定律

5. 蛛网模型

6. 均衡价格

二、选择题

1. 鸡蛋的反需求函数是 $p=84-9q$，反供给函数是 $p=7+2q$，这里，q 是鸡蛋的箱数。过去，不对鸡蛋征税。假定现在对每箱鸡蛋征 33 元的税，问征税对鸡蛋供给的影响有多大？（　　）

A. 减少 2 箱　　　　B. 减少 3 箱　　　　C. 减少 6 箱　　　　D. 减少 4 箱

2. 需求规律说明（　　）。

A. 药品的价格上涨会使药品质量提高

B. 计算机价格下降导致销售量增加

C. 汽车的价格提高，小汽车的销售量减少

D. 羽毛球的价格下降，球拍的销售量增加

3. 其他条件不变，牛奶价格下降将导致牛奶的（　　）。

A. 需求下降　　　　　　　　　　B. 需求增加

C. 需求量下降　　　　　　　　　D. 需求量增加

4. 当出租车租金上涨后，对公共汽车服务的（　　）。

A. 需求增加　　　　　　　　　　B. 需求量增加

C. 需求减少　　　　　　　　　　D. 需求量减少

5. 以下几种情况中，（　　）项是需求规律的例外。

A. 某商品价格上升，另一商品需求量也上升

B. 某商品价格上升，需求量也上升

C. 消费者收入增加，对某商品的需求增加

D. 生产成本上升，供给减少

6. 供给规律说明（　　）。

A. 生产技术提高会使商品的供给量增加

B. 政策鼓励某商品的生产，因而该商品供给量增加

C. 消费者更喜欢消费某商品，使该商品的价格上升

D. 某商品价格上升将导致对该商品的供给量增加

7. 假如生产某种商品所需原料的价格上升了，这种商品的（　　）。

A. 需求曲线将向左移动　　　　　B. 供给曲线向左移动

C. 供求曲线将向右移动　　　　　D. 需求曲线将向右移动

8. 如果政府对卖者出售的商品每单位征税 5 美分，那么这种做法将引起这种商品的（　　）。

A. 价格上升 5 美分　　　　　　　B. 价格的上升少于或等于 5 美分

C. 价格的上升大于 5 美分　　　　D. 价格不变

9. 如果政府利用商品配给的方法来控制价格，意味着（　　）。

    A. 供给和需求的变化已不能影响价格　　B. 政府通过移动供给曲线来抑制价格

    C. 政府通过移动需求曲线来抑制价格　　D. 同时影响供求

10. 政府为了扶持农业，对农产品规定高于均衡价格的支持价格。政府要维持支持价格，应该采取下面的相应措施（　　）。

    A. 增加对农产品的税收　　 B. 实行农产品配给制

    C. 收购过剩的农产品　　 D. 促进国民对农产品的消费

11. 政府把价格限制在均衡价格以下可能导致（　　）。

    A. 黑市交易　　 B. 大量积压

    C. 买者买到了希望购买的商品　　 D. 促进生产

12. 当需求的增加幅度远大于供给增加幅度的时候，（　　）。

    A. 均衡价格将提高，均衡交易量减少

    B. 均衡价格和均衡交易量都将上升

    C. 均衡价格将下降，均衡交易量将增加

    D. 无法确定

13. 当羽毛球拍的价格下降时，对羽毛球的需求量将（　　）。

    A. 减少　　 B. 不变

    C. 增加　　 D. 视具体情况而定

14. 假设某商品的需求曲线为 $Q=3-9P$，市场上该商品的均衡价格为 4，那么，当需求曲线变为 $Q=5-9P$ 后，均衡价格将（　　）。

    A. 大于 4　　 B. 小于 4　　 C. 等于 4　　 D. 小于或等于 4

15. 当商品的供给和需求同时增加后，该商品的均衡价格将（　　）。

    A. 上升　　 B. 下降　　 C. 不变　　 D. 无法确定

16. 对西红柿需求的变化，可能是由于（　　）。

    A. 消费者认为西红柿价格太高了

    B. 消费者得知西红柿丰收了

    C. 消费者预期西红柿将降价

    D. 种植西红柿的技术有了改进

三、简答与论述

1. 说明蛛网模型的基本内容，并讨论蛛网模型的价格波动条件。

2. 说明政府在农业领域可以发挥哪些作用？

3. 商品需求受哪些因素的影响？具有什么样的影响？

4. 下列事件对产品 X 需求会有什么影响。

(1) 产品 X 变得更为流行；

(2) 产品 X 的替代品 Y 的价格上升；

(3) 预计居民收入将上升；

(4) 预计人口将大幅增加。

5. 下列情况对社会房地产供给什么影响。

(1) 土地价格上涨；

(2) 水泥价格下跌；

(3) 建筑房屋的技术进步；

(4) 从事工业投资的利润增加了。

6. 用经济学原理分析家庭住房限购政策对消费者和生产者的影响。

四、计算

1. 设某市场上只有两个消费者，其需求曲线为：

$Q_1 = 100 - 2P$ ($P \leqslant 50$)

$Q_1 = 0$ ($P > 50$)

$Q_2 = 160 - 4P$ ($P \leqslant 40$)

$Q_2 = 0$ ($P > 40$)

试求市场需求曲线。

2. 下列事件对产品 X 的供给有何影响？

(1) 生产 X 的技术有重大革新；

(2) 在 X 产品的行业内企业数目减少了；

(3) 生产 X 的人工和原料价格上涨了；

(4) 预计产品 X 的价格会下降。

3. 假定香烟的需求曲线为 $Q_d = 10 - 2P$，香烟的供给曲线为 $Q_s = \frac{1}{2}P$，其中 Q_d、Q_s 均以万包为单位，P 以元/包为单位。请分析：

(1) 香烟的均衡价格是多少？

(2) 香烟的均衡销售量是多少？

(3) 如果政府规定香烟的最高价格为 3 元/包，香烟的供求关系会有什么变化？

(4) 如果政府对香烟征税，税额为每包 1 元，征税后的均衡价格和销售量是多少？

4. 某彩电市场上，供给函数为 $Q_s = -300\,000 + 200P$，需求函数为 $Q_d = 300\,000 - 100P$，Q_s 和 Q_d 的单位是台，P 的单位是元/台。

试求市场上彩电的均衡价格是多少，交易量多大。若人们收入增加，需求函数变为 $Q_d = 360\,000 - 100P$，这时市场的均衡价格和交易量又有什么变化？

5. 某产品市场由消费者 A、B 及生产者 I、J 构成。A、B 的需求分别为：

$D_a = 200 - 2P$

$D_b = 150 - P$

I、J 的供给分别为：

$S_i = -100 + 2P$

$S_j = -150 + 3P$

P 为产品价格。

（1）求市场均衡价格。

（2）求消费者 A、B 的需求量。

（3）求 I、J 的供给量。

【综合案例】政府应该补贴农村淘宝的快递物流吗？[①]

由于信息化、物流基础设施薄弱，村民不懂电子商务、不会网购等问题的制约，"网货下乡"和"农产品进城"的双向流通未能实现，农村电商普及一直没有得到有效解决。而农村电子商务又是一块发展前景巨大的蓝海市场，在此背景下农村淘宝营运而生。

农村淘宝和我们熟悉的淘宝有什么不同？农村淘宝的村级服务站分散在 500 人以上的行政村。服务接待厅配有几台电脑、一个大显示屏，供村民挑选商品，展示买卖成交信息。小到几十块钱的生活日用品，大到价值数千元的大家电，甚至十几万元的大型收割机，都是村民网购的目标。村民也可以把他们的农产品通过农村淘宝挂到网上，代为销售管理。

农村淘宝运作也要符合农村消费特点。比如一位村民在屏幕上看中了一件衣服却不懂网购，他可以直接找农村淘宝店主代为下单。村民收到货后，也不必急着付款，先穿了再说。如果觉得满意，就支付货款给农村淘宝，如果不满意，则直接退货给农村淘宝即可。设置更多宽松的购买条件，一是为了培养村民的购物习惯，二是迎合他们的消费习惯，让农村淘宝更接地气。

接下来的便是物流配送问题，一件商品在城市流通容易，集中送达县城也不是问题，关键是从县城分送到各村的成本十分高。在浙江桐庐县这个问题已经得到解决，一级快递商负责把商品送到桐庐县城运营中心，当地邮政责二级快递，把商品送至各个村级服务站。为了解决这个关键的二级物流，当地政府会对每一件快递补贴 1.5 元。

你怎么评价政府对快递物流补贴的政策？该政策有没有达到应用的效果？你有什么好的建议？

---

① 华澄教育."农村淘宝"从一个人到一个团队［EB/OL］.（2015-07-22）［2015-07-22］. https://www.sohu.com/a/23767684_126953.

3

第三章 弹性分析

【思维导图】

弹性	计算		分类
	点弹性	弧弹性	
需求价格弹性	$E_P = \dfrac{dQ}{dP} \cdot \dfrac{P}{Q}$	$E_P = \dfrac{Q_2 - Q_1}{P_2 - P_1} \cdot \dfrac{P_2 + P_1}{Q_2 + Q_1}$	1. 完全无弹性：$E_P = 0$，如丧葬费、骨灰盒 2. 需求缺乏弹性：$E_P < 1$，如日常用品 3. 单位弹性：$E_P = 1$，如 $p.q = k$ 4. 富有弹性：$E_P > 1$，如奢侈品，替代品丰富 5. 完全富有弹性：$E_P = \infty$，如完全竞争市场
需求收入弹性	$E_I = \dfrac{dQ}{dI} \cdot \dfrac{I}{Q}$	$E_I = \dfrac{Q_2 - Q_1}{I_2 - I_1} \cdot \dfrac{I_2 + I_1}{Q_2 + Q_1}$	1. $E_I > 1$ 的商品称为奢侈品 2. $0 < E_I \leqslant 1$ 的商品称为必需品 3. $E_I < 0$ 的商品称为低档品
需求交叉价格弹性	$E_{XY} = \dfrac{dQ_X}{dP_Y} \cdot \dfrac{P_Y}{Q_X}$	$E_{XY} = \dfrac{Q_{X_2} - Q_{X_1}}{P_{Y_2} - P_{Y_1}} \cdot \dfrac{P_{Y_2} + P_{Y_1}}{Q_{X_2} + Q_{X_1}}$	1. $E_{XY} > 0$：替代品 2. $E_{XY} < 0$：互补品 3. $E_{XY} = 0$：无关品
供给弹性	$E_S = \dfrac{dQ_S}{dP} \cdot \dfrac{P}{Q_S}$	$E_S = \dfrac{Q_{S_2} - Q_{S_1}}{P_2 - P_1} \cdot \dfrac{P_2 + P_1}{Q_{S_2} + Q_{S_1}}$	1. $E_S = 0$，称为供给完全缺乏弹性，稀有物品 2. $E_S < 1$，称为供给缺乏弹性，多数农产品 3. $E_S = 1$，称为供给单位弹性 4. $E_S > 1$，称为供给富于弹性，多数工业品 5. $E_S = \infty$，称为供给完全富于弹性

【导入案例】经济萧条时，女人的迷你裙将消失？

1926 年，美国经济学家乔治·泰勒（George Taylor）提出"裙长理论"（hemline theory），主要内容是：女人的裙长可以反映经济兴衰荣枯——裙子越短，经济越好；裙子越长，经济越是艰险。他认为："经济增长时，女人会穿短裙，因为她们要炫耀里面的长丝袜；当经济不景气时，女人买不起丝袜，只好把裙边放长，来掩饰没有穿长丝袜的窘迫。"

迷你裙的长短与经济景气的对应关系未必有严肃的学理性，但从历史上看来却也有几分道理。在股票大涨时，男人们个个荷包鼓胀，女人们也受到鼓励，花更多的钱来打扮自己，一时间百花争艳，满园春色阅不尽，迷你裙风行一时，连寒冬腊月都能经常看见短裙在膝盖以上的"美丽冻人儿"。可是在经济不景气的时候，裁员降薪不断，女人们为了生活不得不疲于奔命，哪还有更多的精力去装扮自己，男人们收入减少，生存压力加大，自然也不会太关注女人的美丽，于是女人们又开始穿上长裙，将自己彻底遮掩起来。

第一节　需求的价格弹性

一、弹性的定义

需求弹性衡量一种商品的需求对于其影响因素变化做出反应的敏感程度，即需求弹性是需求的一种影响因素（自变量）的值每变动百分之一所引起的需求量变化的百分比。其公式为：

$E=$ 需求数量变化的百分比/某自变量变化的百分比$=(\Delta Q/\Delta X)\cdot(X/Q)$

式中：

E——需求弹性；

Q——需求数量，ΔQ 是需求数量的变化量；

X——任意一个自变量，ΔX 是这个自变量的变化量。

二、需求价格弹性定义

需求的价格弹性反映需求对于商品价格变化的敏感程度，它用商品需求量的相对变化与商品价格的相对变化的比率来度量。

$E_P=$ 需求数量变化的百分比/价格变化的百分比$=(\Delta Q/\Delta P)\cdot(P/Q)$

价格与需求量总是呈反方向变化的，需求的价格弹性总是负值，通常用绝对值来比较弹性的大小。

1. 点价格弹性：$E_P=\dfrac{\mathrm{d}Q}{\mathrm{d}P}\cdot\dfrac{P}{Q}$

当需求曲线上两点之间的变化量趋于无穷小时，需求的价格弹性要用点弹性来表示。也就是说，它表示需求曲线上某一点上的需求量变动对于价格变动的反应程度（见图3-1）。

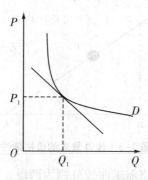

图 3-1　需求的点价格弹性

2. 价格弧弹性：$E_P=\dfrac{Q_2-Q_1}{P_2-P_1}\cdot\dfrac{P_2+P_1}{Q_2+Q_1}$

如图 3-2 所示，由 a 点到 b 点和由 b 点到 a 点的弧弹性系数值是不相同的。其原因在于：尽管在上面计算中，ΔQ 和 ΔP 的绝对值相同，但由于 P 和 Q 所取的基数值不相同，所以，两种计算的结果便不相同。也就是说，在同一条需求曲线上，涨价和降价产生的需求的价格弧弹性数值是不相同的。因此，如果只是一般地计算需求曲线上某两点之间的需求的价格弧弹性，而不是要具体地强调这种需求的价格弧弹性是作为降价还是涨价的结果，为了避免不同的计算结果，通常取两点之间的平均值来代替公式中的 P 和 Q 的数值，上式也称作价格弧弹性的中点公式。

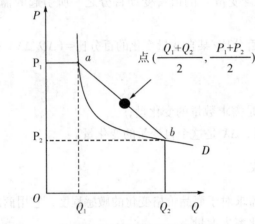

图 3-2　需求的弧价格弹性

3. 线性需求的价格弹性

线性需求曲线的一般方程式可以写为：$P = a - bQ$，所以 $E_p = (-1/b)P/Q$。$|E_p| = (HC/FH) \cdot (OG/OH) = HC/OH$。又因 $\triangle CFH$ 与 $\triangle CAO$ 是相似的，所以 $|E_p| = HC/OH = CF/FA$（如图 3-3 所示）。

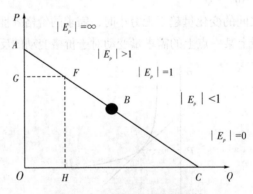

图 3-3　线性需求的价格弹性

线性需求曲线上的任何一点将需求曲线分割为两段，而该点的价格弹性就等于该点与横轴之间的线段与该点与纵轴之间线段的长度之比。

4. 弹性分析注意事项

（1）确定研究商品的弹性。

研究哪个品牌、哪个系列的产品就针对性地分析该产品的弹性。

[**案例3-1**] 许多房地产开发商宣称，买房是刚性需求（需求价格弹性很小），所以即使推出的楼盘价格涨很多，需求也不会减少多少。你怎么看？

思考：买房需求等同于住房需求吗？

（2）价格的因素对需求量的影响

使用需求价格弹性分析自身价格变化对需求量的影响，需要排除其他因素。

[**案例3-2**] 许多人认为学生对大学教育的需求是完全缺乏弹性的，因为尽管近十年来部分民办学校的学费上涨很多，但是参加入学考试并希望进入大学学习的学生数目并没有出现大幅下降。你同意这种观点吗？对这种观点有何评价？

三、需求价格弹性分类

需求弹性主要分为五类，见图3-4。

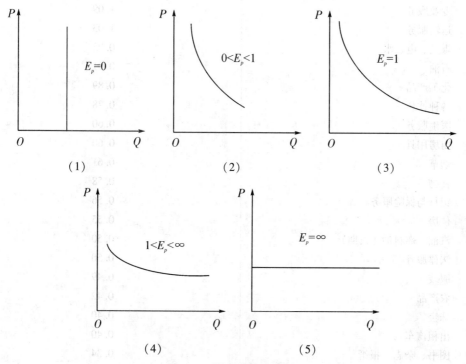

图3-4　需求弹性的类型

（1）完全无弹性：弹性等于0，表示无论价格发生多大的变化，需求量都不会发生任何数量变化，垂直的需求曲线上的弧弹性为零，如丧葬费、骨灰盒。

（2）需求缺乏弹性：弹性小于1，表示需求量的变化率小于价格的变化率，说明需求量对于价格变动的反应不敏感。通常生活必需品缺乏弹性，如柴、米、油、盐等。

（3）单位弹性：弹性等于1，表示需求量的变化率与价格的变化率相等，如$p \cdot q = k$。

（4）富有弹性：弹性大于1，表示需求量的变化率大于价格的变化率，说明需求量对于价格变动的反应是比较敏感的。通常高档奢侈品富于弹性，如化妆品、首饰等。

（5）完全富有弹性：弹性无穷大，如完全竞争市场。它是一条横线，价格大于 p 时，需求量为零；价格等于 p 时，消费者可以买到任何一种数量；价格小于 p 时，需求量增到无穷大。

表 3-1 是一些商品需求价格弹性的估计值。

表 3-1　一些商品的需求价格弹性估计值

行业	需求价格弹性
金属	1.52
机电产品	1.39
机械产品	1.30
家具	1.26
汽车	1.14
专业服务	1.09
运输服务	1.03
煤气、电、水	0.92
石油	0.91
化工产品	0.89
各种饮料	0.78
医生服务	0.60
厨房用具	0.60
烟草	0.61
食物	0.58
银行与保险服务	0.56
住房	0.55
汽油、燃料油（长期）	0.50
法律服务	0.50
服装	0.49
农产品	0.42
珠宝	0.40
出租汽车	0.40
图书、杂志、报纸	0.34
煤	0.32
汽油、燃料油（短期）	0.20

管理实践 3-1　价格决策

消费者按一定价格 P 买进一种商品，数量为 Q，则总支出为 PQ。若 $|E_p|=1$，则价格升降的百分比恰好等于需求量增减的百分比；若 $|E_p|>1$，价格降低 1%，需求量增加的百分比大于 1%，即降价会使销售收入增加，提价会使消费者花费在该商品的支出减少；若 $|E_p|<1$，则降价会使收入减少，提价会使收入上升（见表 3-2、图 3-5）。

表 3-2 价格弹性与销售收入

需求价格弹性	弹性>1	弹性=1	弹性<1
降价的影响	增加销售收入	销售收入不变	减少销售收入
涨价的影响	减少销售收入	销售收入不变	增加销售收入
企业价格策略	适当降价	收入最大	适当涨价

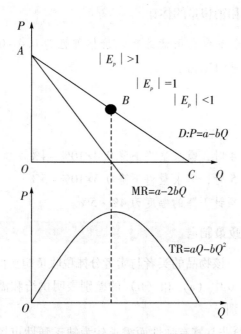

图 3-5 需求价格弹性与企业销售收入

收益、边际收益与价格弹性的关系：

总收益函数为：$TR = P \cdot Q$

总收益变动与价格变动的关系：

$dTR/dP = Q + PdQ/dP = Q(1+E_p)$

$dTR/dP = Q(1-|E_p|)$

总收益变动与产量变动的关系：

对 Q 求导

$MR = QdP/dQ + 1 = P(1-1/|E_p|)$

平均收益：$AR = TR/Q = P$

[案例 3-3] 微笑连锁商店在自己的六家分店销售蛋糕，这六家分店所在地区的居民都属于中等收入水平。最近，各分店的销售价格与销售量如表 3-3 所示。

思考：该蛋糕定价在哪个价位比较好？

表3-3 微笑连锁商店价格与销量数据

分店编号	1	2	3	4	5	6
价格（元）P	7.9	9.9	12.5	8.9	5.9	4.5
销售量（千克）Q	4 650	3 020	2 150	4 400	6 380	5 500

（提示：先估计需求函数，再找到需求价格弹性为1的价格点。）

管理实践3-2 价格和销售量的估计

[**案例**3-4] 居民对金龙鱼食用油的需求价格弹性为0.4~0.5，该食用油准备提价10%，估计该食用油销售量的变化。

解：$E_p = \dfrac{\Delta Q/Q}{\Delta P/P}$

$\therefore \Delta Q/Q = \Delta P/P \cdot E_p$

当需求价格弹性为0.4时，需求量将下降 $0.4 \times 10\% = 4\%$

当需求价格弹性为0.5时，需求量将下降 $0.5 \times 10\% = 5\%$

所以食用油的需求量预计下降的幅度为4%~5%。

管理实践3-3 税收政策制定

当对一种物品征税时，该物品的买者与卖者分摊税收负担。但税收负担只有极少数情况下是平均分摊的。图3-6中（a）和（b）的差别表明供给和需求的相对弹性不同会导致买卖双方税收负担的差别。

图3-6（a）表示供给非常富有弹性而需求较为缺乏弹性市场上的税收，卖者只承担了一小部分税收负担，而买者承担了大部分税收负担。这是因为，卖者对某种物品的价格非常敏感，而买者非常不敏感。所以当征收税收时，卖者得到的价格并没有下降多少，因此，卖者只承担了一小部分税收负担。与此相比，买者支付的价格大幅度上升，表示买者承担了大部分税收负担。

图3-6（b）表示供给较为缺乏弹性而需求非常富有弹性市场上的税收，卖者承担了大部分税收负担，而买者承担了小部分税收负担。因为在这种情况下，卖者对价格不十分敏感，而买者非常敏感。当征收税收时，买者支付的价格上升并不多，而卖者得到的价格大幅度下降。因此，卖者承担了大部分税收负担。

图3-6说明了一个关于税收负担划分的一般结论：税收负担更多地落在缺乏弹性的市场一方身上。

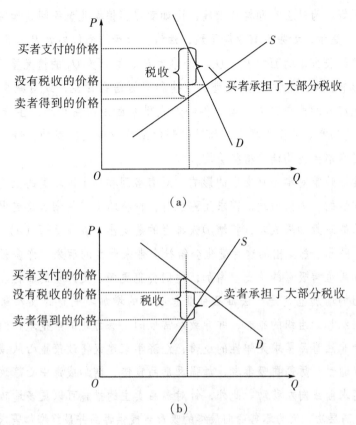

图3-6　税收负担分割

如果政府的目的是增加财政收入，向价格需求弹性较小的产品征税。

如果政府的目的是限制产品消费，向价格需求弹性较大的产品征税。

[案例3-5]　奢侈品需求的惊人弹性

奢侈品税的典型例子：豪华游艇、私人飞机、高级轿车、珠宝首饰、皮革。

1990年，美国政府为了削减财政赤字决定对奢侈品征收10%的"奢侈品税"，奢侈品税可以等价地认为是提高了生产奢侈品的成本。

但是，奢侈品税是否能够为政府带来额外收入呢？

管理实践3-4　社会问题分析

越来越多的社会问题处理、法律制定等都开始借助于经济学的思维，从理性人的角度出发思考问题，会带来一些意想不到的收获。

[案例3-6]　禁毒增加还是减少了与毒品相关的犯罪？

严厉打击和控制毒品传播是世界各国政府的重要任务。1999年，美国政府投入180亿美元整治非法毒品（如可卡因、海洛因和大麻）市场，其中的大部分资金用在了限制毒品的供给上。但是许多经济学家认为，如果反毒品的努力从市场的供给方转为市场的需求方，效果将更好。为什么？同样的情况，比如卖淫、拐卖儿童等问题如何治理？

图3-7（a）显示，如果没有政府干预，海洛因市场均衡价格为 P_1，数量为 Q_1。海洛因的总支出为虚线长方形的面积 $P_1 \cdot Q_1$。价格为 P_2、数量为 Q_2 的情况显示了限制供给的政策对市场的影响，如严格的海关检查、拒捕和严厉惩罚毒犯，或对减少毒品从哥伦比亚、泰国等产地流入的外交努力。减少供给造成供给曲线向左移动，在价格为 P_2、数量为 Q_2 处建立新的均衡。从图中看出，如果限制供给的政策获得成功，海洛因的均衡数量将会减少，同时海洛因的均衡价格将会增加。

现在，来看该政策对毒品总支出的影响。对海洛因和可卡因之类的上瘾性毒品的需求一般是需求无弹性的。如前所述，需求无弹性时，价格的上升将增加总支出。这意味着限制非法毒品供给的政策如果成功，将增加吸毒者的总支出。在图3-7（a）中，总支出 $P_2 \cdot Q_2$ 比 $P_1 \cdot Q_1$ 更大。总支出的这种变化会给社会带来严重的后果。许多吸毒者通过犯罪来维持吸毒，如果维持吸毒的总支出增加，他们会犯更多、更严重的罪行。另外，不要忘了吸毒者总支出的增加也就是非法毒品行业总收入的增加。更高的收入意味着更高的利润，吸引着有组织和无组织的犯罪，并导致经常性的、暴力化的争抢地盘的恶性事件。

同样，基于非法毒品需求无弹性的逻辑，经济学家建议将政策重心从减少供给转变为减少需求。可以通过严厉惩罚吸毒者、加强反毒品宣传、增加戒毒中心等政策降低非法毒品的需求，使需求曲线向左移动。此外，针对毒品卖主的措施可以更多地转向零售商，而不是供给链的较高层次，因为零售商向最终的吸毒者提供毒品并最终增加需求。图3-7（b）表明了如果这些政策获得成功将对海洛因市场产生的影响。由于需求向左移动，价格 P_1 降至 P_2，需求量从 Q_1 降至 Q_2。现在，还不能说需求曲线移动造成的数量下降是否多于供给曲线移动造成的数量下降（它取决于两条曲线移动的相对幅度），但我们能够肯定的是，以需求为中心的政策在均衡价格上会有明显不同的影响，它会导致价格的下降，而不是上升。并且，由于价格和数量同时减少，需求减少将减少毒品的总支出——使虚线长方形内向缩小。这会降低吸毒者的犯罪率，并且降低毒品行业对潜在销售商和生产商的吸引力。

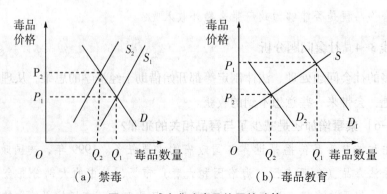

（a）禁毒　　　　　　　　　　　（b）毒品教育

图3-7　减少非法毒品使用的政策

四、需求价格弹性的影响因素

影响商品的需求价格弹性的因素有很多，主要有以下几个方面：

1. 商品的可替代程度

一般来说，一种商品的可替代品越多，相近程度越高，则该商品的需求的价格弹性越大。相反，替代品越少，相近程度越低，则需求的价格弹性越小。对一种商品所下的定义越明确越窄，则这种商品的相近替代品会越多，故其需求的价格弹性会越大。如某种特定商标的糖果的需求要比一般的糖果的需求更有弹性。

2. 商品用途的广泛性

一般来说，一种商品的用途越广，它的需求弹性就可能越大；相反，用途越窄，它的需求价格弹性就可能越小。这是因为，当用途很广的商品降价时，消费者会大量增加这种商品的购买以分配在各种用途中使用；而价格高时，只会将该商品在重要用途上使用。如电的用途很广，如果降价，则会使使用者增加购买以在各种用途中使用。又如眼镜的用途单一，则即使降价，也不会使人们购买许多眼镜。

3. 商品对消费者的重要程度

一般而言，必需品的需求价格弹性较小，而非必需品或奢侈品的需求价格弹性越大。因为必需品是人们生活中必不可少的商品，无论价格上升还是下降，人们都必须购买一定的量，如粮食。

4. 商品的消费支出在消费者预算总支出中所占比重大小

一般而言，所占比重越大，需求的价格弹性越大；反之，则越小。如食盐、铅笔、肥皂与住宅、汽车等商品相比，需求的价格弹性更小。

5. 所考察的消费者调节需求量的时期长短

一般来说，时期越长，则消费者找到替代品的可能性越大，故需求的价格弹性越大；反之，越小。

[案例 3-7] 为什么石油输出国组织不能保持石油的高价格？

在 20 世纪 70 年代，石油输出国组织（OPEC，欧佩克）的成员决定提高世界石油价格，以增加它们的收入。它们采取减少石油产量的方法而实现了这个目标。1973—1974年，石油价格根据总体通货膨胀率进行了调整，上升了 50%，1979 年上升了 4%，1980 年上升了 34%，1981 年上升了 34%。

但欧佩克发现要维持高价格是困难的。1982—1985 年，石油价格一直每年下降 10%左右。1986 年欧佩克成员国之间的合作完全破裂了，石油价格猛跌了 45%。1990 年石油价格又回到了 1970 年的水平，而且 20 世纪 90 年代的大部分年份中保持在这个低水平上。

在 21 世纪第一个十年里，石油价格飙升，但是在第二个十年里，全球范围内出现了新的石油开采增长点，例如美国的页岩油，导致全球供应过剩，油价随之从 2014 年的 120

美元/桶暴跌至去年的低于30美元/桶。

OPEC和俄罗斯试图让价格稳定在每桶约50~60美元，2017年，由于供应持续过剩的担忧，布伦特原油价格跌至每桶44美元。

2020年变化更是复杂，年初国际油价开始于60美元/桶水平。随后遇上新冠肺炎令市场需求大减，3月的OPEC+大会未能达成减产协议，引起沙特及俄罗斯增加油产争夺市场份额。美国页岩油产量增加，导致4月的油管输送能力及油库爆满，引致WTI期油史上首次负油价的出现，WTI跌至-40美元/桶。5月初OPEC+开始减产970万桶/日后，油价逐渐回升至40多美元/桶区间波动多月。直至11月新冠疫苗开发有重大突破，以及12月OPEC+决定减缓2021年增产速度，才引领油价回升至50美元/桶。

这表明，供给与需求在短期与长期的弹性是不一样的。在短期，供给与需求是较为缺乏弹性的。供给缺乏弹性是因为已知的石油储藏量开采能力不能马上改变；需求缺乏弹性是因为购买习惯不会立即对价格变动作出反应。如，许多老式的耗油车不会立即换掉，司机只好支付高价格的油钱。

在长期中，欧佩克以外的石油生产者对高价格的反应是增加石油的勘探并建立新的开采能力。消费者的反应是更为节俭，如用节油车代替耗油车。

这种分析表明为什么欧佩克只有在短期中成功地保持了石油的高价格。在长期中，当供给和需求较为富有弹性时，欧佩克共同减少供给在长期中并无利可图（见图3-8）。

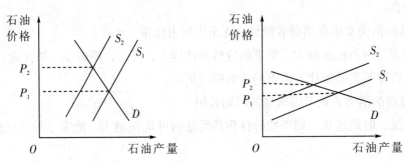

（a）短期石油市场：供给与需求缺乏弹性　　（b）长期石油市场：供给与需求富有弹性

图3-8　世界石油市场供给减少

第二节　需求的收入弹性

一、需求收入弹性的定义

需求的收入弹性反映需求对于收入水平变化的敏感程度，它用商品需求量的相对变化与消费者收入的相对变化的比率来度量。其公式为：

E_I = 需求量变动百分比 / 收入变动百分比 = $(\Delta Q / \Delta I) \cdot (I/Q)$

（1）点收入弹性：$E_I = \dfrac{\mathrm{d}Q}{\mathrm{d}I} \cdot \dfrac{I}{Q}$

（2）弧收入弹性：$E_I = \dfrac{Q_2 - Q_1}{I_2 - I_1} \cdot \dfrac{I_2 + I_1}{Q_2 + Q_1}$

二、需求收入弹性的分类

（1）$E_I > 0$ 的商品为正常品。随着收入水平上升，这些商品的需求也将增加。水果、汽油、煤气、牛肉、化妆品、旅游、首饰、食油、自来水等都是正常品。

（2）$E_I > 1$ 的商品称为奢侈品。这类商品需求增长的百分比将大于收入增长的百分比。化妆品、旅游和首饰则是奢侈品。

（3）$E_I \leqslant 1$ 的商品称为必需品。必需品的需求增长百分比小于收入增长的百分比。汽油、煤气、食油、自来水和牛肉是必需品。

（4）$E_I < 0$ 的商品称为低档品。随着收入的提高，这些商品的消费反而减少。

表 3-4 是一些商品需求收入弹性的估计值。

表 3-4　一些商品需求收入弹性的估计值

产品	需求收入弹性
航空旅行	5.82
家庭教育	2.46
新车	2.45
电力	1.94
娱乐服务	1.57
酒类	1.54
书籍	1.44
牙科服务	1.42
外出用餐	1.40
汽油	1.36
电视机	1.22
宗教和慈善事业	1.14
电话	1.13
住房	1.04
理发	1.03
服装	1.02
医生服务	0.75
住院治疗	0.69
烟草	0.64
药物	0.61
食品	0.51
电、煤气	0.50
燃料	0.38

管理实践 3-5　企业进入战略

通常，景气的经济预测时就进入收入弹性大的行业；反之，则适合进入弹性小的行业。

[案例 3-8] 经济不景气怎么创业？

"口红效应"是指经济萧条导致口红热卖的一种有趣的经济现象，也叫"低价产品偏爱趋势"。在美国，每当经济不景气时，口红的销量反而会直线上升。这是因为，在美国，人们认为口红是一种比较廉价的消费品，在经济不景气的情况下，人们仍然会有强烈的消费欲望，所以会转而购买比较廉价的商品。口红作为一种"廉价的非必要之物"，可以对消费者起到一种"安慰"的作用，尤其是当柔软润泽的口红接触嘴唇的那一刻。再有，经济的衰退会让一些人的收入降低，这样手中反而会出现一些"小闲钱"，正好去买一些"廉价的非必要之物"。

在经济萧条时期，奢侈品、高档品的需求和消费无疑将削减，而生活必需品则不然。经济危机对房地产业是一场灾难，对轻工业、纺织业却可能是最大的福音。老百姓、工薪阶层收入减少，无钱买房、买车，反而有了一些闲钱，可以趁牛年即将到来之机置办小家电、添几件新衣服、皮鞋，自然会带动轻工业、纺织行业复苏。同时，许多人的闲暇时间增多，交给网络便是最省钱的方式。由此，也必然推动淘宝、京东等 B2C 网站和盛大、巨人等网游公司的发展，经济不景气的时候，生活压力会增加，沉重的生活总是需要轻松的东西来让自己放松一下，所以电影等娱乐市场消费不是很贵的生意会比较好些。

思考：这些"廉价的非必要之物"具有什么样的弹性特点？

管理实践 3-6　补贴分析

现在的政府政策制定和企业经营中也常用类似的方法与思想来分析补贴问题。如：

[案例 3-9] 丽丽消费汽油的需求函数为 $Q = 0.331\,3P^{-0.817\,6}I^{0.963\,5}$。丽丽每月的收入为 3 500 元，每季度消费汽油约为 430 升。

（1）汽油价格上涨了 10%，对于丽丽来说有何影响？

（2）公司决定给予丽丽每月 250 元补贴以减轻其负担。这对于丽丽的汽油消费有何影响？

（3）公司的补贴多了还是少了？

分析：

由需求函数可知，丽丽对汽油需求的价格弹性 $E_P = -0.817\,6$，需求的收入弹性 $E_I = 0.963\,5$。

根据需求的价格弹性，价格上升 1%，汽油需求将下降 0.8% 左右，因此当价格上升 10% 时，需求将下降 8% 左右。原来每季度消费汽油 430 升，由于汽油价格上涨，丽丽对汽油的消费下降 8%，即减少 34.4 升汽油的消费。

根据需求的收入弹性，收入上升 1% 时，汽油的支出会增加 0.96%，现在收入因补贴而上升了 250/3 500≈7%，那么丽丽对汽油的支出将增加 6.7% 左右。原来每季度消费 430 升汽油，由于公司的补贴，丽丽对汽油的消费增加 6.7%，即增加 28.9 升汽油的消费。

汽油的价格上涨导致丽丽减少 34.3 升汽油的消费，而公司补贴的增加导致丽丽增加 28.9 升的消费。总体上，补贴后丽丽比以前每季度少消费 5.4 升汽油，还是不能回到以前的每季度消费 430 升汽油的状态，所以公司的补贴偏少。

管理实践 3-7　规划与预测

[**案例** 3-10] 政府为了解决居民住房问题，要制定一个住房的长远规划。假定根据资料，已知租房需求的收入弹性为 0.8~1.0，买房需求的收入弹性为 0.7~1.0。估计今后 10 年内每人每年平均可增加收入 2%~3%。问 10 年后，对住房的需求量将增加多少？

解：如果每年增加 2%，则 10 年后可增加到 $1.02^{10} = 121.8\%$

即 10 年后每人的收入将增加 21.8%。

如果每年增加 3%，则 10 年后可增加到 $1.03^{10} = 134.3\%$

即 10 年后每人的收入将增加 34.3%。

根据需求收入弹性的计算公式，可知

需求量变动的百分比＝收入弹性×收入变动的百分比

故 10 年后租房、买房需求量将增加的数量如表 3-5 所示：

表 3-5　收入弹性与收入增加情况

收入弹性			收入增加			
			21.8%		34.3%	
	租房弹性	买房弹性	租房需求变动	买房需求变动	租房需求变动	买房需求变动
	0.8	0.7	17.4%	15.3%	27.4%	24.0%
	1.0	1.0	21.8%	21.8%	34.3%	34.3%

10 年后房租需求量增加幅度为 17.4%~34.3%；买房需求量增加幅度为 15.3%~34.3%。

三、恩格尔定律

德国统计学家恩格尔在 1857 年发现，如果其他因素不变，随着收入的提高，食品支出占收入的比重（称为恩格尔系数）会不断减少，这就是所谓恩格尔定律。恩格尔定律的实质就是：食物需求的收入弹性小于 1。

[案例 3-11] 中国恩格尔系数持续下降[①]

"十三五"期间，中国恩格尔系数持续下降，从 2016 年的 30.1%降至 2019 年的 28.2%。

五年间，居民收入不断增加，直接推动恩格尔系数的降低。同时，消费结构不断优化。吃穿之外，游览娱乐等消费选项更多走进普通人生活。

人们餐饮支出比重越来越低，其余的消费如购房、买车、教育、旅游、交通、礼品、文化等消费种类繁多。即使在餐饮中，也有一大部分是外出聚餐或者喝咖啡、奶茶这种不仅仅是满足温饱的消费，人们更注重饮食品质，出去吃饭也会选择环境更好的餐厅。

恩格尔系数的降低，反映出居民消费升级的大趋势。五年来，越来越多的进口商品走进中国寻常百姓家，"中国潮牌"屡屡惊艳世界，无人商店等新模式领先全球，而中国游客探索的脚步更把中国推上世界第一出境游大国的位置……随着经济社会的发展与居民收入水平的不断提高，今天中国人对消费已不满足于"维持生活"，正向"享受生活"升级。

消费升级本身已成为中国经济发展的强劲动力，并吸引着全球投资者。

第三节　需求的交叉价格弹性

一、交叉价格弹性的定义

相关商品的价格变动将对 A 商品的需求产生影响，而需求的交叉价格弹性则用来衡量 A 商品的需求对于其他商品价格变动的敏感程度。需求的交叉价格弹性的定义式为：

E_{XY} = X 物品需求量变动的百分比/Y 物品价格变动的百分比 = $(\Delta Q_X / \Delta P_Y) \cdot (P_Y / Q_X)$

交叉价格弹性度量了如果商品 Y 的价格变化百分之一，商品 X 的需求将变化百分之几。

（1）点交叉弹性：$E_{XY} = \dfrac{\mathrm{d}Q_X}{\mathrm{d}P_Y} \cdot \dfrac{P_Y}{Q_X}$

（2）弧交叉弹性：$E_{XY} = \dfrac{Q_{X_2} - Q_{X_1}}{P_{Y_2} - P_{Y_1}} \cdot \dfrac{P_{Y_2} + P_{Y_1}}{Q_{X_2} + Q_{X_1}}$

二、交叉价格弹性分类

（1）交叉价格弹性大于零：替代关系。如不同品牌的冰箱、空调、彩电之间，公路货运与铁路货运之间，猪肉与鸡肉之间等。

（2）交叉价格弹性小于零：互补关系。如皮鞋与西裤，组合音响与 CD 唱片，电器设备与电力等。

（3）交叉价格弹性为零：互相独立。如鸡肉与钢笔、橘子与衣服等。

---

① 央广网. 中国恩格尔系数持续下降降 [EB/OL]. (2020-11-23) [2021-01-22]. https://baijiahao.baidu.com/s? id=1684116738958575413&wfr=spider&for=pc.

管理实践 3-8　交叉价格弹性应用

（1）企业生产同类产品，但拥有几个不同的品牌价格制定决策。

如果企业生产的商品之间交叉弹性为正值，说明这些商品之间是互替关系，这样，企业对商品的定价考虑得就多一些了。宝洁公司生产五种牌子的洗发水：伊卡璐、飘柔、潘婷、海飞丝和沙宣，它们之间就是替代关系。那么一种洗发水价格的变化将怎样影响其他洗发水的需求量，这就需要准确地估算交叉弹性的数值了。

（2）企业生产互补类产品。

在一个企业内，如果有两种商品，其交叉弹性为负值，说明这两种商品互补。互补商品往往可以分为基本商品和配套商品两种，通常的定价策略是对基本商品定低价，对配套商品定高价。例如，日本的佳能公司生产的喷墨打印机整机的价格非常低，但其对墨水则定高价。用户买了它的打印机，就必须购买它的墨水。同时，像打印纸、打印用投影胶片等耗材价格也都不低，以致购买了这种打印机的用户都有买得起但用不起的感觉。其实对于主机和辅机、整机和零件、设备与所需的原料之间都存在着互补关系，从而也就可以采用这种定价策略。

（3）在企业与企业之间的竞争中，生产同类产品的竞争对手进行促销活动，将对自己产品的销售产生什么样的影响？

在激烈的市场竞争中，需求的交叉弹性信息可以为企业的价格竞争策略提供依据。因为是竞争产品，产品之间具有替代性，交叉弹性为正值。若企业为了增加销售，扩大市场占有率，通常可以采取适当降低本企业产品价格的办法或是在其他企业产品涨价时，保持本企业产品价格不动，以达到增加自己产品销售量的目的。若企业是为了增加盈利，则情况较复杂——是提高价格有利还是降低价格有利；或者在其他企业改变价格时跟着改变价格有利，还是按相反方向改变价格有利，或者保持价格不变有利，以及改变价格幅度的大小。这些都需视产品需求弹性的大小而定，不能盲目变动，否则不能达到增加盈利的目的。比如 vivo 手机厂商在考虑降价策略时，一定需要估测到它的替代产品诸如 OPPO、魅族、小米等厂商可能产生的反响，并进一步分析预测对手的反应如何对自己的销售产生影响，从而判断自己降价策略是否可行。

（4）供应链上的节点企业都可以看作是互补的，互补品的存在以及互补品的价格水平可能对其市场前景产生重大影响。

例如各项原材料价格变化对企业的影响，以及如何应对都要根据交叉价格弹性做合理的分析与安排。

［案例 3-12］市场试验法分析交叉价格弹性

佛罗里达州州立大学的研究人员选择了密歇根州的大瀑布城作为试验市场，在那里对三种柑橘——两种佛罗里达柑橘和一种加利福尼亚柑橘的需求进行了研究。该地区的好几家超级市场参加了这项试验。为了得到每个品种的柑橘的价格弹性和相应的交叉价格弹性，在 31 天里所有的商店都同步进行了价格调查。

这个试验的结果很有趣。每个品种的柑橘的价格弹性系数都接近于 3，这说明当价格上涨时消费者大量减少柑橘的购买量。交叉价格弹性也很有趣：所有的系数都是正的，这表明各品种间相互都是可以替代的。但是，两个佛罗里达品种之间的系数远大于任一佛罗里达品种与加利福尼亚柑橘之间的系数。这表明在实际上密歇根州的消费者并不认为加利福尼亚和佛罗里达的柑橘彼此是十分相近的替代品。

第四节　供给的价格弹性

一、供给的价格弹性

供给的价格弹性用于测度价格变动引起的供给量变动程度的大小，供给的价格弹性系数 E_S 被定义为：

E_S = 供给量变动百分比/价格变动百分比

　　$= (\Delta Q/Q) / (\Delta P/P) = (\Delta Q/\Delta P) \cdot (P/Q)$

或　$E_S = (dQ/dP) \cdot (P/Q)$

根据供给规律，供给量与价格同方向变动，故一般情况下 E_S 为正。

（1）$E_S = 1$，称为供给单位弹性。

（2）$E_S > 1$，称为供给富于弹性。

（3）$E_S < 1$，称为供给缺乏弹性。

（4）$E_S = 0$，称为供给完全缺乏弹性。

（5）$E_S = \infty$，称为供给完全富于弹性。

我们也可以用几何作图的方法来测度供给曲线的点弹性系数。同需求的价格弹性同理，某点的供给弹性就等于该点与横轴之间的线段与该点与纵轴之间线段的长度之比。如图 3-9 所示，$E_A = AT/AR$，$E_B = BM/BN$，$E_C = OC/OC = 1$；如图 3-10 所示，若过供给曲线 S 上的某一点的切线恰好过原点，则 $E_S = 1$。供给曲线如果是从原点起始的一条直线 OS_1、OS_2，则任一条供给线上任一点的供给弹性系数都是 1。

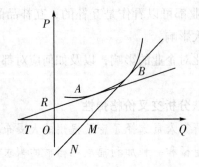

图 3-9　某点供给弹性

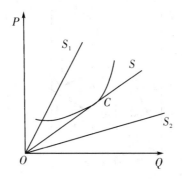

图 3-10 过原点直线的供给弹性

二、影响供给弹性的因素

1. 时间长短

在极短时期内，对于厂商所产产品，限于已有的库存储备，价格无论怎样提高，供应量都无法增加，供给的价格弹性为零，为一垂线（如图 3-11 中的 S_1）；在短期内，厂商能在固定厂房设备下增加变动的生产要素投入扩大产量（如图 3-11 中的 S_2）；在长期内，每个厂商都可以调整厂房设备的规模来扩大产量，供给弹性将大于短期弹性（如图 3-11 中的 S_3）。

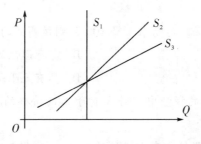

图 3-11 不同时期企业的供给弹性

2. 调整产品的难易

调整产品的难易：调整产能增加生产或者转变产能减少生产越容易，供给的价格弹性就越大，相反地，供给的价格弹性就越小，如图 3-12 所示。

售价低于 OP，没有供给；

售价等于 OP，成本不变，PA 有完全弹性；

AB 区域，弹性减小，$E_s > 1$；

B 点以上，$E_s = 1$；

BC 区域，$E_s < 1$；

C 点以上，设备完全利用，$E_s = 0$。

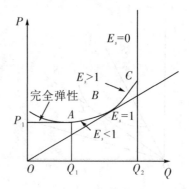

图 3-12 产品成本与供给弹性

【经典习题】

一、名词解释

1. 弧弹性

2. 恩格尔定律

3. 需求价格弹性

二、选择题

1. 若某商品价格上升 2%，其需求下降 10%，则该商品的需求价格弹性是（　　）。

　　A. 缺乏弹性的　　　　　　　　　　B. 富有弹性的

　　C. 有单位弹性的　　　　　　　　　D. 具有无限弹性

2. 在一个仅有两种商品的模型中，若 X 对于 Y 的价格的需求交叉弹性大于零，则我们可以肯定（　　）。

　　A. 对 Y 的需求价格弹性是富于弹性的

　　B. 对 Y 的需求价格弹性是缺乏弹性的

　　C. 对 X 的需求价格弹性是富于弹性的

　　D. 两商品是可互相替代的

3. 若一商品的市场需求曲线是向下倾斜的直线，则我们可以断定（　　）。

　　A. 它具有不变弹性

　　B. 当需求量增加时，其弹性下降

　　C. 当价格上涨时，其弹性下降

　　D. 对于所有的正价格，边际收益是正的

4. 若某商品需求的收入弹性为负，则该商品为（　　）。

　　A. 正常品　　　　　B. 低档品　　　　　C. 必需品　　　　　D. 奢侈品

5. 如果价格从 10 元下降到 8 元，需求数量从 1 000 件增加到 1 200 件，需求价格弹性为 （　　）。

  A. +1.33   B. −1.33   C. +0.75   D. −0.82

6. 若某行业中许多生产者生产一种标准化产品，我们可估计到其中任何一个生产者的产品需求将（　　）。

  A. 毫无弹性   B. 有单元弹性

  C. 缺乏弹性或者说弹性较小   D. 富有弹性或者说弹性很大

7. 线型需求曲线的斜率不变，因此其价格弹性也不变，这个说法（　　）。

  A. 一定正确   B. 一定不正确

  C. 价格弹性就是斜率   D. 不确定

8. 如果某商品富有需求的价格弹性，则该商品价格上升（　　）。

  A. 会使销售收益增加   B. 该商品销售收益不变

  C. 会使该商品销售收益下降 D. 销售收益可能增加也可能下降

9. 假定某商品的价格从 3 美元降到 2 美元，需求量将从 9 单位增加到 11 单位，则该商品卖者的总收益将（　　）。

  A. 保持不变 B. 增加 C. 减少 D. 无法确知

10. 若需求曲线为向右下倾斜的一直线，则当价格从高到低不断下降时，卖者总收益（　　）。

  A. 不断增加

  B. 在开始时趋于增加，达到最大值后趋于减少

  C. 在开始时趋于减少，到达最小时则趋于增加

  D. 不断减少

11. 如果一条直线形的需求曲线与一条曲线形的需求曲线相切，则在切点处两曲线的需求弹性（　　）。

  A. 相同   B. 不同

  C. 可能相同也可能不同   D. 依切点所在的位置而定

12. 两条需求曲线在某点相切，则在该点价格需求弹性是否相等？（　　）。

  A. 是   B. 否   C. 不确定

13. 某产品缺乏需求价格弹性，如果市场供给增加，其他条件不变，将导致（　　）。

  A. 价格升高和企业总收入增加 B. 价格升高和企业总收入减少

  C. 价格降低和企业总收入增加 D. 价格降低和企业总收入减少

14. 企业面临的需求价格弹性为 −2.4，收入弹性为 3，今年企业的销售量为 100 万，那么据预测明年居民收入将下降 10%，则要保持销售量不变，价格应该（　　）。

  A. 上升 12.5% B. 下降 12.5% C. 上升 20% D. 下降 20%

三、简答与论述

1. 根据需求弹性理论解释"薄利多销"和"谷贱伤农"的含义。

2. 如果两种商品的需求交叉价格弹性是正值，它们是什么关系？举例说明。

3. 何为需求价格弹性？影响需求价格弹性的因素有哪些？

4. 假定对应价格 P 与需求量 Q 的连续可微的需求函数为 $P(Q)$，利用数理方法说明需求价格弹性与收益的关系。

四、计算与分析

1. 设需求曲线的方程为 $Q=10-2P$，则 $P=2$ 时的点弹性为多少？怎样调整价格，可以使总收益增加？

2. 某产品的需求方程为 $P=20-2Q$。

（1）写出该产品的总收入、平均收入和边际收入方程。

（2）平均收入和价格是什么关系？

（3）平均收入线的斜率与边际收入线的斜率是什么关系？

（4）为使销售收入最大化应该怎样定价？销售量为多少？

3. 某棉纺企业估计市场对棉纱的需求与居民收入之间的关系为：$Q=100+0.2I$。Q 为需求量，I 为每一人口的收入。

（1）分别求收入水平在 2 000 元、3 000 元、4 000 元、5 000 元和 6 000 元时的需求量。

（2）求收入水平在 4 000 元和 6 000 元时的点收入弹性。

（3）求收入在 2 000~3 000 元和 5 000~6 000 元的弧收入弹性。

（4）棉纱是企业生产的唯一产品，现在国民经济处于迅速发展时期，该企业的生产增长速度能否快于国民收入的增长速度？为什么？

4. 某公司出售全自动洗衣机，每台价格 1 200 元，每月售出 20 000 台。当其竞争者将类似产品从每台 1 300 元降到 1 100 元，该公司只能每月售出 16 000 台。

（1）计算该公司与竞争者之间的产品需求交叉价格弹性。

（2）若该公司的产品的需求价格弹性为-2.0，假定竞争者的价格保持 1 100 元不变，要使销售量恢复到月出售 20 000 台，价格要降低多少元？

5. 斯密公司是一家爱情小说的出版商。为了确定该产品的需求，公司雇用了一位经济学家。经过几个月的艰苦工作，经济学家告诉公司老板，这种爱情小说的需求方程估计为：

$Q=12\,000-5\,000P+5I+500P_r$。这里，$P$ 是斯密小说的价格；I 是人均收入；P_r 是一家竞争对手出版的书的价格。现在 $P=5$，$I=10\,000$，$P_r=6$，根据这些信息，公司经理想要：

（1）确定如果涨价，会对总收入有何影响。

（2）了解在居民收入上升期间，小说的销售量将会如何变化。

（3）评估如果竞争对手提高其产品的价格，会给自己带来什么影响。

6. 假定对新汽车的需求的价格弹性 $E_d=-1.2$，需求的收入弹性为 $E_y=3.0$，计算：

（1）其他条件不变，价格上升3%，对需求的影响。

（2）其他条件不变，收入上升2%，对需求的影响。

7. A 公司和 B 公司为某一行业的两个竞争对手。这两家公司的主要产品的需求曲线分别为：A 公司：$P_x=1\,000-5Q_x$，B 公司：$P_y=1\,600-4Q_y$，这两家公司现在的销售量分别为 100 单位 X 和 250 单位 Y，现在需要求解：

（1）X 和 Y 当前的需求价格弹性；

（2）假定 Y 降价后使 Q_y 增加到 300 单位，同时导致 X 的销售量 Q_x 下降到 75 单位，试问 A 公司的产品 X 的需求交叉价格弹性是多少？

（3）假定 B 公司目标是谋求销售收入最大化，你认为它降价在经济上是否合理？

8. 有段时间汽油的价格经常波动。有两个司机 A 和 B 去加油站加油。在看到油价变化之前，A 决定加 10 升汽油，B 打算加 10 美元汽油。两个司机对汽油的需价格弹性各是多少？

9. 试构造需求收入弹性为常数的一个需求函数。

10. 设供给函数为 $S=2+3P$；需求函数为 $D=10-P$。

（1）求解市场均衡的价格与产量水平；

（2）求在此均衡点的供给弹性与需求的价格弹性；

（3）若对卖方征收的从量税 $t=1$，求此时新的均衡价格与产量水平；

（4）求消费者和厂商各承受了多少税收份额；

（5）用图来表示上述的结论。

11. 某产品准备降价扩大销路，若该产品需求弹性为 1.5~2。试问当产品降价 10% 时，销售量能增加多少？

12. 某城市公共交通的需求价格弹性估计为 -1.6，若城市管理者给你这样一个问题，即为了增加运输的收入，运输的价格应该提高还是应该降低？

13. 某复印纸的需求价格弹性系数的绝对值为 0.2，其价格现在为每箱 160 元。求复印纸的每箱价格下降多少才能使其销售量增加 5%？

14. 一城市乘客对公共汽车票价需求的价格弹性为 0.6，票价限制 1 元，日乘客量为 55 万人。市政当局计划将提价后净减少的日乘客量控制为 10 万人，新的票价应为多少？

15. 对某钢铁公司某种钢 X 的需求受到该种钢的价格 Px、钢的替代品铝的价格 Py，以及收入 M 影响。所估计的各种价格弹性如下：钢需求的价格弹性 Ed、2.5；钢需求对于铝价格的交叉弹性 $Exy=2$；钢需求的收入弹性 $Em=1.5$。下一年，该公司打算将钢的价格提高 8%，根据公司预测，明年收入将增加 6%，铝的价格将下降 2%。

（1）如果该公司今年钢的销售量是 24 000 吨。在给定以上条件的情况下，该公司明年钢的需求量是多少？

（2）如果该公司明年将钢的销售量仍维持在 24 000 吨。在收入增加 6%，铝的价格下降2%的条件下，钢铁公司将把钢的价格定在多高？

16. 假如某人认为物品 X 比任何其他物品都重要，他始终用全部收入购买这种物品，那么对这个消费者来说：

（1）物品 X 的需求价格弹性是多少？

（2）物品 X 的收入价格弹性是多少？

（3）物品 X 的交叉价格弹性是多少？

17. 天然气价格之争

20世纪70年代后期，美国国会辩论最激烈的经济问题之一是政府在洲际贸易中对天然气实行最高限价的问题。1977年，在赞成与反对最高限价的人们之间展开了一场争论。这场争论，如果不说过于激烈的话，也可以说是够热烈的，因为这关系到几十亿美元的利益问题。1978年后期，对天然气放宽管制的新法案获得通过，自1985年1月1日起实行。

（1）对天然气实行最高限价的反对者的基本论点是：这一限价低于均衡价格。这种限价可能产生什么影响？

（2）如果最高限价低于均衡价格，那么允许天然气价格上涨有什么好处？

（3）许多赞成保持最高限价的人认为，天然气的供给价格弹性非常小。为什么他们把这种情况当作有力的证据呢？

（4）许多观察家还对天然气市场是否具有竞争性表示怀疑，为什么把市场的竞争性当作重要的因素呢？

【综合案例】"双11"激发的电商消费浪潮

在2009年开始的"双11"，初衷是一个为"单身狗"设立的节日，"双11"的策略是打价格战，通过大幅度的促销，引起对价格敏感的消费者的注意，营造声势，进而带动新用户，使其养成电商购物习惯。

如今，"双11"已经成为"世界最大的购物狂欢"。大大小小各种商品，能够从网络买入的东西很多人都选择在"双11"购入。"双11""满额减"、预付折扣、秒杀、裂变红包等促销手段对消费者有极大吸引力。很多消费者早早列好清单，打算把距离"双11"不是太遥远的过去或未来的需求挪到这段时间一次性购入。

2020年"双十一"全网销售额达2 673.65亿元。其中，销售额排名前十的品类分别是：家用电器、手机数码、服装、个护美妆、鞋子箱包、家具建材、电脑办公、食品饮料、母婴玩具、运动户外。

<u>请以几个品类为例，分析"双十一"销售产品的需求价格弹性及商家使用的价格策略。</u>

第四章

消费理论与应用

4

【思维导图】

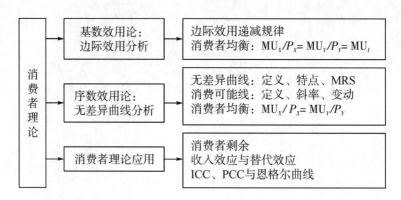

消费者理论
- 基数效用论：边际效用分析 → 边际效用递减规律　消费者均衡：$MU_X/P_X= MU_Y/P_Y= MU_I$
- 序数效用论：无差异曲线分析 → 无差异曲线：定义、特点、MRS　消费可能线：定义、斜率、变动　消费者均衡：$MU_X/P_X= MU_Y/P_Y$
- 消费者理论应用 → 消费者剩余　收入效应与替代效应　ICC、PCC与恩格尔曲线

【导入案例】 小罐茶背后的商业逻辑

这几年里，不管你是否喜欢喝茶，但一定都会被循环播放的"小罐茶，大师作"这句广告词洗脑。精美的小罐包装、高端的品牌形象、简约的店面设计，让小罐茶迅速成为中国茶叶界的新晋"网红"。2018 年，小罐茶完成 20 亿元销售额，成为业界津津乐道的销售神话。

你可能没听过小罐茶创始人杜国楹的名字，但那些年他打造过的爆款产品你肯定不陌生：背背佳，1998 年狂销 4.5 亿元；好记星，2003 年卖出 10 亿+台；E 人 E 本，2009 年累计销售 16 亿元……2012 年开始，营销鬼才杜国楹又把目光精准地投到中国庞大且"水很深"的茶叶市场，虽然小罐茶仍备受虚假宣传、收割智商税等争议，但它确实以 1 克12 元、1 斤 6 000 元的价格，在约 2 600 亿元的市场总量的茶叶市场中分得了一杯羹！

思考：从消费者效用角度来看，你认为小罐茶走红背后的商业逻辑是什么呢？

第一节　欲望与效用概述

消费者（consumer）是指具有独立经济收入来源，能做出统一的消费决策的单位。消费者可以是个人，也可以是由若干人组成的家庭。消费者的最终目的不仅要从物品和劳务的购买和消费中获得一定的满足，而且在既定收入条件下获得最大的满足。

一、欲望与效用

1. 欲望

欲望（wants）也叫作需要（needs），是指想要得到而又没有得到某种东西的一种心理状态，即是不足之感与求足之愿的心理统一。

人的欲望是多种多样的，一种欲望被满足之后，一种新的欲望便随之产生，因此，从这种意义上说，人的欲望是无限的，但又有轻重缓急和层次不同之分。就特定的时间特定商品而言，人的欲望又是有限的。从有限性来说，欲望的强度具有递减的趋势。当一个人不断增加某种商品消费时，他对这种商品的欲望逐渐减弱，最后对之完全无欲望。

2. 效用

效用（utility）就是消费者通过消费某种物品或劳务所能获得的满足程度。消费者消费某种物品能满足欲望的程度高就是效用大；反之，就是效用小。如果不仅得不到满足感，反而感到痛苦，就是负效用。因此，这里所说的效用不同于使用价值，它不仅在于物品本身具有的满足人们欲望的客观的物质属性（如面包可以充饥，衣服可以御寒），而且它有无效用和效用大小，还依存于消费者的主观感受。

对效用概念的理解要注意两点：

（1）由于效用是对欲望的满足，所以，效用与欲望一样都是消费者的一种心理感觉。这一概念强调的是消费者在消费某种物品时的主观感受程度。

（2）效用与使用价值不同。使用价值反映的是物品本身所具有的自然属性和客观属性，它不以人的主观感受为转移，而效用纯粹是人的主观心理感受，因时因地都会发生变化。

二、基数效用论与序数效用论

用效用观点分析消费者行为的方法称为效用分析。效用分析又分为基数效用分析与序数效用分析。

1. 基数效用论

基数效用论的基本观点是：效用的大小是可以测度的，它可以像计量货币和物品一样，用统一计数单位和基数（1、2、3…）来表示并可加总计量。例如，消费者消费1块面包的效用为5单位，一杯牛奶的效用为7单位，这样，消费者消费这两种物品所得到的总效用就是12单位。根据此理论，可以用具体数字来研究消费者效用最大化问题。基数效用论采用边际效用分析法。

2. 序数效用论

序数效用论的基本观点是：效用仅是次序概念，而不是数量概念。在分析商品效用时，无须确定其具体数字或商品效用多少，只需用序数（第一、第二、第三…）来说明各种商品效用谁大谁小或相等，并由此作为消费者选择商品的根据。例如，消费者认为消费牛奶的效用大于消费面包的效用，那么牛奶的效用是第一，面包的效用是第二。序数效用论可通过无差异曲线进行分析比较。

由此可见，两种效用分析方法尽管分析的方法不同，但其分析的目的、分析对象和分析的结论却是一致的。两者在分析方法上的最主要区别是：基数效用分析采用了效用可计量的假定，而序数效用分析采用了大小不可计量，只能分为高低、排顺序的假定，序数效用避免了使用基数效用所存在的计算上的困难。

[案例4-1] 最了解年轻人的书店

"西西弗书店"的名称源于《希腊神话》中的西西弗斯，于1993年8月8日诞生于遵义。长期以来西西弗秉承"参与构成本地精神生活"的价值理念，以"引导推动大众精品阅读"的经营理念，发展连锁书店，目前已发展为拥有近30家图书零售店、20余家意式咖啡馆、超过700名员工、60万活跃会员的连锁文化企业，连锁店辐射上海、深圳、重庆、成都、贵州、南宁、杭州、赣州、泸州、福州等省市。

整个店铺采用英伦风装修风格，店内以原木设计为主，除了店内的书籍，在角落还设置了一家矢量咖啡馆，顾客可以在店内边读书边喝咖啡。同时，店内还加入了不二生活创意空间、儿童阅读体验空间等，用不同的空间增加顾客的体验感受。

"这是一个提供知识和美的地方。新一代的年轻人，他们不只需要好的阅读，还需要看好的展览、喝好的咖啡、用好的生活设计品，我们为他们提供启发寻找一种生活方式的场所。"新兴书店已经敏锐地嗅到了消费者的需求……诚品书店进军大陆，营收和口碑双线收获；更有方所、言几又、西西弗、MUJI BOOKS等凭借特色主题经营、文艺情怀、或唯美空间成年轻人最爱。

如今新开的这些书店，已经完全不是我们曾经看到的书店模样。除了卖书，这里还有很多周边产品，比如咖啡等饮料、文创产品等。书店卖书肯定是不赚钱的项目，它们都不仅仅是书店，二是一个个小型的文化综合体，盈利模式更加多元化。从数据上来看，言几又的图书销售占总销售的比例达到了40%，茑屋书店和诚品书店的比例在20%左右。相同的情况下，复合业态书店的图书销售额远远大于单一业态的图书销售额。也就是说，咖啡、文创等的销售，事实上也带动了图书的销售。

思考：新业态书店如何为客户增加效用？

第二节 基数效用论：边际效用分析法

一、总效用与边际效用

1. 总效用

总效用（total utility，简写为TU）是指消费者消费商品或劳务所获得的总的满足程度。根据上述效用的理解，总效用是所有单位的效用加总，用数学语言可表述为：如果 X 表示某种物品，TU 就是 X 的函数，即 $TU = f(X)$。

2. 边际效用

边际效用（marginal utility，简写为MU）是指在一定时间内消费者每增加（减少）一个单位物品的消费量所起的总效用的增加（减少）量。即每增加一单位物品消费所增加的效用。其数学表达式为：MU = ΔTU/ΔX。其中 MU 为边际效用，ΔTU 为总效用的增加量，ΔX 为 X 商品的增加量。下面用表 4-1 来表示总效用与边际效用。

表 4-1　总效用与边际效用

消费数量	总效用	边际效用
0	0	0
1	10	10
2	18	8
3	25	7
4	30	5
5	30	0
6	25	−5

3. 总效用与边际效用

根据表 4-1 可以绘制出图 4-1，以解释总效用与边际效用的关系。

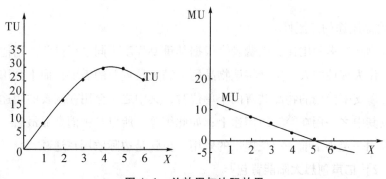

图 4-1　总效用与边际效用

从图 4-1 中可以看出，横轴代表 X 商品的数量，纵轴分别代表 X 商品的总效用和边际效用，TU 线和 MU 线分别代表总效用曲线和边际效用曲线。总效用曲线的变动趋势是先递增后递减；边际效用曲线的变动趋势是递减的。二者的关系为：MU 为正值时，TU 线呈上升趋势；MU 为零时，TU 线达到最高点；MU 为负值时，TU 线呈下降趋势。即当 MU>0时，TU 上升；当 MU<0 时，TU 下降；当 MU＝0 时，TU 达到最大。

二、边际效用递减规律

从表 4-1 和图 4-1 可以看到这样一种情况：随着一个人所消费的某种物品数量的增加，其总效用虽然相应增加，但物品的边际效用随所消费物品数量的增加而有递减的趋势。当边际效用递减到等于零直至变为负数时，总效用就不再增加甚至减少。这种现象被称为边际效用递减规律（law of diminishing marginal utility）。所谓边际效用为零或负数，意指对于某种物品的消费超过一定量以后，就不再增加消费者的满足和享受，反而会引起痛苦和损害。

一般来说，消费者所消费的 X 商品的数量增加时，在一定范围内所获得的总效用也会增加。如表 4-1 和图 4-1 所示，某消费者消费一个单位所获得的效用为 10，边际效用也是 10；消费二个单位所获得的总效用为 18，边际效用（即第二个单位所增加的效用）是 8；消费三个单位所获得的总效用为 25，边际效用（即第三个单位所增加的效用）是 7；消费四个单位所获得的总效用为 30，边际效用（即第四个单位所增加的效用）是 5。消费五个单位所获得的总效用没有增加，仍为 30，边际效用（即第五个单位所增加的效用）是 0。而第六个单位的消费不但不能增加总效用，反而使总效用减少了 5 个单位，即边际效用为−5。

为什么边际效用会递减呢？可以通过以下两个方面进行解释：

1. 生理的或心理的原因

随着消费者消费一种物品的数量增加，生理上得到满足或心理上对重复刺激的反应会逐渐递减，相应的满足程度越来越小，到最后甚至会出现痛苦和反感。例如连续吃一种食物的感觉。

2. 每种物品用途的广泛性

由于每种物品有多种用途，消费者会根据其重要程度不同进行排队。当他只有一个单位的物品时，作为理性的人一定会将该物品用于满足最重要的需要，而不会用于次要的用途上；当他可以支配使用的物品共有两个单位时，其中之一会用在次要的用途上；有三个单位时，将以其中之一用在第三级用途上；如此等等。所以某种消费品最后一个单位给消费者提供的效用一定小于前一单位提供的效用，也就是边际效用在递减。

[案例 4-2] 亿声创想太阳能背包[①]

2007 年，毕业满 4 年的湖北黄冈小伙李红波，在富士康等外资企业担任工程师 4 年，身处行业前沿的他，敏锐地看到了充电宝的市场前景。为进一步摆脱电源带来的限制，扩大使用场景，打造产品的差异化竞争力，做太阳能充电宝的念头冒了出来，和已在外贸公司工作了 3 年的妻子简单合计过之后，他们决意创业，并将太阳能充电宝打造为亿声创想的第一代产品。

然而，计划赶不上变化，随着智能手机电池容量的攀升，必然导致太阳能板面积的不断延展，过大的太阳能板越来越不适宜应用于充电设备。加之 2008 年，全球经济危机突然来袭，原本就不多的海外客户几乎尽数丢掉。

艰苦摸索近半年之后，李红波在一次与一位英国客户聊天时突然灵光闪过：既然太阳

---

① 作者调研整理。

能板面积过大，不方便做充电宝，何不把它和背包做个结合？人们出行、户外运动时，从来都不会嫌背包太大，而大体积的背包同时能够大大增加太阳能板的面积，提升充电功率，岂不是一举两得？带领研发部闯过技术、面料、设计、打样等方面的重重关卡，终于在2009年成功将产品投入欧美高端市场，并迎来良好的市场反应。

2012年前后欧美等主要出口市场陆续对我国发起光伏"双反"调查，直接影响我国光伏出口。2016年在基本已经"失去"欧洲市场的前提下，连最后的稻草美国市场也几乎完全丢掉——美国国际贸易委员会调查后认定美国光伏制造业受到进口光伏产品的严重冲击，并全票允许征收进口关税。

何去何从？彼时，身边很多同行选择放弃，"最大的市场都没了，以后还卖给谁？"李红波不认为这是末路："欧美市场没了，我们还有非洲，还有东南亚、南美，还有很多未开发的新市场。"

未雨绸缪的他，开始安排企业转型，开始有针对性地做一些更适合第三世界使用场景的"耐用"但可能会牺牲一下"颜值"的产品。

他大量进行市场调研，托熟悉的朋友四处打听，很快就摸到了非洲的市场需求："他们预算不多，对功率要求不高，因为基础设施匮乏，当下主要应用场景是夜晚照明。"李红波调整原有的定制方案，降低太阳能板的瓦数，减少背包面料工艺流程，将成本降低到非洲市场能够接受的价格。

2018年1月，一位南非的采购商通过跨境电商平台找到并实地拜访了亿声创想。这位采购商，早些年曾是约翰内斯堡当地颇有声望的运动员，父母辈出生于约翰内斯堡市郊区一片延绵数公里的贫民窟，如今他功成名就，就想着为穷人们做点贡献。他在张罗的这个项目，是给贫民窟的孩子们采购一些经济实用的书包，再捐给他们。他全程目睹了太阳能背包生产的过程，现场下了第一批订单。此后每隔一两个月，都会从跨境电商网店里下单，每单几百个、上千个背包不等。

与明星公益、政府民生的意外结合，使得亿声创想走上了一条发展的快车道，非洲市场就这样"神奇"地打开了，并且规模越来越大。到2019年，亿声创想的太阳能背包年销量达到100万个左右，客户超过60%来自跨境电商平台，大多数都销往非洲国家。2019年6月底，李红波参加当地的一个线下展会，终于第一次踏上了南非约翰内斯堡的土地，沿途巨大的贫富差距让他十分震撼。那里的孩子，学习条件十分艰苦，晚上学习没有电灯，只能点蜡烛读书、写字。他总算找到了太阳能照明背包会在这里销售火爆的原因。线下参展带过去的30个太阳能背包不到一天便被采购商抢购一空，就连他自己随身带的背包也被一位客户坚持要下。如今深圳亿声创想电子有限公司生产的太阳能背包源源不断销往非洲的南非、科特迪瓦、西非等国。

思考：在不同约束环境下消费者效用的变化，以及企业的应对措施。

三、消费者均衡

在一定条件下，消费者手中的货币量是一定的，消费者用这一定的货币来购买各种商品可以有多种多样的安排。一个有理性的消费者总是在选择和购买商品时获得最大的效用。

1. 消费者均衡的含义

消费者均衡（consumer's equilibrium）是指消费者在既定收入的条件下，如何实现效用最大化；或者说效用一定的情况下，如何做的支出最少，也就是当消费者所要购买的商品提供的总效用达到最大时，就不再改变他的购买方式，这时消费者的需求行为达到均衡状态。

消费者均衡的假定包括：①消费者的嗜好或偏好既定，也就是说，消费者对各种消费品的效用和边际效用是已知和既定的；②消费者决定买进各种消费品的价格是已知和既定的；③消费者的货币收入是既定的，其收入全部用来购买相应的商品。

2. 消费者均衡的条件

在消费者收入和商品价格既定情况下，消费者所消费的各种物品的边际效用与其价格之比相等，即每一单位货币所得到的边际效用都相等。

假定消费者用一定的收入 I 购买 X、Y 两种物品，两种物品的价格分别为 P_X 和 P_Y，购买数量分别为 Q_X 和 Q_Y，两种物品所带来的边际效用分别为 MU_X 和 MU_Y，每一单位货币的边际效用为 MU_I。那么消费者效用最大化的均衡条件可以表示为：

$$P_X \cdot Q_X + P_Y \cdot Q_Y = I \tag{3.1}$$

$$MU_X / P_X = MU_Y / P_Y = MU_I \tag{3.2}$$

（3.1）式表示消费预算限制的条件。如果消费者的支出超过收入，消费者购买是不现实的；如果支出小于收入，就无法实现在既定收入条件下的效用最大化。

（3.2）式表示消费者均衡的实现条件。每单位货币无论是购买 X 物品还是 Y 物品，所得到的边际效用都相等。

消费者所以按照这一原则来购买商品并实现效用最大化，是因为在既定收入的条件下，多购买 X 物品就要减少 Y 物品的购买。随着 X 购买量的增加，X 物品的边际效用就会递减，相应地 Y 物品边际效用就会递增。为了使所购买的 X、Y 的组合能够带来最大的总效用，消费者就不得不调整这两种物品的组合数量，其结果是增加对 Y 物品的购买，减少对 X 物品的购买。当消费者所购买的最后一个单位 X 物品所带来的边际效用与其价格之比等于其所购买的最后一个单位 Y 物品所带来的边际效用与其价格之比时，也就是说，无论是购买哪种物品，每一单位货币所购买的物品其边际效用都是相等的，于是就实现了总效用最大化，即消费者均衡，两种物品的购买数量也就随之确定，不再加以调整，即：

$MU_X / P_X > MU_Y / P_Y$ 　　多买 X，少买 Y

$MU_X / P_X = MU_Y / P_Y$ 　　总效用最大化

$MU_X / P_X < MU_Y / P_Y$ 　　多买 Y，少买 X

第三节　序数效用论：无差异曲线分析法

20 世纪初，洛桑学派的意大利经济学家帕累托（V. Pareto，1848—1923 年）引申出无差异曲线这个工具，建立了以序数效用论和无差异曲线为基础的一般均衡价格理论。

一、无差异曲线

（一）无差异曲线

无差异曲线（indifference curve）又称效用等高线、等效用线，是用来表示两种商品的不同数量的组合给消费者所带来的效用完全相同的一条曲线。或是说在这条曲线上，无论两种商品的数量怎样组合，所带来的总效用是相同的。

假设有两种商品 X 和 Y，它们在数量上可以有多种组合。表 4-2 列出了商品 X 和 Y 六种组合，还可以列出许多组合。这些组合所代表的效用都是相等的。因此，此表称为无差异组合表。

表 4-2　无差异组合表

组合方式	X 商品	Y 商品
a	2	18
b	4	15
c	5	13
d	8	10
e	11	7
f	15	4

根据无差异组合表的数据，可以作出无差异曲线。如图 4-2 所示：

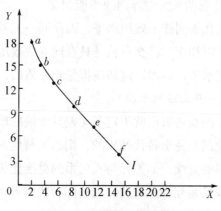

图 4-2　无差异曲线图

在图 4-2 中，横轴代表商品 X 的数量，纵轴代表商品 Y 的数量，I 代表无差异曲线。在无差异曲线上任何一点上商品 X 与商品 Y 不同数量的组合给消费者所带来的效用都是相同的。

（二）无差异曲线的特点

1. 无差异曲线是一条向右下方倾斜且凸向原点的曲线，其斜率为负值

无差异曲线是一条向右下方倾斜的曲线，其斜率为负值。这是因为，在收入和价格既定的条件下，消费者要得到同样的满足程度，在增加一种商品的消费时，必须减少另一种商品的消费。两种商品在消费者偏好不变的条件下，不能同时增加或减少。

无差异曲线是一条向右下方倾斜且凸向原点的线，这是因为边际替代率（marginal rate of substitution，简写为 MRS）递减。边际替代率指为了保持同等的效用水平，消费者要增加一单位 X 商品就必须放弃一定数量的 Y 商品，表现为 Y 商品的减少量与 X 商品的增加量之比。假设 ΔX 为 X 商品的增加量，ΔY 为 Y 商品的减少量，MRS_{XY} 为以 X 商品代替 Y 商品的边际替代率，则有：

$$MRS_{XY} = \Delta Y / \Delta X \qquad (3.3)$$

边际替代率的值应为负数，但人们一般取其绝对值。边际替代率之所以呈递减趋势，这是因为无差异曲线存在的前提是总效用不变，是边际效用递减规律的结果。因此，X 商品增加所增加的效用必须等于 Y 商品减少所减少的效用，用数学公式表示就是：$\Delta X \cdot MU_X = \Delta Y \cdot MU_Y$，或者 $\Delta Y / \Delta X = MU_X / MU_Y$，否则总效用就会改变。然而由于边际效用递减规律的作用，随着 Y 商品的减少，它的边际效用在递增，因而每增加一定量的 X 商品，所能代替的 Y 商品的数量便越来越少，由此可见如果 X 商品以同样的数量增加时，所减少的 Y 商品越来越少，因而 MRS_{XY} 必然是递减的。

2. 在同一平面图上可以有许多条无差异曲线

在同一平面图上有无数条无差异曲线，不同的无差异曲线代表的效用满足程度各不相同。离原点越远的无差异曲线所代表的效用越大，越近的效用越小。

3. 在同一平面图上，任意两条无差异曲线不能相交

因为每一条无差异曲线代表同样的效用水平，因此同一无差异曲线图上任何两条无差异曲线不可能相交。如果可以相交，其交点就是具有同等的效用水平，也就是说，两条无差异曲线可以有相同的效用水平，显然，这和前提是相矛盾的，因而是不可能的。

（三）边际替代率与无差异曲线的形状

边际替代率作为无差异曲线的斜率就决定了无差异曲线的形状。

（1）如果 X、Y 两种商品是完全替代性质的，则边际替代率是常数，无差异曲线就是一条从左上方向右下方倾斜的直线，如美元与人民币的兑换比例。

（2）如果 X、Y 两种商品是互补性质的，则边际替代率等于零，无差异曲线就是一条直角折线，如我们穿的鞋，需要一双，缺一不可。

（3）如果 X、Y 两种商品是独立的，那么无差异曲线就是一条垂线，如食盐与汽车。

二、消费可能线

由于消费者的实际购买数量既受其收入水平、商品价格水平的影响，又受到把收入在各种商品之间进行分配等因素的制约。所以，可以借助消费可能线进一步分析消费者的行为。

（一）消费可能线

消费可能线（consumption possibility line）又称家庭预算线、等支出线，是一条表明在消费者收入与商品价格一定的条件下，消费者所能购买到的两种商品数量最大组合的线。

消费可能线表明了消费者消费行为的限制条件，见图 4-3。这种限制就是购买物品所花的钱不能大于收入，也不能小于收入。大于收入是在收入既定的条件下无法实现的，小于收入则无法实现效用最大化。这种限制条件可以写为：

$$P_X \cdot Q_X + P_Y \cdot Q_Y = I$$

根据预算方程，就可以绘出预算线。例如 $I = 60$ 元，$P_X = 20$ 元，$P_Y = 10$ 元，则 $Q_X = 0$ 时 $Q_Y = 6$；$Q_Y = 0$ 时 $Q_X = 3$。于是可以作出消费可能线，见图 4-3：

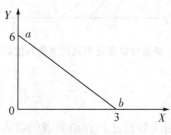

图 4-3　消费可能线

在图 4-3 中，连接 ab 两点的直线就是消费可能线。在消费可能线上的任何一点都是在收入与价格既定的条件下，能购买到的 X 商品与 Y 商品的最大数量的组合。消费可能线之外的消费组合超出了消费者的消费能力，是不可能实现的；而消费可能线之内的消费组合没有超出消费者的消费能力，是可以实现的。

（二）消费可能线的移动

消费可能线会发生移动，其主要原因有两个：一是消费者收入变化引起的移动；二是商品价格变化引起的移动。

1. 消费者收入变化

如果商品价格不变，消费者收入增加，则消费可能线平行向右上方移动，即预算水平增加；反之，消费者收入减少，则消费可能线平行向左下方移动，即预算水平减少。如图 4-4 所示，消费者收入增加，消费可能线 ab 平行向右上方移动到 a_1b_1；消费者收入减少，

消费可能线 ab 平行向左下方移动到 a_2b_2。

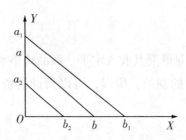

图4-4　消费者收入变化带来的消费可能线的移动

2. 商品价格变化

如果消费者收入不变，而两种商品的价格一种（如 Y）不变，一种（如 X）上升或下降，则消费可能线变动如图4-5所示。Y 商品价格不变，X 商品价格上升，消费可能线 ab 向内移动到 ab_1；X 商品价格下降，消费可能线 ab 向外移动到 ab_2。

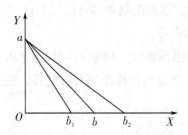

图4-5　商品价格变化带来的消费可能线的移动

三、消费者均衡的实现

根据序数效用论的无差异曲线分析法，在消费者的收入和商品价格既定的条件下，当无差异曲线与消费可能线相切时，消费者就实现了效用最大化。其消费均衡条件是：两种商品的边际替代率等于这两种商品的价格之比，或无差异曲线的斜率等于消费可能线的斜率。其公式如下：

$$MU_X/P_X = MU_Y/P_Y \quad 或 \quad MU_X/MU_Y = P_X/P_Y$$

如果无差异曲线与消费可能线结合在一个图上，那么，消费可能线必定与无差异曲线中的一条切于一点，在这个切点上就实现了消费者均衡。

如图4-6所示，图中三条无差异曲线效用大小的顺序为 $U_1<U_0<U_2$。消费可能线 ab 与 I_0 相切于 E（此时消费可能线的斜率等于无差异曲线的斜率），这时实现了消费者均衡。也就是说，在收入与价格既定的条件下，消费者购买 OX_1 的 X 商品、OY_1 的 Y 商品，就能获得最大的效用。

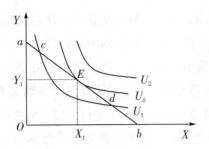

图 4-6　消费者均衡

为什么只有在这个切点时才能实现消费者均衡呢？

从图 4-6 可以看出：①只有在这一点上所表示的 X 与 Y 商品的组合才能达到在收入和价格既定的条件下效用最大。②无差异曲线 U_2 所代表的效用大于 U_0，但消费可能线 ab 同它既不相交又不相切，这说明达到效用 U_2 水平的 X 商品与 Y 商品的数量组合在收入与价格既定的条件下是无法实现的。③消费可能线 ab 同无差异曲线 U_1 有两个交点 c 和 d，说明在 c 和 d 点上所购买的 X 商品与 Y 商品的数量也是收入与价格既定的条件下最大的组合，但 $U_1 < U_0$。c 和 d 时 X 商品与 Y 商品的组合并不能达到最大的效用。此外，无差异曲线 U_0 除 E 之外的其他各点也在 ab 线之外，即所要求的 X 商品与 Y 商品的数量组合也在收入与价格既定的条件下是无法实现的。

所以，只有 E 点才能实现消费者均衡。

第四节　消费者行为理论的应用

一、消费者剩余

消费者剩余（consumer surplus）指消费者对某种商品或服务愿意支付的价格与其实际支付价格的差额。例如，你本来愿意花费 5 000 元买一台彩电，现在只需花费 4 000 元，那么，消费者剩余就是 1 000 元。

消费者剩余的存在是因为消费者购买某种商品所愿支付的价格取决于边际效用，而实际支付的价格取决于市场上的供求状况，即市场价格。消费者剩余的概念可用图 4-7 来说明。

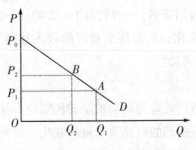

图 4-7　消费者剩余

在图 4-7 中，横轴表示商品量，纵轴代表价格，D 是消费的需求曲线，表明商品量少时，消费者愿付出的价格高，随着商品数量的增加，消费者愿付出的价格越来越低。消费者对每单位商品所愿付出的价格是不同的，当消费者购买 OQ_1 的商品时，愿付出的货币总额为 OQ_1AP_0。但是，这时市场价格为 OP_1，所以消费者购买 OQ_1 商品实际支付的货币总额为 OQ_1AP_1。消费者愿支付的货币减去实际支付的货币的差额，在图 4-7 表示为 OQ_1AP_0 $-OQ_1AP_1=AP_0P_1$。这是消费者剩余，当商品价格上涨为 OP_2 时，购买的商品量为 OQ_2，这时消费者愿付出的货币总额为 OQ_2BP_0，实际付出的货币总额为 OQ_2BP_2，消费者剩余为 BP_0P_2。这表示，当商品价格提高、需求量下降时，消费者剩余减少。

理解这一概念应注意三个问题：

（1）消费者剩余只是消费者的一种心理感觉，并不是指消费者实际收入的增加。

（2）消费者剩余的根源在于边际效用递减规律。因为市场价格是不变的，随着消费者对某种物品购买数量的增加，消费者从中得到的边际效用也在减少，所以消费者从每单位货币购买中所得到的消费者剩余在减少，消费者所愿意支付的价格也会减少。因而这一概念可以用来解释批发价低于零售价的现象。

（3）一般来说，生活必需品的消费者剩余较大，其他物品的消费者剩余相对较小。

消费者剩余的含义由英国经济学家马歇尔首先提出。他在《经济学原理》中为消费者剩余下了这样的定义："一个人对一物所付的价格，绝不会超过，而且也很少达到他宁愿支付而不愿得不到此物的价格。因此，他从购买此物所得的满足，通常超过他因付出此物的代价而放弃的满足；这样，他就从这种购买中得到一种满足的剩余。他宁愿付出而不愿得不到此物的价格，超过他实际付出的价格的部分，是这种剩余满足的经济衡量。这个部分可以称为消费者剩余。"生活中每当一宗交易由双方自愿达成，通常都是一个皆大欢喜的双赢结果：卖方挣了钱，买方得到了实惠。这背后就有消费者剩余在起作用。

二、收入效应与替代效应

1. 价格效应

一种商品价格变动，会对消费者产生两方面的影响：一是使商品的相对价格发生变动，消费可能线的斜率发生变化；二是使消费者的收入相对于以前发生变动（实际收入水平变化），消费可能线平行移动。

2. 替代效应

替代效应可分为希克斯替代效应与斯勒茨基替代效应，是指商品相对价格变化后，而令消费者实际收入不变情况下引起的商品需求量的变化。希克斯替代效应与斯勒茨基替代效应的差别，在于它们对什么是消费者实际收入不变所下的不同定义。在希克斯替代效应中，实际收入不变是指使消费者在价格变化前后保持在同一条无差异曲线上（效用不变）；而在斯勒茨基替代效应中，实际收入不变是指消费者在价格变化后能够买到价格变动以前的商品组合（保持以前的名义收入不变）。

图 4-8 中的横坐标表示某种特定的商品，纵坐标 y 表示除了 x 商品以外的所有其他商品。我们讨论 y 商品价格不变，x 商品价格下降以后的斯勒茨基替代效应。x 商品降价前，预算线为 aj_0，aj_0 与无差异曲线 U_0 相切于 E 点，E 点是消费者效用最大化的均衡点。在 E 点，x 商品的购买量为 q_0。x 商品降价后，预算线变为 aj_3，消费者效用最大化的均衡点为 P 点。

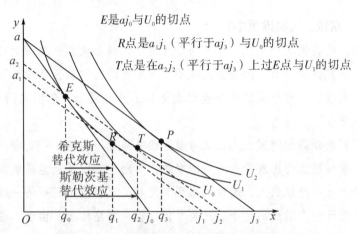

图 4-8　希克斯替代效应与斯勒茨基替代效应

假定我们想在 x 商品降价后维持消费者的实际收入不变。按照希克斯替代效应中所定义的实际收入，应该使消费者在新的价格比率下回到 x 商品降价前的无差异曲线上，通过画一条与 aj_3 相平行并与原无差异曲线 U_0 相切的预算线可以保证这种意义上的实际收入不变。图 4-8 中 a_1j_1 线便是我们所需要的预算线，a_1j_1 与 U_0 相切于 R 点，与 R 点相对应的 x 商品的购买量为 q_1，q_1-q_0 便是希克斯替代效应。

按照斯勒茨基替代效应中所定义的实际收入，若想在 x 商品降价后维持消费者的实际收入不变，应该使消费者在新的价格比率下能够购买他在降价前所能购买的商品数量，即能够购买图 4-8 中 E 点所表示的商品数量。通过画一条与预算线 aj_3 相平行并且过 E 点的预算线可以保证这种意义上的实际收入不变。图 4-8 中的 a_2j_2 线便是我们所需要的预算线。a_2j_2 和一条高于无差异曲线 U_0、低于无差异曲线 U_2 的无差异曲线 U_1 相切，切点为 T。与 T 点相对应的 x 商品的购买量为 q_2。q_2-q_0 为斯勒茨基替代效应。由于 q_2 大于 q_1，所以斯勒茨基替代效应大于希克斯替代效应。

3. 收入效应

收入效应是指由于一种商品价格变动而引起的消费者实际收入发生变动，从而导致的消费者对商品需求量的改变，被称为价格变动的收入效应。收入效应表现为均衡点随消费可能线的平行移动在不同无差异曲线上的移动。

正常商品、低档商品、吉芬商品的替代效应和收入效应分析如表4-3所示。

表4-3　正常商品、低档商品、吉芬商品的替代效应和收入效应

类别	收入效应	替代效应	总效应
正常商品	增加	增加	增加
低档商品	减少	增加	增加
吉芬商品	减少	增加	减少

［案例4-3］高铁、飞机谁更牛？

北京到上海，乘高铁还是飞机？京沪高铁开通后，想要快速来往两地及沿线的旅客又多了一种选择。毕竟，北京至上海全程最快不到5小时的高铁旅程已拉近了与飞机运行的时间，而高铁全天候、正点率高的优势也大大弥补了其时间上与航空之间的差距，高铁、飞机将展开激烈竞争。

其实，在不同的距离和时间段上高铁与航空的关系是不同的。一是合作，城际高铁的发展无疑将在一定程度上为民航带来大量的客源，有助于形成民航与高铁共同运营的网络体系。二是竞争，在一些航线上，高铁的出现和发展必定会抢走民航的一部分客源，二者之间必就其客源展开一个激烈的竞争。三是替代，在一些路线上，由于二者之间的优劣势相差较大，最后或许只会有一个较为适应的生存下来，另外的一个将被淘汰。

三、收入—消费曲线、恩格尔曲线与价格—消费曲线

（一）收入—消费曲线

收入—消费曲线（ICC）又称收入扩展线，是指在商品价格保持不变的条件下，随着消费者收入水平的变动引起消费者均衡变动的轨迹。

收入—消费曲线反映的是消费长期变动趋势的曲线。该曲线强调的是收入变动对消费均衡的长期影响。一般说来，随着收入水平的提高，收入—消费曲线就是一条与收入水平方向一致向右上方倾斜的曲线，即把各个短期消费均衡点连接成一条光滑的曲线。如图4-9所示。把E_1、E_0、E_2点连接起来所形成的曲线称为收入—消费曲线。

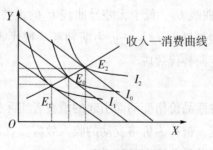

图4-9　收入—消费曲线

将收入和商品需求量的关系放在一个图上，从收入—消费曲线中可以引出恩格尔曲线来。

（二）恩格尔曲线

恩格尔曲线（engel curve）是指表明一种商品需求量与总收入关系的曲线。恩格尔曲线从收入消费曲线中引致的过程如图 4-10 所示。图 4-10（a）表明商品 X 是正常商品，而图 4-10（b）表明商品 Y 是低档商品。

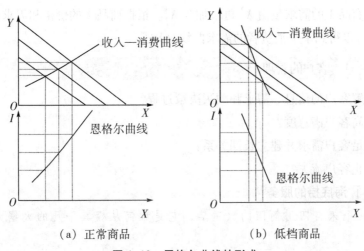

（a）正常商品 （b）低档商品

图 4-10　恩格尔曲线的形成

（三）价格—消费曲线与需求曲线

1. 价格—消费曲线

在图 4-11（a）中，假定商品 1 的初始价格为 P_1^1，相应的预算线为 AB，它与无差异曲线 U_1 相切于效用最大化的均衡点 E_1。如果商品 1 的价格由 P_1^1 下降为 P_1^2，相应的预算线由 AB 移至 AB'，于是，AB' 与另一种较高无差异曲线 U_2 相切于均衡点 E_2。如果商品 1 的价格再由 P_1^2 继续下降为 P_1^3，相应的预算线由 AB' 移至 AB''，于是，AB'' 与另一条更高的无差异曲线 U_3 相切于均衡点 E_3……不难发现，随着商品 1 的价格的不断变化，可以找到无数个诸如 E_1、E_2 和 E_3 那样的均衡点，它们的轨迹就是价格—消费曲线（PCC）。

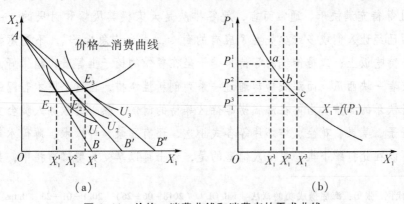

（a） （b）

图 4-11　价格—消费曲线和消费者的需求曲线

2. 由消费者的价格—消费曲线推导消费者需求曲线

分析图 4-11（a）中价格—消费曲线上的三个均衡点 E_1、E_2 和 E_3 可以看出，在每一个均衡点上，都存在着商品 1 的价格与商品 1 的需求量之间一一对应的关系。这就是：在均衡点 E_1，商品 1 的价格为 P_1^1，则商品 1 的需求量为 X_1^1。在均衡点 E_2，商品 1 的价格由 P_1^1 下降为 P_1^2，则商品 1 的需求量 X_1^1 增加到 X_1^2。在均衡点 E_3，商品 1 的价格进一步由 P_1^2 下降为 P_1^3，则商品 1 的需求量由 X_1^2 再增加为 X_1^3。根据商品 1 的价格和需求量之间的这种对应关系，便可以得到单个消费者的需求曲线（b）。

管理实践 4-1 客户的管理

1. 如何了解客户的信息、需求和购买决策过程？
2. 如何提高客户满意度？
3. 如何满足客户需求并建立长期关系？
4. 怎样防止客户流失？

[案例 4-4] 海底捞的服务①

海底捞，一个来自四川简阳的火锅店，它是如何从极其平凡的火锅大战中异军突起的？

海底捞创始人张勇 18 岁进工厂，成为拖拉机厂一名电焊工人，上班几年后觉得无聊，就在街边摆起了四张桌子，开始卖麻辣烫。1994 海底捞第一家火锅城在四川简阳正式开业，那时的创始人连炒料都不会，只好买本书，左手拿书，右手炒料，就这样边炒边学，可想而知，这样做出来的火锅味道很一般，想要生存下去只能态度好点，客人要什么速度快点，有什么不满意多陪笑脸。因为服务态度好、上菜速度快，客人都愿意来吃。他发现优质的服务能够弥补味道上的不足，从此更加卖力，帮客人带孩子、拎包、擦鞋……无论客人有什么需要，都二话不说，一一满足。

这样做了几年之后，海底捞的生意越来越大。

火锅行业竞争特别激烈，但他发现服务特别容易成为竞争中的差异性手段。

（1）让等待充满快乐。通常而言，就餐排队是大家极其厌烦和讨厌的，一是快节奏的社会生活已经让人们或多或少失去了应有的耐心，成为"急性子"，不愿意将宝贵的时间浪费在等待吃饭上；二是传统的等待只是干坐在餐馆的椅子上等着，稍微好点的能够奉上一杯水或者一块西瓜。而海底捞却通过一系列创新性举措，让这个原本苦闷的等待成为一种洋溢着快乐的等待。当你在海底捞等待区等待的时候，热心的服务人员会立即为你送上西瓜、橙子、苹果、花生、炸虾片等各式小吃，还有豆浆、柠檬水、薄荷水等饮料。此外，你还可以在此打牌下棋。更令人惊喜的是，女士可以享受免费修剪指甲，男士可以免

---

① IT 时代网. 张勇：海底捞成功的章法 [EB/OL].（2018 - 06 - 26）[2021 - 01 - 20]. https://xueqiu.com/3176872686/109517552? from＝groupmessage.

费享受擦皮鞋等。就这样，原本枯燥无味的等待时间就在这些吃喝玩乐中悄然而逝了，也正因为此，排队等位也成为海底捞的特色和招牌之一

（2）每个环节洋溢着服务的光芒。从停车泊位、等位、点菜、中途上洗手间、结账离开等全流程的各个环节，海底捞都处处体现了对服务的重视和对服务人员培训的投入。

（3）节约当道的点菜服务。如果客人点的量已经超过了可食用量，服务员会及时提醒客人，这样善意的提醒会在客人的内心形成一道暖流。此外，服务员还会主动提醒食客，各式食材都可以点半份，同样的价钱就可以享受平常的两倍的菜色了。

（4）及时到位的席间服务。服务员在席间会主动为客人更换热毛巾；会给长头发的女士提供橡皮筋箍头、提供小发夹夹刘海；给带手机的朋友提供小塑料袋子装手机以防进水、带戴眼镜的朋友如果需要的话还可以免费送擦镜布；给每位进餐者提供围裙更是一道靓丽的风景线，无论男女老少都穿着同样颜色的围裙端坐一桌，一来可以避免让美味不小心溅上顾客的衣服上，二来可以部分拦截火锅的味道，免得衣服上残留着火锅味。

（5）暂时充当孩子保姆。带孩子上餐馆经常是父母的两难，有时候淘气的孩子会破坏就餐的氛围，会让原本美味的食物陡然间索然无味。为此，海底捞一是创建了儿童天地，让孩子们可以在这里尽情玩耍，暂时让父母全身心投入到品尝美味之中；二是服务员可以免费带孩子玩一会儿，还可以帮助给小孩子喂饭，让父母安心吃饭。

（6）星级般的 WC 服务。海底捞的卫生间不仅环境不错，卫生干净，而且还配备了一名专职人员为顾客洗手后递上纸巾，以便顾客能够擦干湿漉漉的双手。

（7）不时给些小恩惠。一般的餐馆吃晚饭后会送上一个果盘，但在海底捞，如果你给服务员提出再给一个果盘的要求，他们都会面带笑容地说没问题，随后立即从冰柜里拿出果盘奉送给你。服务员有时候还会给你一小袋或者两小袋豆子。虽然这些小恩惠都不值几个钱，但服务人员的舍得却会给客户留下满意、欣喜和感动，会在客户心里种下"下次还来"和"告诉朋友"的种子。

【经典习题】

一、名词解释

1. 消费者剩余

2. 预算约束线

3. 消费者均衡

4. PCC

5. 吉芬物品

6. 商品的边际替代率

7. ICC

8. 恩格尔系数

9. 恩格尔曲线

10. 劣等品与吉芬品

11. 边际替代率递减规律

12. 边际效用递减规律

13. 无差异曲线

14. 效用

15. 基数效用论与序数效用论

二、选择题

1. 商品价格变化引起的替代效应，表现为相应的消费者的均衡点的移动为（　　）。

　　A. 移动到另一条无差异曲线上

　　B. 沿着原来的无差异曲线移动

　　C. 新均衡点代表的效用增加

2. 如果商品 X 和 Y 的价格以及消费者的收入都按同一比例同方向变化，消费可能线变动情况是（　　）。

　　A. 向左下方平行移动　　　　　　　　B. 不变动

　　C. 向右上方平行移动

3. 若某商品价格变化所引起的替代效应与收入效应向反方向变化且替代效应小于收入效应，则该商品是（　　）。

　　A. 正常品　　　　　B. 低档品　　　　　C. 吉芬物品

4. 以下（　　）项指的是边际效用。

　　A. 张某吃了第二个面包，满足程度从 10 个效用单位增加到了 15 个单位，增加了5 个效用单位

　　B. 张某吃了 2 个面包，共获得满足程度 15 个效用单位

　　C. 张某吃了 4 个面包后再不想吃了

　　D. 张某吃了 2 个面包，平均每个面包带给张某的满足程度为 7.5 个效用单位

5. 若某消费者消费了两个单位某物品之后，得知边际效用为零，则此时（　　）。

　　A. 消费者获得了最大平均效用

　　B. 消费者获得的总效用最大

　　C. 消费者获得的总效用最小

　　D. 消费者所获得的总效用为负

6. 若消费者张某只准备买两种商品 X 和 Y，X 的价格为 10，Y 的价格为 2。若张某买

了 7 个单位 X 和 3 个单位 Y，所获得的边际效用值分别为 30 个单位和 20 个单位，则（　　）。

    A. 张某获得了最大效用

    B. 张某应当增加 X 的购买，减少 Y 的购买

    C. 张某应当增加 Y 的购买，减少 X 的购买

    D. 张某想要获得最大效用，需要借钱

7. 预算线向右上方平行移动的原因是（　　）。

    A. 商品 X 的价格下降了　　　　　　　　B. 商品 Y 的价格下降了

    C. 商品 X 和 Y 的价格按同样的比率下降

8. 预算线绕着它与横轴的交点向外移动的原因是（　　）。

    A. 商品 X 的价格下降了　　　　　　　　B. 商品 Y 的价格下降了

    C. 消费者的收入增加了

9. 一个消费者宣称，他早饭每吃一根油条要喝一杯豆浆，如果给他的油条数多于豆浆杯数，他将把多余的油条扔掉，如果给他的豆浆杯数多于油条数，他将同样处理。（　　）。

    A. 他关于这两种食品无差异曲线是一条直线

    B. 他的偏好破坏了传递性的假定

    C. 他的无差异曲线是直角的

    D. 他的无差异曲线破坏了传递性的假定，因为它们相交了

10. 无差异曲线上任一点斜率的绝对值代表了（　　）。

    A. 消费者为了提高效用而获得另一些商品时愿意放弃的某一种商品的数量

    B. 消费者花在各种商品上的货币总值

    C. 两种商品的价格比率

    D. 在确保消费者效用不变的情况下，一种商品和另一种商品的交换比率

11. 对一位消费者来说古典音乐磁带对流行音乐磁带的边际替代率是 1/3，如果（　　）。

    A. 古典音乐磁带的价格是流行音乐磁带价格的 3 倍，他可以获得最大的效用

    B. 古典音乐磁带的价格与流行音乐磁带价格相等，他可以获得最大的效用

    C. 古典音乐磁带的价格是流行音乐磁带价格的 1/3，他可以获得最大的效用

    D. 用 3 盘流行音乐磁带交换 1 盘古典音乐磁带，他可以获得最大的效用

12. 一位消费者只消费 z 和 y 两种商品。z 对 y 的边际替代率在任一点 (z, y) 是 y/z。假定收入为 $B = 260$ 元，$P_z = 2$ 元，$P_y = 3$ 元，消费者消费 40 单位 z 商品和 60 单位 y 商品。（　　）。

    A. 消费者实现了效用最大化

B. 消费者可以通过增加 z 商品的消费，减少 y 商品的消费来增加他的效用

C. 消费者可以通过增加 y 商品的消费，减少 z 商品的消费来增加他的效用

D. 消费者可以通过增加 y 商品和 z 商品的消费，来增加他的效用

13. 如果在北京，杧果的价格比苹果的价格贵5倍，而在海南，杧果的价格只是苹果价格的 $1/2$，那么两地的消费者都达到效用最大化时，(   )。

A. 消费者的杧果对苹果的边际替代率都相等

B. 北京的消费者多买苹果，而海南的消费者多买杧果

C. 杧果对苹果的边际替代率，北京的消费者要小于海南的消费者

D. 苹果对杧果的边际替代率，北京的消费者要小于海南的消费者

14. 无差异曲线为斜率不变的直线时，表示相结合的两种商品是 (   )。

A. 可以替代的　　　　　　　　B. 完全替代的

C. 互补的　　　　　　　　　　D. 互不相关的

15. 若无差异曲线上任何一点的斜率 $dy/dx=-1/2$，这意味着消费者有更多的 x 商品时，他愿意放弃 (   ) 单位 x 而获得1单位 y。

A. 1/2　　　　　B. 2　　　　　C. 1　　　　　D. 1.5

16. 消费者剩余是消费者的 (   )。

A. 实际所得　　　　　　　　　B. 主观感受

C. 没有购买的部分　　　　　　D. 消费剩余部分

17. 在市场交换中消费者获取的消费者剩余表现为：(   )。

A. 效用增加　　　　　　　　　B. 主观的满足程度增加

C. 实际收入增加　　　　　　　D. 利润量增加

18. 替代效应和收入效应与价格变动的关系是 (   )。

A. 替代效应与价格反方向变动，收入效应与价格正方向变动

B. 替代效应与价格反方向变动，收入效应与价格反方向变动

C. 替代效应与价格反方向变动，收入效应与价格正方向或反方向变动

D. 替代效应与价格正方向变动，收入效应与价格反方向变动

19. 已知 X 的价格为8元，Y 的价格为4元。若消费者购买5个单位 X 和3个单位 Y，此时 X 和 Y 的边际效用分别为20和14，那么，假设消费者的总花费不变，为获得效用最大化，该消费者应该 (   )。

A. 停止购买两种商品　　　　　B. 增加 X 的购买，减少 Y 的购买

C. 增加 Y 的购买，减少 X 的购买　D. 同时增加对两种商品的购买

20. 假设对于苹果和橘子，甲更喜欢苹果，乙更喜欢橘子，水果的价格对两人相同，在效用最大化时 (   )。

A. 甲的苹果对橘子的边际替代率大于乙的

B. 甲消费的苹果比乙多

C. 两人的边际替代率相等

D. 只有 B 和 C 正确

21. 一个橘子的边际效用为 2，一个梨子的边际效用为 4，则橘子对梨子的边际替代率为：（　　　）。

  A. 2   B. 1   C. 0.5   D. 0.25

22. 橘子价格为 4，苹果价格为 3。现在用 20 元钱，他消费 4 个苹果，2 个橘子。此时橘子的边际效用为 16，苹果的边际效用为 12。则该消费者应如何改进该计划？（　　　）。

  A. 增加支出，同时增加苹果和橘子的消费

  B. 当前已经达到效用最大化

  C. 增加苹果的消费，减少橘子的消费使总支出保持在 20

  D. 减少支出，同时减少苹果和橘子的消费

23. 均衡市场上，一件衬衫的价格为 20 元，一份麦当劳快餐价格为 5 元，则麦当劳快餐对衬衫的边际替代率为（　　　）。

  A. 400%   B. 100%   C. 50%   D. 25%

三、简答与论述

1. 当消费者的收入或商品的价格发生变化时，无差异曲线本身是否会发生变化。

2. 用序数效用论说明消费均衡。

3. 商品价格下降通过哪些途径影响到该商品需求？是增加还是减少？并据此区分正常商品、低档商品和吉芬商品。

4. 为什么说需求曲线上的每一点都满足消费者效用最大化条件？

5. 作"价格—消费曲线"图，论述价格变化对消费者的均衡的影响，并推导和分析消费者的需求曲线。

6. 试用边际收益递减规律说明我国农村剩余劳动力转移的必要性。

7. 水对人类十分重要，不喝水会死，但不佩戴钻石不影响生命，为什么水的价格却比钻石的价格便宜的多得多？试解释水和钻石的价值悖论。

8. 简述无差异曲线及其特点。

9. 如果你有一辆需要四个轮子才能开动的车子，有了三个轮子，那么当你有第四个轮子时，这第四个轮子的边际效用似乎超过第三个轮子的边际效用，这是不是违反了边际效用递减规律？

四、计算

1. 某人爱好葡萄酒，当其他商品价格固定不变时，他对高质量的红葡萄酒的需求函

数为 $Q=0.002M-2P$。收入 $M=7\,500$ 元，价格 $P=30$ 元。现在价格上升到 40 元，问价格上涨的价格效应是多少瓶酒？其中替代效应是多少瓶？收入效应又是多少瓶？

2. 若消费者张某的收入为 270 元，他在商品 X 和 Y 的无差异曲线上的斜率为 $dY/dX=-20/Y$ 的点上实现均衡。已知商品 X 和商品 Y 的价格分别为 $P_X=2$，$P_Y=5$，那么此时张某将消费 X 和 Y 各多少？

3. 已知一辆自行车的价格为 200 元，一份麦当劳快餐的价格为 40 元，在某消费者关于这两种商品的效用最大化的均衡点上，一份麦当劳快餐对自行车的边际替代率 MRS 是多少？

【综合案例】 Word 设计"土味"包装一年销售 40 亿元①

椰树集团的前身，是海口国营罐头厂。改革开放之后，罐头厂效率低下，人浮于事，5 年内换了 4 任厂长也抵不住连年亏损。到最后，罐头厂 720 多万元的资产，亏得只剩下 2 万元。1986 年，罐头厂找来了新厂长王光兴。在此之前，王光兴先后拯救了同样濒临破产的海口饮料厂和海口电子工业总公司，被称为"救火队长"。王光兴一上任就放出了"三把火"。第一把火：在第一次职工大会上开除几个顽固职工；第二把火：罐头厂解体，按品类划分为 9 个分厂，自负盈亏；第三把火：鉴于菠萝罐头每年生产期只有 4 个月，停产停工期间工资减半。三把火一放，王光兴就引来了全厂上下的反对。当时，他的办公室玻璃常被职工用石头砸碎，就连上下班都要躲着走。好在见效甚快。上任当年，罐头厂亏损规模较上年收窄 300 万元；1988 年开始盈利 240 万元。

这期间，国内消费领域最火的是饮料行业，而饮料行业最火的是碳酸饮料可乐。1986 年，可口可乐、百事可乐在中国内地建有 18 条生产线。到 1988 年，两者总产量已超过国产同类饮料的 1 倍多。同期，国内可乐品牌快速增长，最为知名的就是中国汽水的"八大厂"：天津山海关、上海正广和、沈阳八王寺、北京北冰洋、青岛崂山、武汉大桥、重庆天府可乐、广州亚洲汽水。这时，王光兴也跟风进场。谁知，可口可乐与百事可乐在中国纷纷推行"短期亏损占市场、长期垄断图大利"的竞争策略，椰树遭遇节节败退。

当时，王光兴发现国内做得最为风生水起自主品牌，其实不是八大厂的可乐，而是广东三水县一款叫做健力宝的饮料。后者 1984 年推出，一度让百事可乐的上海工厂为其代工。1986 年，健力宝销售额达到 1.3 亿元。最紧俏的时候，三水县到处是全国各地前来拉货的大卡车，一车皮健力宝的批条就被炒到了 2 万元。到 1987 年，健力宝成为六运会指定饮料，2 个小时订货额就达到了 2 亿元。看到健力宝的成绩，王光兴不禁感叹：不开发自己的产品，不独创自己的品牌，依赖跟风仿造，是站不住脚的。

---

① 尔东商业观察. 最"土"的国宴饮料：31 年不变包装，却被称世界首创，中国一绝！［EB/OL］.（2020-11-09）［2020-11-09］. https://baijiahao.baidu.com/s? id=1682873579741093538&wfr=spider&for=pc.

　　为此，他召集公司干部开会，表示要立足于海南的资源优势，开发出自主知识产权的民族品牌，与洋饮料展开竞争。而在海南，椰子树最多。王光兴召集厂里的科技人员，打算研发天然椰子汁。但原本 30 多人的科技团队，而今只有两三个。无奈之下，全民皆兵，全厂最终组成了 4 个攻坚小组，技术员最高学历仅为中专。当时就有人嘲笑他：你这是水牛上树摘椰子吗？但谁知，历时 8 个月，经过 383 次试验后，团队突破油水分离技术，成功研制出椰树牌生榨椰子汁。

　　1987 年，椰树牌椰汁面世；1988 年，中国科学技术情报研究所检测表示，不加任何防腐剂的椰树牌椰汁被证实属"世界首创，中国一绝"。1989 年开始，椰树牌椰汁就进入了规模化产销阶段，引进德国流水线、产量突破 10 万吨，销售超 10 亿元，税利超亿元……到 1994 年，椰树首次夺得全国饮料销量冠军。而在此之前 1 年，那些依旧在可乐领域奋战的八大厂，其中七个已经被可口、百事以合资的形式纳入版图，然后逐渐在市场上消失，史称饮料界的"水淹七军"。

　　战略选择很重要，果断放弃与可乐竞争，从零开始做椰汁，这是王光兴拯救海口国营罐头厂的关键一环。但在王光兴看来，最为关键的还是组织团队研发所带来的技术变革。为此，王光兴甚至拿出了 30 万元奖励研发人员，而当时国家给重大发明人的奖金也不过 1 万元。但技术变革之外，营销一直是椰树牌椰汁的增长法宝。椰树牌椰汁效仿健力宝，认为使用"×××指定饮料"的名号最能够获得大众消费者的信任。1988 年，椰树成为"海南省建省饮料"的新闻，通过电视台、街头广告传遍整个海南。1991 年，椰树牌椰汁被北京钓鱼台国宾馆选为国宴饮料。此后，"国宴饮料"的名号则随着椰树牌椰汁传遍全国。王光兴自己用 Word 制作的椰树椰汁的包装设计，一直沿用至今。这个包装设计，把产品优势用耿直的文字罗列加黑、白、黄三色这种很"土"的方式表达出来。土味包装摆上货架后从审美上产生了极强的视觉冲击力。

　　2015 年，椰树集团实现产值 42.91 亿元，此后其营收也连续多年稳定在 40 亿元左右。从企业纵向发展来看，的确进步很大。但横向比较来看，农夫山泉营收突破了 200 亿元，娃哈哈最高时曾造就了 700 多亿元的营收。而"西唯怡、东银鹭、南椰树、北露露"竞争格局的形成，也让椰树面临更大的市场体挑战。消费已经进入新的时代，椰树椰汁也面临着新的市场需求和竞争。

结合案例，应用收入效应和替代效应谈谈如何满足客户需求？

5

第五章 生产理论与应用

【思维导图】

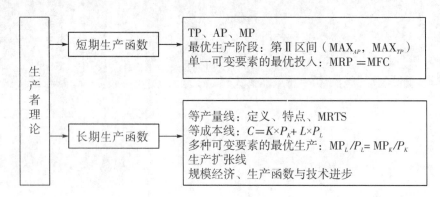

生产者理论
- 短期生产函数
  - TP、AP、MP
  - 最优生产阶段：第Ⅱ区间（MAX_{AP}，MAX_{TP}）
  - 单一可变要素的最优投入：$MRP = MFC$
- 长期生产函数
  - 等产量线：定义、特点、MRTS
  - 等成本线：$C = K \times P_K + L \times P_L$
  - 多种可变要素的最优生产：$MP_L/P_L = MP_K/P_K$
  - 生产扩张线
  - 规模经济、生产函数与技术进步

【导入案例】"迅犀"能否改变传统制造业?[①]

2020年9月，全新的智能制造平台"迅犀"上线，阿里新制造一号1工程"犀牛智造工厂"也在杭州正式投产了。早在2016年阿里巴巴就提出了"五新"战略：新零售、新制造、新金融、新技术和新能源，这五项发展将会极大地影响中国和全世界，甚至是我们所有人。在过去几年时间里，"五新"战略推动都非常迅速，每一项都有颠覆传统行业的势头。盒马鲜生等业务在新零售上打开了突破口，蚂蚁集团又以科技为支撑，建立起了数字金融科技平台，如今估值超过了2 000亿美元。

而新能源就是"五新"的动力，新技术则是它们的引擎。这一次犀牛制造平台的上线，补齐了"五新"战略最后的一道缺口，新制造将成为阿里巴巴最重要的板块之一，未来公司各个板块之间将实现紧密协同。关于犀牛智造工厂的能力，阿里巴巴表示，相比传统的工厂可以缩短75%的交货时间、降低30%的库存，甚至可以减少50%的用水量，一方面提升了生产效率，另方面是利用数字化技术让生产变得更加灵活。

官方还给出了一份数据，在过去服装行业生产模式是平均1 000件起订，15天才能交货，而在犀牛智造的赋能之下，能够做到100件起订、7天交货。这种数字化智能生产能够给中小商家带来数字化升级，让经营变得更加灵活。短期来看，犀牛制造平台能否挑战传统制造业还难下定论，但从阿里对这一领域的投入来看，是非常重视这一技术创新的。因为现在中国90%以上的机器没有互联互通，如果能够把它们全部打通、智能化，将彻底改变生产制造的方式。

---

① 林京，王潇宵. 藏了三年! 阿里巴巴新制造"一号工程"犀牛智造正式亮相［EB/OL］. (2020-09-21)［2021-02-02］. https://baijiahao.baidu.com/s? id=1682873579741093538&wfr=spider&for=pc.

第一节　生产与生产函数

一、生产与生产要素

生产是指企业把其可以支配的资源转变为物质产品或服务的过程。这一过程不单纯指生产资源物质形态的改变，它包含了与提供物质产品和服务有关的一切活动。

企业的产出可以是服装、面包等最终产品，也可以是再用于生产的中间产品，如布料、面粉等。企业的产品还可以是各种无形的服务。

企业进行生产，需要有一定数量可供支配的资源作为投入，如土地、厂房、设备和原材料、管理者和技术工人等，这些投入生产过程用以生产物质产品或劳务的资源称为生产要素或投入要素。经济学中为方便起见，一般把生产要素分为：①劳动，包括企业家才能；②土地、矿藏、森林、水等自然资源；③资本，已经生产出来再用于生产过程的资本品；④知识、技术、信息等。

二、生产函数

生产函数（production function）是指在特定的技术条件下，各种生产要素一定投入量的组合与所生产的最大产量之间的函数关系式。其一般形式为：

$Q = f(L, K, \cdots, T)$

假定企业只生产一种产品，仅使用劳动与资本两种生产要素，分别用 L 和 K 表示，则方程可以简化为：

$Q = f(L, K)$

下面是几种常用生产函数：

1. 柯布—道格拉斯（cobb-douglas）生产函数

$Q = AL^{\alpha}K^{\beta}$

2. 列昂惕夫（Lèontief）生产函数

列昂惕夫生产函数又称固定投入比例生产函数，是指在每一个产量水平上任何一对要素投入量之间的比例都是固定的生产函数。假定生产过程中只使用劳动和资本两种要素，则固定投入比例生产函数的通常形式为：

$Q = \text{Min}\ (L/U, K/V)$

其中，Q 表示一种产品的产量，L 和 K 分别表示劳动和资本的投入量，U 和 V 分别表示固定的劳动和资本的生产技术系数，它们分别表示生产一单位产品所需要的固定的劳动投入量和资本投入量。该生产函数表示产量 Q 取决于两个比值 L/U 和 K/V 中较小的那一个，即使其中的一个比例数值较大，也不会提高产量。Q 的生产被假定为必须按照 L 和 K

之间的固定比例，当一种生产要素的数量不能变动时，另一种生产要素的数量再多，也不能增加产量。

3. CES 生产函数

CES 生产函数即不变替代弹性生产函数。

$$f(x) = f(x_1,\ x_2,\ \cdots,\ x_\ell) = \gamma \left(\sum_{h=1}^{\ell} \delta_h x_h^{-\rho} \right)^{-\frac{v}{\rho}} \qquad (x \in R_+^\ell)$$

一个最简单的例子是 $f(L,\ K) = L+K$。

三、短期生产和长期生产

短期生产，指的是期间至少有一种生产要素的投入量固定不变的时期，可以变动的生产要素称为可变要素或可变投入（比如 L），固定不可变动的生产要素称为固定要素或固定投入（比如 K）。$Q = f(\bar{K},\ L) = f(L)$

长期生产，指所有生产要素的投入量都可以变动的时期。

第二节　一种可变要素的最优生产

一、总产量、平均产量和边际产量

$Q = f(L,\ K)$

$\mathrm{AP} = Q/L$

$\mathrm{MP} = \mathrm{d}Q/\mathrm{d}L$

（1）总产量与边际产量的关系：边际产量上任一点的值等于总产量上相应点切线的斜率。总产量最大（或最小）时，边际产量的值为零。

（2）总产量与平均产量的关系：平均产量上任何一点的值，等于总产量上相应点与原点连接线的斜率。

（3）平均产量与边际产量的关系：如果边际产量大于平均产量，平均产量就呈上升趋势；如果边际产量小于平均产量，平均产量就呈下降趋势。这意味着两个产量的交点一定发生在平均产量的最高或最低点。

总产量、平均产量和边际产量之间的关系可以通过表 5-1 来反映：

表 5-1　总产量、平均产量和边际产量之间的关系

资本 （K）	劳动 （L）	劳动增量 （ΔL）	总产量 （Q）	总产量增量 （ΔQ）	平均产量 （AP）	边际产量 （MP）
15	0	0	0	0		
15	1	1	5	5	5	5

表5-1(续)

资本 (K)	劳动 (L)	劳动增量 (ΔL)	总产量 (Q)	总产量增量 (ΔQ)	平均产量 (AP)	边际产量 (MP)
15	2	1	13	8	6.5	8
15	3	1	22.5	9.5	7.5	9.5
15	4	1	30.5	8	7.6	8
15	5	1	38	7.5	7.6	7.5
15	6	1	45	7	7.5	7
15	7	1	45	0	6.4	0
15	8	1	42	-3	5.3	-3

二、边际收益递减规律

1. 边际收益递减规律的内容

当两种(或两种以上)生产要素相结合生产一种产品时,若一种要素可以变动,其余要素固定不变,随着可变要素的增加,可变要素的边际产量一般出现两个阶段。

(1)可变要素的边际产量可能出现递增现象。

(2)可变要素边际产量递减阶段。

当可变要素增加到一定限度以后,再继续增加可变要素,反而会引起总产量减少,即边际产量成为负数,这种现象称为可变要素的边际产量递减规律,亦称生产要素边际报酬递减规律(law of diminishing returns)。

[案例5-1] 人多力量大吗?

总经理办公室的秘书不断增加,到一定数量后,新用的秘书的边际产量是不断减少的,在使用第二名秘书时,每天可多制作10 000字的文件,但继续用第三名、第四名秘书时,每天可多制作的文件字数就分别减到5 000字和2 000字,完全可以预料,若继续增加秘书的投入,可多制作的文件字数还要进一步减少,甚至为负,人越多越不出活。

在一块土地上,只一味地增加劳动力的投入,产量增加的数量会越来越少,最后甚至还会随着劳动力投入增加,总产量反而减少,这在我国农业生产中,是有深刻教训的。这说明人们的生产活动最终会受到某一种或若干种资源的约束。

可变要素投入量达到一定的数量以前,固定要素的数量相对于变动要素而言,显得较多,以致固定要素的效率不能很好地发挥,而随着变动要素投入的不断增加,固定要素的利用效率不断提高,而可变要素也会因有效的分工、适当的协作而使劳动效率增加,从而变动要素的边际产量会随着投入的增加而增加。但到一定的界限以后,固定要素已经被充分地利用,若继续增加变动要素的投入,在技术上没有必要数量的固定要素与变动要素相配合,变动要素的效率就必然下降,边际产量也就下降。

2. 边际收益递减规律分析

首先，生产要素边际产量递减规律，是以生产技术给定不变为前提的。技术进步一般会使报酬递减的现象延后出现，但不会使报酬递减规律失效。

其次，生产要素报酬递减，是以除一种要素以外的其他要素固定不变为前提来考察一种可变要素发生变化时其边际产量的变化情况。若使用的要素同时发生同比例变化，由此引起的产量变动情况，属于规模报酬（returns to scale）的问题。

最后，生产要素报酬递减是在可变的生产要素使用量超过一定数量以后才出现。在此之前，当固定要素相对过多，即可变要素相对不足时，增加可变要素将出现报酬递增的现象。也可能出现这样一种情况，即继续增加可变要素时，在一定范围内要素的边际产量处于恒定不变状态，超过这个范围再继续追加可变要素时才进入报酬递减阶段。

三、生产阶段

根据表5-1，作图5-1。横轴 OL 代表劳动量，TP、AP、MP 分别代表总产量、平均产量、边际产量。总产量、平均产量和边际产量之间的关系呈现以下特点：

（1）在资本量不变的情况下，随着劳动量的增加，最初总产量、平均产量和边际产量都是递增的，但各自增加到一定程度以后就分别递减。所以总产量曲线、平均产量曲线和边际产量曲线都是先上升而后下降。

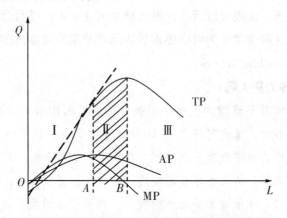

图5-1　总产量、平均产量、边际产量曲线

（2）边际产量曲线与平均产量曲线相交于平均产量曲线的最高点。在相交点左侧，平均产量是递增的，边际产量大于平均产量（MP>AP）；在相交点右侧，平均产量是递减的，边际产量小于平均产量（MP<AP）；在相交时，平均产量达到最大，边际产量等于平均产量（MP＝AP）。

（3）当边际产量为正数时（MP>0），总产量就会增加；当边际产量为零时（MP＝0），总产量停止增加，并达到最大；当边际产量为负数时（MP<0），总产量就会绝对减少。

第Ⅰ区间是投入劳动 L 从零增加到 A 点（0，MAX_{AP}）。其特点是：TP 保持递增趋势；AP 由零递增至最高点；MP>0，并且 MP>AP，MP 在达到最大值时，已经呈递减趋势。当 MP = AP 的最高点时，第一阶段结束。

第Ⅱ区间是投入劳动 L 从 A 点增加到 B 点（MAX_{AP}，MAX_{TP}）。其特点是：TP 保持递增趋势，AP 下降；AP>MP，MP>0；当 MP = 0 时，TP 达到最大值，第二阶段结束。

第Ⅲ区间是投入劳动 L 从 B 点增加到无限大界定的区间（MAX_{TP}，∞）。其特点是：TP 由最高点依次递减；AP 一直保持持续递减趋势；MP<0，第三阶段结束。

显然，Ⅰ区间和Ⅲ区间都不是一种生产要素的合理投入范围，因为在Ⅰ区间，边际产量大于平均产量，增加劳动，不仅可增加总产量，还可以提高平均产量。而在Ⅲ区间，边际产量小于零，增加劳动，会使总产量绝对减少。对厂商来说，最优的生产在第Ⅱ区间。

四、单一可变要素的最优投入

1. 决策原理

投入最后一个单位要素时的总成本的增加量等于它所带来的收益增加量。

2. 数学表达

$MRP = ME$ 或 $MRP = P_L$

MRP（边际产量收益）是指增加一单位要素投入所获得的产品销售收益增加量。它等于生产要素的边际产量 MP 乘以相应的边际收益 MR。即 $MRP = MP \times MR$。

ME（边际支出）是指增加一个单位的投入要素所带来的总成本的增加量，即要素的价格，如劳动力或原材料的价格。

当生产要素的边际产量收益等于它的边际要素支出时，企业利润最大。

MRP、MP、MR 三者的关系如图 5-2 所示：

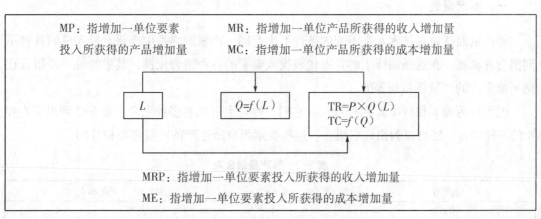

图5-2　MRP、MP、MR 三者关系

[例5-1] 已知某企业的生产函数为：$Q = 21L + 9L^2 - L^3$

（1）求该企业的平均产出函数和边际产出函数。

解：

$AP = Q/L = 21+9L-L^2$

$MP = dQ/dL = 21+18L-3L^2$

（2）如果企业现在使用 3 个劳动力，试问是否合理？合理的劳动使用量应在什么范围内？

解：

合理区域在第二阶段，即在 maxAP－maxQ 范围内。

maxAP：$dAP/dL = 9-2L = 0$，$L = 4.5$

maxQ：$MP = 0$，$L = 7$

合理的劳动使用量应该为 4.5~7。

（3）如果该企业产品的市场价格为 3 元，劳动力的市场价格为 63 元，该企业的最优劳动投入量是多少？

解：

$MRP = P_L$

$MR×MP = P_L$

$3×(21+18L-3L^2) = 63$

$L = 6$

该企业的最优劳动投入量是 6。

第三节　多种可变要素的最优生产

一、等产量线

等产量曲线是在技术水平不变的条件下生产同一产量的两种生产要素投入量的各种不同组合的轨迹，在这条曲线上的各点代表投入要素的各种组合比例，其中的每一种组合比例所能生产的产量都是相等的。

假设有劳动 L 和资本 K 两种投入，它们在数量上可以有多种组合。表5-2 列出了 L 和 K 的四种组合，还可以列出许多组合。这些要素组合所生产的产量都是相等的。

表5-2　等产量组合表

总产量	劳动 L	资本 K
500	3	8
500	4	6
500	6	4
500	8	3

根据等产量组合表的数据，可以作出等产量曲线。如图 5-3 所示。

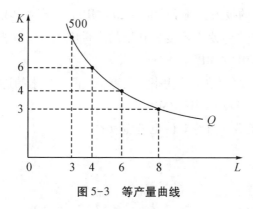

图 5-3 等产量曲线

在图 5-3 中，横轴代表劳动 L 的数量，纵轴代表资本 Y 的数量，Q 代表等产量曲线。在等产量曲线上任何一点上劳动 L 与资本 K 不同数量的组合生产出的产品数量都是相同的。

1. 类型

（1）投入要素之间完全可以替代。例如，在发电生产中，如果发电厂的锅炉燃料既可全部用煤气又可全部用石油（当然也可以部分用煤气、部分用石油），我们就称这两种投入要素是完全可以替代的。这种等产量曲线的形状是一条直线。在这里，煤气替代石油的比例，即替代率，为 1.5：1，它是个常数。

（2）投入要素之间完全不能替代。如生产自行车，在投入要素车架和车轮之间是完全不能替代的。这种等产量曲线的形状是一条直角线。完全不能替代的投入要素之间的比例是固定的。如车架与车轮之间的比例为 1：2。

这种等产量曲线有一种情况，即如果企业可以同时用几种生产方法生产同种产品，尽管每种生产方法的投入要素比例都是固定的（即投入要素之间不能替代），但企业通过生产方法之间的不同组合，仍可以改变整个企业投入要素之间的比例。有两个车间都可以生产某种产品，A 车间机械化水平高，用较多的资金与较少的劳力组合。B 车间机械化水平低，用较少的资金与较多的劳力组合。每个车间内部投入要素的比例是固定的，但企业可以为每个车间分配不同的任务来调整整个企业投入要素之间的比例。

（3）投入要素之间的替代是不完全的。例如，在生产中，设备能够代替劳力，但设备不可能替代所有的劳力。

2. 等产量线的特点

（1）距离原点越远的等产量线所代表的产量越多。

（2）一个等产量线图上的两条等产量线不能相交。

（3）要素相互之间可以替代。其替代量的关系用边际技术替代率表示。

3. 边际技术替代率

边际技术替代率可定义为：过该点对等产量线所作切线的斜率的负数值。即

$$\text{MRTS}_{LK} = -\Delta K/\Delta L = -\mathrm{d}K/\mathrm{d}L$$

生产者如果增加 ΔL 的投入，新增产量为 $\Delta L \times \text{MP}_L$，生产者如果减少 ΔK 的投入，失去的产量为 $\Delta K \times \text{MP}_K$。由于产量水平不变，新增的产量应该等于失去的产量，即 $\Delta L \times \text{MP}_L = \Delta K \times \text{MP}_K$，所以 $\Delta K/\Delta L = \text{MP}_L / \text{MP}_K$。

等产量线上任一点的边际技术替代率，又等于这两种要素的边际产量的比率。即

$$\text{MRTS}_{LK} = -\mathrm{d}K/\mathrm{d}L = -\Delta K/\Delta L = \text{MP}_L/\text{MP}_K$$

边际技术替代率是负数，且绝对值也是递减的。

二、等成本线

1. 等成本线的定义

等成本线是这样一条直线，在这条直线上的任一点表示，当资本与劳动的价格 P_K 与 P_L 为已知时，花费某一固定量总成本所能买进的资本与劳动量的组合。

等成本方程式为：$C = K \times P_K + L \times P_L$

可改写为：$K = C/P_K - L \times P_L/P_K$

2. 等成本线的性质

（1）离原点较远的等成本线总是代表较高的成本水平。

（2）同一等成本线图上的任意两条等成本线不能相交。

（3）等成本线向右下方倾斜，其斜率是负的。要增加某一种要素的投入量而保持总成本不变，就必须相应地减少另一种要素的投入量。

（4）在要素价格给定的条件下，等成本线是一条直线，其斜率是一个常数。

三、两个投入要素的最优利用

最优利用表示：成本一定，产量最大；产量一定，成本最小。把等产量线与等成本线结合在一个图上，那么，等成本线必定与无数条等产量线中的一条相切于一点，或者等产量现必定与无数条等成本线中的一条相切于一点。在这个切点上就实现了生产要素的最适组合。如图 5-4 所示。

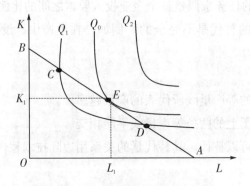

图 5-4　生产要素最优组合

在图 5-4 中，三条等产量线，产量大小的顺序为 $Q_1<Q_0<Q_2$。等成本线 AB 与 Q_0 相切于 E 点，这时实现了生产要素的最优组合。也就是说，在生产者货币成本与生产要素价格既定的条件下，OL_1 的劳动与 OK_1 的资本结合，能实现利润的最大化，即既定产量下成本最小或既定成本下产量最大。

为什么只有等产量线与等成本线的切点为最优组合呢？从图 5-4 中可以看出，只有在 E 点上所表示的劳动与资本的组合才能达到在货币成本和生产要素价格既定条件下的产量最大。离原点远的等产量曲线 Q_2 所代表的产量水平大于 Q_0，但等成本线 AB 同它既不相交又不相切，这说明达到 Q_2 产量水平的劳动与资本的数量组合在货币与生产要素价格既定的条件下是无法实现的。而离原点近的等产量线 Q_1，虽然 AB 线同它有两个交点 C 和 D，说明在 C 点和 D 点上所购买的劳动与资本的数量也是货币成本与生产要素价格既定的条件下最大的组合，但 $Q_1<Q_0$。C 点和 D 点的劳动与资本的组合并不能达到利润最大化。此外，Q_0 除 E 点之外的其他各点也在 AB 线之外，即所要求的劳动与资本的数量组合也在收入与价格既定的条件下是无法实现的。

利润最大化条件：$\mathrm{MP}_L/\mathrm{MP}_K = P_L/P_K$

或 $\mathrm{MP}_L/P_L = \mathrm{MP}_K/P_K$

或 $\mathrm{MRP}_K=P_K$　　$\mathrm{MRP}_L=P_L$

思考：假定 A、B 两国各有一个钢铁厂，A 国钢铁厂生产 1 吨钢需要 10 人，而 B 国只需 1 人，我们能否认 B 国钢铁厂的效率比 A 国高吗？为什么？

第四节　规模与收益

一、规模收益

1. 定性描述

规模收益也称作规模报酬，是指当所有生产要素的投入量按同一比例增加时，产出将如何变化。

（1）假如使用的生产要素都增加一倍，产量也增加一倍，称为规模收益不变（constant returns to scale），如图 5-5（a）所示。

（2）假如使用的两种要素都增加一倍，产量的增加大于一倍，称为规模收益递增（increasing returns scale），如图 5-5（b）所示。

（3）假如使用的两种要素都增加一倍，产量的增加小于一倍，称为规模收益递减（Diminish returns to scale），如图 5-5（c）所示。

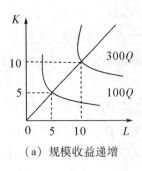
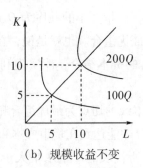
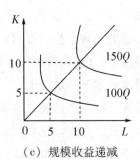

(a) 规模收益递增　　　(b) 规模收益不变　　　(c) 规模收益递减

图 5-5　规模收益

2. 规模收益的数学表达

设生产函数为：$Q = f(X_1, X_2, X_3, \cdots, X_m)$

假设使每种要素都扩大 λ 倍的产量 $hQ = f(\lambda X_1, \lambda X_2, \lambda X_3, \cdots, \lambda X_m)$，则：

若 $h = \lambda$，规模收益不变；

若 $h > \lambda$，规模收益递增；

若 $h < \lambda$，规模收益递减。

二、规模收益的原因

规模收益递增是指一个厂商在生产规模扩大时由自身内部因素所引起的收益或产量增加。引起内在经济变化的主要因素有：第一，生产规模扩大，可以购置和使用更加先进的机器设备；可以提高专业化程度，提高生产效率；还有利于实行资源的综合开发和利用，使生产要素效率得到充分发挥。第二，巨大的工厂规模能使厂商内部管理系统高度专门化，使各个部门管理者容易成为某一方面的专家，从而提高管理水平和工作效率。第三，在大规模生产中，可以对副产品进行综合利用，可以更加快速地开发生产出许多相关产品，实行多元化生产。第四，在大规模生产中，可以对生产要素进行综合、大批量采购，对产品进行大批量运输，从而降低购销成本。同时大规模生产相对容易形成生产经营上的垄断，从而有利于获取生产经营上的优势，获得递增的规模收益。

但是，如果一个厂商本身生产规模过大而引起产量或收益的减少，这种情况就叫规模收益递减。引起内在不经济的原因主要有：第一，由于企业规模过大，管理层次复杂，管理幅度过大，管理机构庞大，可能会降低管理效率。第二，由于生产经营规模庞大，产品多样化，可能会引起销售费用增加等。第三，生产规模大、产品多样化可能会使生产要素、制成品和在制品积压，导致生产成本增加等。

三、柯布—道格拉斯生产函数的规模收益分析

柯布—道格拉斯生产函数是被使用得最广泛的齐次生产函数（满足 $f = (nL, nK) = n^\lambda \cdot f(L, K)$ 的生产函数为 λ 阶齐次生产函数），它的形式是：

$$Q = AK^\alpha L^\beta$$

当 K、L 两种投入同时增加 t 倍时，有

$$f(tK, tL) = A(tK)^\alpha (tL)^\beta = t^{(\alpha+\beta)} AK^\alpha L^\beta = t^{(\alpha+\beta)} Q$$

当 $\alpha+\beta>1$，规模收益递增；

当 $\alpha+\beta<1$，规模收益递减；

当 $\alpha+\beta=1$，规模收益不变。

［案例 5-2］小山村里走出快递王国[①]

道路宽阔，高楼林立——仅从县城看，浙江杭州的桐庐县与其他富庶的南方小城别无二致。但桐庐县钟山乡政府前的大马路叫"申通大道"；县城里坐落着圆通印务、中通之家等企业；钟山乡夏塘村口的小溪上，还横跨着以申通快递创始人命名的"腾飞桥"。桐庐被称作"中国民营快递之乡"，中国快递行业著名的"三通一达"全部发源于此。

钟山乡夏塘村是申通创始人聂腾飞、韵达创始人聂腾云的故乡，申通的另一位创始人来自不远处的子胥村；圆通董事长喻渭蛟的家乡，在靠近县城的横村镇喻家村；最偏僻的天井岭是中通董事长赖梅松的老家。20 年前，这些小山村里的桐乡人从帮人带信、递送小包裹做起，骑着自行车穿行在街巷之间，乘着火车来往于杭州与上海。20 年后，"三通一达"已在中国快递行业业务量前 5 名的公司里占据四席，并分别在 2016 年 10 月到 2017 年 1 月上市。

1993 年，附近夏塘村的聂腾飞在杭州市里的一家印染厂打工。工作之余，他发现大量从事对外贸易的企业，需要将报关单在一天之内送到上海，如果走邮政渠道大概需要 3 天。从那时起，聂腾飞、聂腾云兄弟便做起了帮外贸公司递送文件的生意。他们骑着自行车，在杭州城内派发名片，走街串巷拉生意。每晚八九点钟，他们都会登上开往上海的火车。第二天凌晨三四点到站时，会有人在上海接应、派送。当时的火车票价 15 元，递送价格大概每单 100 元。随着业务的增加便成立了申通。聂腾飞的大舅子、子胥村的陈德军于 1994 年加入妹夫的生意，开始在上海接件。为了将快递准确送达，他不断翻看上海地图，半年内翻烂了 10 张。

1999 年，陈德军接手申通，聂腾云创办韵达。2000 年 5 月，喻渭蛟创办圆通。2002 年 5 月，赖梅松创办了中通。由于业务量持续上升，陈德军把子胥村的十多个年轻人带了出来，一起做快递。他们在多个省会城市租下民居、小商铺，推开了申通的第一批营业网点。没多久，做快递赚钱的消息在只有数百户人家的子胥村传开了。只要长辈间打个招呼，那些没有合适工作的年轻人就能迅速入行。快递行业收件、派件最需要诚信，彼此沾亲带故的同乡便是最可靠的战友。老板们不用担心熟人的孩子偷件、丢件，这些孩子也特别能吃苦，有时候一天要连续派件，骑车要骑几十公里（1 公里 = 1 千米，下同）。从子胥

① 新京报. 浙江桐庐：小山村里走出快递王国［EB/OL］.（2018-12-23）［2020-11-05］. https://baijiahao. baidu.com/s? id=1620578001762685013&wfr=spider&for=pc.

村开始，越来越多的钟山乡人、桐庐人加入快递行业。

2006年5月，圆通成为淘宝配送服务商，日业务量陡升2 000单。此后，中通、申通、韵达也分别与淘宝签订合作协议。2009年新邮政法颁布，民营快递公司取得了合法地位。淘宝网已成为中国最大的电商平台，年交易额999.6亿元。而最早与淘宝合作的圆通，每日仅淘宝业务量便已蹿升至28万件。起初，很多快递并不看好与淘宝的合作，因为与各大商务公司的合作利润更多，利润率往往过半。但淘宝把价格压得很低，十几元的寄件费被直接杀到六七元。但慢慢发现，电商快递量的增长远远超出了他的预期，快递人不约而同地感受到了电商、网购为整个行业带来的变化。电商业务量暴增，昔日运送快件的三轮车、摩托车也逐渐退出江湖，被大中型货车替代。过去的单子往往由工厂发往商家、公司，现在都是直接寄给个人。包裹都是又轻又小，有的就装着两双袜子，一个蛇皮袋能装几百个包裹。

不过，民营快递公司之间的竞争异常激烈，单件快递的利润也在竞争中不断变薄。在与淘宝、天猫合作时，"你出三块六，我就出三块四，"哪怕是两毛钱的压价，对利润率的影响也很大。这种情况下，快递企业必须更严格地把控成本，各种高科技的设备、技术渐渐出现在快递网点里。慢慢开始设立市场、财务、IT和人力等完善的管理部门。为了减少丢件、破损，出现问题时能够有效追查，IT部门开发了空包检测系统。包裹过秤时，只要出现空包，机器便会发出警报。工人们将快件放在流水线上后，会有机器称重、扫描，还有摄像机为它们拍摄"证件照"。拍摄图片登入系统，比扫码更能确定包裹的状态。如果之后遗失、损坏，或者临时需要查找，都比之前更快更准确。有了证件照的快件经履带传送，会被分别放入44个不同的袋子——那是总公司在全国的44个分拨中心。在这样的流水线上，曾经的暴力分拣问题不复存在。

如今的快递早已不是多年前那个靠大量劳动力分拣、投递的行业，野蛮扩张、生长的年代也已结束。现在，快递公司在规模化、自动化、标准化、精细化、智能化中运行得更加流畅。据国家邮政局统计，2014年10月，中国快递业务量首次突破100亿件，超过美国成为全球第一；到2020年，快递业务量和业务收入分别完成830亿件和8 750亿元。

请结合规模经济分析快递产业的发展壮大与集聚创新。

第五节　生产函数和技术进步

技术是知识在生产中的应用。从广义说，它不仅包括技术本身的发明、创造、模仿和扩散等硬技术知识，也包括组织、管理、经营等方面的软技术知识。技术进步就是技术知识及其在生产中的应用有了进展。本节将探讨如何通过对生产函数的分析来解释技术进步、划分技术进步的类型。

一、技术进步导致生产函数的改变

（1）技术进步的定义。广义的技术进步是指能够使一定数量的投入组合产出更多产品的所有因素共同作用的过程。

（2）技术进步的体现：知识的创新；技术装备的改进；生产工艺的变革；劳动者素质的改善；管理决策水平的提高（包括管理手段、管理机制的完善）。

（3）技术进步导致生产函数的改变。新知识的应用，技术进步应当表现为用较少的投入，能够生产出与以前同样多的产品来。所以，技术进步导致生产函数的改变。这种改变可以用等产量曲线的位移来说明（见图5-6）。

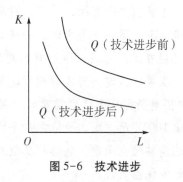

图5-6 技术进步

二、技术进步的类型

1. 劳动节约型技术进步

劳动节约型技术进步是指这样一种技术进步，它能使资本的边际产量比劳动的边际产量增加更快，因此，人们就会相对多用资本而少用劳力，从而导致劳动力的节约大于资本的节约。

2. 资本节约型技术进步

资本节约型技术进步是指这样一种技术进步，它能导致劳动的边际产量比资本的边际产量增加更快，因此，为了提高经济效益，人们就会相对多用劳动而少用资本，从而导致资本的节约大于劳动的节约。

3. 中立型技术进步

中立型技术进步是指这样一种技术进步，它引起的劳动的边际产量的增长率与资本的边际产量的增长率相等，因而人们节约劳动和节约资本的比例相等。

三、技术进步的衡量

全部产出的增长剔除了资本投入、劳动投入对产出增长的影响后视为技术进步的作用：

$$Q = A \cdot K^a L^\beta$$

$$\Delta Q = MP_K \cdot \Delta K + MP_L \cdot \Delta L + \Delta Q'$$

$$\Delta Q/Q = (MP_K \cdot \Delta K)/Q + (MP_L \cdot \Delta L)/Q + \Delta Q'/Q$$

$$\Delta Q/Q = \alpha \cdot \Delta K/K + \beta \cdot \Delta L/L + \Delta Q'/Q$$

$$G_Q = \alpha G_K + \beta G_L + G_T$$

[案例 5-3] 3D 打印双层别墅，3 小时建好拎包入住

两层精装别墅，三小时建成？对于这个问题，大多数人表示怀疑，由 3D 打印的模块新材料别墅在西安完成，建造方在三个小时完成了别墅的搭建。这座三个小时建成的精装别墅，只要摆上家具就能拎包入住。

工作现场除了一台起重机，还有独立的客厅、卧室、厨房、卫生间等模块，工人们陆续将这些建筑模块吊起来，拼接安装。不到 3 个小时，一栋 2 层别墅落成。

生产企业 90%的建房工序已经在工厂完成，即所有的建筑模块在工厂里流水线生产，现场只是对这些模块进行拼接、组装、搭建。传统的别墅建筑从修建时间上来比较大约花上半年的时间，而 3D 打印模块搭建别墅从生产到搭建只需要十几天的时间。目前这套精装别墅有 6 个模块，每平方米重 100 公斤，成本价格在每平方米 2 500~3 500 元。尽管房屋建造时间短，但因为每个模块能够独立承重，能够抗 9 级地震。同时，钢制笼式结构能够充分填充保温材料，达到很好的保温效果。

管理实践5-1   如何面对新的需求环境

在激烈竞争的市场上，产品日新月异，企业为了持久地占领市场，竞相推出一些生产周期短而生产数量少的产品，形成多品种小批量生产方式，这是今后制造业生产的主要特征。为适应该特征，在组织多品种小批量生产时，就必须采取一系列的组织技术措施，改变以大量生产为特点的传统管理方式和方法，寻求适应多品种小批量生产特点的现代生产管理方式和方法。

[案例 5-4] 工业 4.0 时代来了[①]

工业 4.0 这个概念是德国政府提出的，它旨在通过充分利用信息通讯技术和网络空间虚拟系统——信息物理系统相结合的手段，将制造业向智能化转型。第一次工业革命是水和蒸汽动力带来的机械化。第二次工业革命是电力的使用使大规模生产成为可能。第三次工业革命是电子工程和 IT 技术的采用，以及它们带来的生产自动化。工业 4.0 是第四次工业革命，依靠先进的新技术和能够通信的机器设备，使工业生产智能化。

工业 4.0 拉开了新一轮工业革命的序幕，代表了"互联网+制造业"的智能生产模式，包括五大特点。一是互联，"工业 4.0"的核心是连接，要把设备、生产线、工厂、供应商、产品和客户紧密地联系在一起。二是数据，"工业 4.0"连接产品数据、设备数

---

① 作者整理编写。

据、研发数据、工业链数据、运营数据、管理数据、销售数据、消费者数据。三是集成，"工业4.0"将无处不在的传感器、嵌入式终端系统、智能控制系统、通信设施通过CPS形成一个智能网络。通过这个智能网络，使人与人、人与机器、机器与机器、以及服务与服务之间，能够形成横向、纵向和端到端的高度集成。四是创新，"工业4.0"的实施过程是制造业创新发展的过程，囊括制造技术、产品、模式、业态、组织等方面的创新。五是转型，从2.0、3.0的工厂转型到4.0的工厂，整个生产形态上从大规模生产转向个性化定制，让整个生产的过程更加柔性化、个性化、定制化。

制造业是国民经济的主体，是立国之本、兴国之器、强国之基。面对发达国家纷纷实施"再工业化"战略和一些发展中国家的加快谋划布局，我国提出了中国版的工业4.0——中国制造2025，以体现信息技术与制造技术深度融合的数字化、网络化、智能化制造发展为主线，具体战略任务包括：提高国家制造业创新能力、推进信息化与工业化深度融合、强化工业基础能力、加强质量品牌建设、全面推行绿色制造、推动重点领域突破发展、推进制造业结构调整、发展服务型制造和生产性服务业、提高制造业国际化发展水平。

企业如何开发和应用新技术面对和适应新的需求环境？

【经典习题】

一、名词解释

1. 柯布—道格拉斯生产函数

2. 边际技术替代率

3. 资本的产出弹性

4. 边际报酬递减规律

二、选择题

1. 如果某一投入要素的使用是免费的，那么，企业应当（　　）。

　　A. 只使用这种投入要素

　　B. 使用这种投入要素越多越好

　　C. 用这种投入要素生产产品，直到它的边际产量为零时为止

　　D. 用这种投入要素生产产品，直到单位投入要素的平均产量最大时为止

2. 生产函数 $Q = AK^{1-a}L^{2a}$（$a>0$）的规模报酬属于（　　）。

　　A. 规模报酬不变　　　　　　　　B. 规模报酬递增

　　C. 规模报酬递减　　　　　　　　D. 都不是

3. 在 ( ) 情况下边际产量等于平均产量。

    A. MP 最大   B. AP 最大

    C. TP 最大   D. 总产量为零

4. 阿五开了一个麻绳厂，他发现在一定限度内多雇用工人麻绳的产量会增多。这表明：( )。

    A. 平均产量增加   B. 边际技术替代率递减

    C. 边际产量大于零   D. 边际产量小于零

5. 若企业生产函数为 $Q = X^{0.4} Y^{0.3} Z^{0.3}$，$X$、$Y$、$Z$ 为三种要素，则企业所处阶段为：( )。

    A. 规模报酬递增   B. 规模报酬递减

    C. 规模报酬不变   D. 都有可能

6. 某企业发现，在现有的技术条件下，劳动与资本的边际产量之比高于劳动和资本的价格之比，说明：( )。

    A. 该企业只要愿意多投入成本就可能取得更多的产量

    B. 只要资本的价格下降，以同样的成本就可以取得更多的产量

    C. 以同样的成本增加劳动的投入，减少资本的投入，就可以取得更多的产量

    D. 以同样的成本减少劳动的投入，增加资本的投入，就可以取得更多的产量

三、分析与论述

1. 请简要分析技术创新在经济模型中的贡献。

2. 规模报酬的递增、不变和递减三种情况与边际产量递增、不变、递减三种情况的区别。

3. "规模报酬递增的厂商不可能会面临规模报酬递减的现象"，这个命题是否正确？为什么？

4. 如果两种生产要素可以完全相互替代，等产量线是什么形状？如果两种要素价格相同，最优成本组合情况如何？

5. 表5-3 是一张一种可变生产要素的短期生产函数的产量表。

表5-3 一种可变生产要素的短期生产函数的产量表

可变要素的数量	可变要素的总产量	可变要素的平均产量	可变要素的边际产量
1		2	
2			10
3	24		
4		12	
5	60		

表5-3（续）

可变要素的数量	可变要素的总产量	可变要素的平均产量	可变要素的边际产量
6			6
7	70		
8			0
9	63		

（1）在表中填空。

（2）是否表现出边际报酬递减？如果是，是从第几个单位的可变要素投入量开始的？

6. 写出柯布—道格拉斯生产函数 $Q=AL^aK^{1-a}$ 关于劳动的平均产量和劳动的边际产量的生产函数。

7. 在一条既定的等产量曲线上，为什么随着劳动对资本的不断替代，边际技术替代率 $MRTS_{LK}$ 是递减的？

8. 画图说明：

（1）厂商在成本一定的条件下实现产量最大的最优要素组合；

（2）厂商在产量一定的条件下实现成本最小的最优要素组合。

9. 企业裁员问题

企业有时会碰到需要裁员的情况，特别是当国民经济不景气，需求不足，企业需要减产时。企业通过裁员可以减低成本，扭亏为盈。某企业的产品，产品市场价格3元/件，该产品长期销路不好，今打算减产4 000件/月，并裁减相应的员工，以节省开支。共有6名员工承担该产品的生产任务。A、B是高级工，C、D、E、F是初级工。他们每月的生产力和工资如下表5-4。

表5-4　一种可变生产要素的短期生产函数的产量表

工人	边际产量（件/人·月）	工资（元/人·月）
A	3 000	3 000
B	3 000	3 000
C	1 500	2 000
D	1 500	2 000
E	1 500	2 000
F	1 500	2 000

企业应该如何裁员？

10. 图5-7是一张生产函数 $Q=f(L, K)$ 的要素组合与产量的对应表，这张表是以坐标平面的形式编制的。其中，横轴和纵轴分别表示劳动投入量和资本投入量，交点上的数字表示与该点的要素投入组合相对应的产量。

（1）表中是否存在规模报酬递增、不变和递减？

（2）表中是否存在边际报酬递减？

（3）表中哪些要素组合处于同一条等产量曲线上？

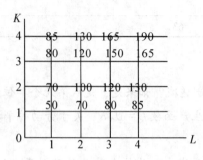

图 5-7   要素组合与产量的对应表

四、计算与证明

1. 求 Cobb-Doulgous 生产函数 $F(L, K) = AK^\alpha L^\beta$ 劳动和资本的产出弹性。

2. 若某企业仅生产一种商品，并且唯一可变要素是劳动，也有固定成本，其短期生产函数为 $Q = -0.1L^3 + 3L^2 + 8L$。其中，Q 是每月的产量，单位为吨；L 是雇佣工人数。试问：

（1）欲使劳动的平均产量达到最大，该企业需要雇佣多少工人？

（2）欲使劳动的边际产量达到最大，该企业需要雇佣多少工人？

（3）在其平均可变成本最小时，生产多少产量？

3. 表 5-5 列出的是每块土地上土豆的产量和用人工数：

表 5-5   土地上土豆的产量和用人工数

人工数	产量
1	100
2	107
3	112
4	116
5	119
6	120
7	110

假如工人工资为每人 40 元，土豆的单位价格为 10 元，最优的用工数量应该是多少？

4. 如果某企业的生产函数为 $Q=LK$，式中 Q 为年产量，L 为使用的劳动力数，K 为使用的资本数。假定劳动力的成本为每单位 2 元，资本成本为每单位 4 元。如果该企业打算每年生产 50 单位产品。当投入劳动力和资本各多少时成本最低？

5. 请判断下列每个生产函数的规模收益类型：

（1）$Q=120K^{0.75}L^{0.25}$

（2）$Q=20L+4KL+2K$

（3）$Q=32M+10L+5K$

（4）$f(bK, bL)=b^{1/2}f(K, L)$

6. 已知生产函数为 $Q=L^{0.5}K^{0.5}$，证明：

（1）该生产过程是规模报酬不变；

（2）受边际报酬递减规律的支配。

7. 已知生产函数为 $Q=KL-0.5L^2-0.32K^2$，Q 表示产量，K 表示资本，令上式的 $K=10$。

（1）写出劳动的平均产量（AP_L）函数和边际产量（MP_L）函数。

（2）分别计算当总产量、平均产量达到极大值时厂商雇佣的劳动力。

（3）证明当 AP_L 达到极大时 $AP_L=MP_L=2$。

8. 已知某厂商的生产函数为 $Q=L^{3/8}K^{5/8}$，又设 $P_L=3$ 元，$P_K=5$ 元。

（1）求产量 $Q=10$ 时的最低成本支出和使用的 L 与 K 的数量；

（2）求产量 $Q=25$ 时的最低成本支出和使用的 L 与 K 的数量；

（3）求总成本 $=160$ 元时厂商均衡的 Q、L 与 K 之值。

9. 某厂商使用的要素投入为 X_1 和 X_2，其产量函数为 $Q=10X_1X_2-2X_1^2-8X_2^2$。试求 X_1 和 X_2 平均产量函数和边际产量函数。

10. 已知某企业的生产函数为 $Q=L^{2/3}K^{1/3}$。劳动的价格 $\omega=2$，资本的价格 $\gamma=1$。求：

（1）当成本 $C=3\,000$ 时，企业实现最大产量时的 L、K、Q 的均衡值；

（2）当产量 $Q=800$ 时，企业实现最小成本时的 L、K、C 的均衡值。

11. 已知某厂商只有一种可变要素劳动 L，产出一种 Q，固定成本为既定，短期生产函数 $Q=-0.1L^3+6L^2+12L$。求解：

（1）劳动平均产量 AP_L 为极大时雇用的劳动人数；

（2）劳动的边际产量 MP_L 极大时雇用的劳动人数；

（3）平均可变成本极小（AP_L 极大）时的产量；

（4）假如每人工资 $W=360$ 元，产品价格 $P=30$ 元，求利润极大时雇用的劳动人数。

【综合案例】酷特的个性化定制与数字化生产[①]

传统的规模化批量生产很难满足消费者个性化的需求，而个性化的定制往往又伴随着较高的成本，很难为中低收入消费者所接受，红领很好地解决了这一问题。红领集团成立于 1995 年，是一家以生产经营高档正装系列产品为主的专业服装制造企业。近年来，红领集团在大数据支撑下，运用互联网思维，投入 2.6 亿元资金，专心、专业、专注于电子商务服装定制及流水线规模化生产全程解决方案的研究和试验。2017 年，那个让老青岛人印象深刻、工艺精湛的"老裁缝"——青岛红领集团更名为酷特。红领成立的 22 年来给大众留下了深刻的传统服装品牌印象，无法承载企业转型后，致力于 C2M 定制平台的使命和逻辑，因此更名。"酷特"两个字，由其董事长亲自"点题"："酷"代表当下时代，"特"代表变革创新，酷特的内涵诠释了时代的主题。

经过多年的积累，酷特实现了全球化电子商务定制服装解决方案，形成了具有完全自主知识产权的电商平台系统和独特商业价值的"酷特模式"。客户的信息可以通过中国、美国、欧洲服务器进入多语言交互系统，全球客户都可以在这个平台上进入自主下单系统、自主研发系统、自主拍照系统、生产执行系统，再根据工厂的生产能力和设备能力进行分单。这样生产出来的衣服不再只有"M""L""XL"等标准化的号码，每一件衣服更会根据每一个顾客的身材特点体现出细微差别。成品进入自动物流系统，物流系统与 UPS 和顺丰直接联通。客户从下订单到拿到衣服不超过 7 个工作日，而传统的成衣高级定制最快也要 20 天交货。

数字化生产有效降低了定制产品的生产成本，进一步提高了生产柔性与处理能力。酷特形象地把自己的生产模式叫做"数字化大工业 3D 打印模式"。将 3D 打印逻辑思维运用到工厂的生产实践中，把整个企业看作一台数字化大工业 3D 打印机，解决了个性化与工业化的矛盾。酷特数字化 3D 打印模式支持全球客户 DIY 自主设计；款式、工艺、价格、交货期、服务方式个性化自主决定，客户自己设计蓝图，实现了研发设计程序化、自动化、市场化的初步智能体系，计算机系统建模、智能匹配，可满足 99.9% 消费者个性化需求。一组客户数据驱动所有的定制、服务全过程，无须人工转换、纸制传递、数据完全打通、实时共享传输。生产人员在互联网端点上工作，从网络云端上获取数据，与市场和用户实时对话，零距离、跨国界、多语言同步交互。按照酷特管理人员的测算，其生产成本是普通成衣生产成本的 1.1 倍，但收益是手工订制的 2.1 倍。

结合生产理论分析互联网时代生产模式的创新与发展。

[①] 东方网. 酷特智能：从"制造"到"智造"的数字化转型之路 [EB/OL]. (2020-04-17) [2020-04-17]. http://ex. chinadaily. com. cn/exchange/partners/82/rss/channel/cn/columns/sz8srm/stories/WS5e993d6ea310c00b73c77ceb. html.

6

第六章 成本理论与应用

【思维导图】

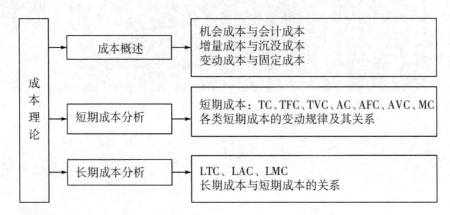

【导入案例】 电商起舞的杭州女装网

杭州，以举世无双的西湖美景而闻名天下，其精致的"容颜"和优雅的"气质"，自古以来被誉为"人间天堂"。杭州女装就诞生和成长在这片别具韵味的土地上。"欲把西湖比西子，淡妆浓抹总相宜"别样的风情塑造了杭州人非凡的审美情趣。杭州女装的精致、和谐之美，就如同一幅幅典雅、清丽、飘逸的霓裳画卷，在四季的变幻中书写着杭州的未来。

在杭州有这样一座桥梁，它源源不断地将杭派女装运往世界各地它代表了中国时尚女装的最高水准，它就是闻名海内外的"中国服装第一街"——杭海路四季青服装特色街。中国14亿人口平均每人有一件衣服来自"四季青"。凌晨时分，当大多数人还沉浸在梦乡中，来自安徽、山东、上海、江西等全国各地的服装商人已经蓄势待发，在卷帘门开启的那一刻，提着采购袋，推着车开始了紧张的选货工作。这样的画面，几乎是四季青服装市场每天固定的开场，日均7万人次的客流量在全国的同行业中一直保持着领先地位。杭海路四季青总占地面积24平方千米，汇集了17家各具特色的专业市场，年成交额超百亿元人民币。

杭州女装网抓住电商的时代潮流，与各批发档口紧密联系，拍摄上传最新服装信息，价格跟市场档口同价，每个商品都标注其所属批发市场位置及其档口楼层号，网站所有在售商品支持一件代发、混批，包括女装、男装、童装、女鞋、男鞋等。帮助客户检验、代发和退货。以往很多客户要亲自到服装市场选货、进货，现在只要在杭州女装网即可完成线上交易。随着业务的扩大，杭州女装网与沙河男装、虎门女装、织里童装等建立了一站式资源分销平台，批发商和消费者可以在这个网站上完成更大范围服装货源的选择。

杭州女装网是如何在传统批发市场获得成本优势的？

第一节　企业成本

斯蒂格利茨说："虽然理性的选择涉及对成本和效益的仔细权衡，经济学家却总是用更多的时间来研究成本而非效益，这在很大程度上是因为个人和厂商往往把每种可能供选择的效益看得比较清楚，而往往在成本的估算上犯错误。"由此可见选择合适的成本分析至关重要。

一、相关成本与非相关成本

相关成本是指适合决策的成本。而非相关成本对决策并无影响，决策时不予考虑。常用的相关成本与非相关成本见表6-1：

表6-1　相关成本与非相关成本

相关成本	非相关成本
机会成本	会计成本
增量成本	沉没成本
变动成本	固定成本

二、增量成本与沉没成本

增量成本是指一项经营管理决策所引起的总成本的增加量。例如，某企业决定增设一条电视机生产线以扩大产量，由此需引进设备、增雇工人、增加购买原材料等，所有这些经济活动都会增加企业的总成本，其增加量就是增量成本。

沉没成本指已经投入并无法收回的成本。其表现为过去已经支付的费用或根据过去的决策将来必须支付的费用，通常是显性成本，但不成为后来决策及分析的组成部分。

[案例6-1] 亏损仍然营业

现实中不少企业尽管有亏损，但是为什么仍然要继续营业服务顾客？乍一看，这种决策似乎让人惊讶：如果企业已经亏损，为什么企业老板不干脆停止经营呢？

三、变动成本与固定成本

在短期中，厂商不能根据他所要达到的产量来调整其全部生产要素的时期，其中不能在短期内调整的生产要素的费用，属于固定成本（total fixed cost，简写为TFC）。如厂房和设备的折旧、管理人员的工资等。固定成本不随产量的变动而变动。

在短期内可以调整的生产要素的费用，如原料、燃料的支出和工人工资，属于可变成本（total variable cost，简写为TVC）。可变成本随产量的变动而变动。

在长期中，厂商可以根据其所要达到的产量来调整其全部生产要素，因此一切成本都是可变的，不存在固定成本和可变成本的区别。

为什么打开冰箱时冷藏柜会亮而冷冻柜却不会亮？

要回答这个问题，必然会对比相关成本与效益。不管是在冷冻室还是在冷藏室，安一盏打开门就会自动亮的灯，成本差不多都是一样的。这就是所谓固定成本，在这里指的是，它不随你开关冰箱门次数的多寡而发生变化。从收益方面来看，柜子里有一盏灯，你找东西更方便。由于大多数人打开冷藏柜的次数比打开冷冻柜的次数要多得多，显然，在冷藏柜安装一盏灯的好处更大。所以，既然加装一盏灯的成本相同，那么，根据成本效益原则，在冷藏柜安灯就比在冷冻柜安灯更划算。

当然，并不是所有消费者都认为在冷冻柜安装一盏灯不划算。大体上，若从什么人愿意为这类功能的好处买单来衡量，一个人收入越高，就越有可能愿意为附加的功能买单。所以，成本效益原则告诉我们，为了享受冷冻柜有灯所带来的便利性，收入超高的消费者可能越愿意多花钱。果然如此。高档冰箱生产商 SUB-ZERO 生产的 PRO48 冰箱，不仅在冷冻柜安了灯，甚至连每一层单独的冰格里都安了灯。这种冰箱的售价是多少？每台 1.3 万美元。

第二节　短期成本分析

一、短期成本的分类

短期成本包括短期总成本、短期平均成本和短期边际成本。

1. 短期总成本

短期总成本（short-run total cost，简写 STC）是指短期内生产一定量的产品所需的成本总和。总成本包括总可变成本和总固定成本。如果以 STC 代表短期总成本，TFC 代表短期总固定成本，TVC 代表短期总可变成本，则有：

$$STC = TFC + TVC$$

2. 短期平均成本

短期平均成本（short-run average cost，简写 SAC）是指短期内生产每一单位产品平均所需的成本。它等于短期总成本 STC 除以产量所得之商，即 $SAC = STC/Q$。短期平均成本包括短期平均可变成本和短期平均固定成本。

如果以 SAC 代表短期平均成本，AFC 代表短期平均固定成本，AVC 代表短期平均可变成本，则：

短期平均可变成本是可变成本除以产量的商，即 $AVC = TVC/Q$；

短期平均固定成本是固定成本除以产量的商，即 $AFC = TFC/Q$。

SAC = AVC+ AFC

3. 短期边际成本

短期边际成本（short-run marginal cost，简写 SMC）是指厂商每增加一单位产量所增加的总成本量。如果以 SMC 代表短期边际成本，ΔSTC 代表短期总成本的增量，ΔQ 代表增加的产量，则有：

$$SMC = \Delta STC / \Delta Q = dSTC/dQ$$

短期总成本、短期平均成本、短期边际成本是互相联系、密切相关的，而其中短期边际成本的变动又是短期总成本和短期平均成本变动的决定性因素。

二、短期成本的变动及其关系

各类短期成本随产量增加而变动的规律及其关系，可以通过表 6-2 所列数字表示出来：

表 6-2 短期成本变动情况表

产量 Q(1)	固定成本 TFC(2)	可变成本 TVC(3)	总成本 STC (4)=(2)+(3)	边际成本 SMC(5)	平均固定成本 AFC (6)=(2)/(1)	平均可变成本 AVC (7)=(3)/(1)	平均成本 SAC(8) =(6)+(7)
0	64	0	64	–	–	–	–
1	64	20	84	20	64	20	84
2	64	36	100	16	32	18	50
3	64	51	115	15	21.3	17	38.3
4	64	64	128	13	16	16	32
5	64	80	144	16	12.8	16	28.8
6	64	111	175	31	10.7	18.5	29.2
7	64	168	232	57	9.1	24	33.1

根据表 6-2 可以绘制出各类成本的曲线图（见图 6-1）。图 6-1 中横轴 *OQ* 代表产量，纵轴 *OC* 代表成本。

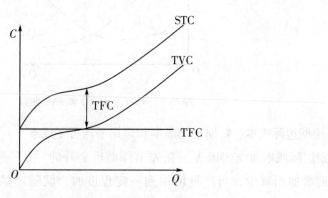

图 6-1 STFC、STVC 和 STC 曲线

1. 短期固定成本、可变成本和总成本

短期固定成本曲线 TFC 是一条平行于 X 轴的水平线，表明固定成本是一个既定的数量（本例为 64），它不随产量的增减而改变。短期可变成本 TVC 是产量的函数，是一条向右上方倾斜的曲线。其变动规律是从原点出发，随着产量的增加，成本相应增加，也就是说，可变成本先是随产量的增加而以越来越慢的速度增加，而后转为以越来越快的速度增加。

短期总成本 STC 线是由固定成本线与可变成本线相加而成，其形状与可变成本曲线一样，且在总变动成本的正上方，只不过是可变成本曲线向上平行移动一段相当于 TFC 大小的距离，即总成本曲线与可变成本曲线在任一产量上的垂直距离等于固定成本 TFC，但 TFC 不影响总成本曲线的斜率。因此，固定成本的大小与总成本曲线的形状无关，而只与总成本曲线的位置有关。总成本曲线也是产量的函数，其形状也取决于边际收益递减规律。总成本的变动趋势与可变成本的变动趋势是一致的。三种成本的形状如图 6-1 所示。

2. 短期平均固定成本、平均可变成本和平均成本

短期平均固定成本曲线 SAFC 是一条向右下方倾斜的线，开始比较陡，以后逐渐平缓，这表示随着产量的增加，平均固定成本一直在减少，但开始时减少的幅度大，以后减少的幅度越来越小。短期平均可变成本曲线 SAVC 和短期平均成本曲线 SAC 二者均是"U"形曲线，表明随着产量的增加先下降而后上升的变动规律。平均成本曲线在平均可变成本曲线的上方，开始时平均成本曲线比平均可变成本曲线下降的幅度大，以后的形状与平均可变成本曲线基本相同，二者的变动规律相似。如图 6-2 所示：

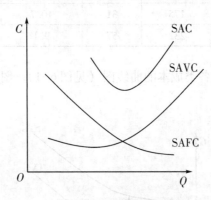

图 6-2　SAFC、SAVC 和 SAC 曲线

3. 短期边际成本、短期平均成本和短期平均可变成本

短期边际成本曲线 SMC 是一条先下降而后上升的"U"形曲线，开始时，边际成本随产量的增加而减少，当产量增加到一定程度时，就随产量的增加而增加。如图 6-3 所示：

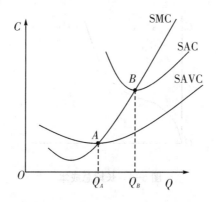

图 6-3　SMC、SAC 和 SAVC 曲线

（1）短期边际成本 SMC 和短期平均可变成本 AVC 的关系。

造成 SMC 曲线和 AVC 曲线"U"形的原因是由于投入要素的边际成本的递减或递增，也就是边际收益率的递增或递减，但两种成本的经济含义和几何含义不同，SMC 曲线反映的是 STVC 曲线上的一点的斜率。而 SAVC 曲线则是 TVC 曲线上任一点与原点连线的斜率。SMC 曲线与 SAVC 曲线相交于 SAVC 曲线的最低点 A。由于边际成本对产量变化的反应要比平均可变成本灵敏得多，因此，不管是下降还是上升，SMC 曲线的变动都快于 SAVC 曲线，SMC 曲线比 SAVC 曲线更早到达最低点。在 A 点上，SMC ＝SAVC，即边际成本等于平均可变成本。在 A 点之左，SAVC 在 SMC 之上，SAVC 一直递减，SAVC>SMC，即边际成本小于平均可变成本。在 A 点之右，SAVC 在 SMC 之下，SAVC 一直递增，SAVC<SMC，即边际成本大于平均可变成本。A 点被称为停止营业点，即在这一点上，价格只能弥补平均可变成本，这时的损失是不生产也要支付平均固定成本。如果低于 A 点，不能弥补可变成本，则生产者无论如何也不能开工。

（2）短期边际成本 SMC 和短期平均成本 SAC 的关系。

短期边际成本 SMC 和短期平均成本 SAC 的关系和短期平均可变成本 AVC 的关系相同。SMC 曲线与 SAC 曲线相交于 SAC 曲线的最低点 B。在 B 点上，SMC ＝SAC，即边际成本等于平均成本。在 B 点之左，SAC 在 SMC 之上，SAC 一直递减，SAC>SMC，即平均成本大于边际成本。在 B 点之右，SAC 在 SMC 之下，SAC 一直递增，SAC<SMC，即平均成本小于边际成本。B 点被称为收支相抵点，这时的价格为平均成本，平均成本等于边际成本，生产者的成本（包括正常利润在内）与收益相等。

第三节　长期成本分析

一、长期总成本（LTC）

在长期中，厂商生产一定量产品所投入的总成本，长期要素均可变，所以没有固定成本，长期总成本是从原点出发的，如图 6-4 所示：

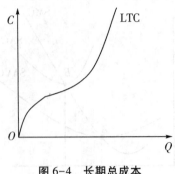

图 6-4　长期总成本

二、长期平均成本（LAC）

长期是由无数个短期组成。以三个典型的生产规模为例：小规模生产、适度规模生产和大规模生产。根据规模经济规律，三条相应的短期平均成本曲线如图 6-5 所示：

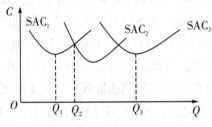

图 6-5　长期平均成本

当市场需求量为 Q_1 时，应选择小规模生产，平均成本为 C_1，是最低的。

当市场的需求量为 Q_2 时，则小规模生产或者适度规模生产均可，平均成本均为 C_2。那么到底选择哪一种规模生产，则应该结合市场的销售前景来确定。当市场前景看好时，选择适度规模生产，否则选择小规模生产。

当市场需求量为 Q_3 时，选择大规模生产，此时成本最小。

长期平均成本曲线就是所有可能的短期平均成本曲线交点以下部分的连线。当有无数条短期成本曲线时，其交点以下部分缩小为一个点，这些点的轨迹就是长期成本曲线。因此长期成本曲线是所有短期成本曲线交点以下部分的连线，它把所有的短期成本曲线包在其中，所以又称"包络线"。

注意：这种"包络线"在大多数情况下都不是短期成本曲线最低点的连线。这是因为规模经济有递增、不变和递减三个阶段，所有的短期成本曲线不会都处于同一条水平线上，因此这条"包络线"不可能成为所有短期成本曲线最低点的连线。

在规模经济递增阶段，长期成本曲线与短期成本曲线相切于短期成本曲线的左端。（在规模经济递增阶段，规模经济还没有充分显示时，扩大生产规模可以降低成本，也就是说，在 SAC 未达到最佳生产状态时，企业就选择了较大的生产规模，而此较大的生产规模的平均成本较低。）在规模经济不变阶段，长期成本曲线与短期成本曲线相切于短期成本曲线的最低点。在规模经济递减阶段，长期成本曲线与短期成本曲线相切于短期成本曲线的右端，如图 6-6 所示：

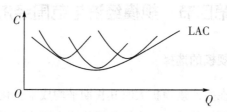

图 6-6　长期平均成本是短期平均成本的包络线

三、长期边际成本（LMC）和长期平均成本

长期边际成本是指在长期中增加一单位产品所增加的成本。长期边际成本也是先下降后上升的。它与长期平均成本曲线相交于长期平均成本曲线的最低点。在 LAC 的最低点，SAC、SMC、LAC、LMC 相交与一点，如图 6-7 所示。

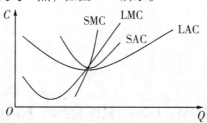

图 6-7　长期边际成本和长期平均成本

为什么硬币上的人像都是侧面像，纸币上的人像却是正面像？①

看看口袋里的零钱，你会发现，出现在硬币上的美国前总统头像都是侧面像，分币上的林肯、杰弗逊，角币上的罗斯福、华盛顿和肯尼迪，全都侧着脸。可在钱包里的纸币上，你却找不到侧面像。1 美元纸币上的华盛顿、5 美元上的林肯、10 美元上的汉密尔顿、20 美元上的杰克逊、50 美元上的格兰特，还有百元美妙上的富兰克林，皆为正面肖像。除去极少的例外，其他国家的情况也都差不多：硬币上是侧面像，纸币上是正面像。为什么存在这样的差异呢？

简单地说，尽管画家大多偏爱正面肖像，可金属版中存在的技术难题，使得人们难以在硬币上画出辨识度高的正面肖像来。硬币上可供作画的空间一般不过 4 厘来见方，由于精细度不够，很难画出一张能叫人轻易辨识的正面肖像。反之，如果只画侧面像，要认出主体来就容易多了。要在硬币上画出足够精细的正面肖像，技术上办得到，但费用极高。同时，随着硬币的流通，精致的细节很快就会磨损掉。

既然侧面像更容易制造和识别，为什么纸币上又弃而不用呢？这是因为，正面肖像的精细和复杂，能防止制造伪钞。

---

① 新华视点. 为什么硬币上的人像多为侧面像，而纸币上的多是正面像？［EB/OL］.（2017-07-08）［2020-05-22］. https://www.sohu.com/a/155556843_114812.

第四节　规模经济与范围经济

一、规模经济与企业规模的选择

规模经济性就是企业在生产规模扩大时其长期平均成本变化的性质。

规模经济：随着企业规模的扩大，生产的平均成本逐步下降。

规模不经济：企业规模扩大而生产的平均成本上升。

规模经济不变：企业规模扩大的时候，其平均成本既不降低也不上升，规模经济性与长期平均成本变化：当 LAC 曲线下降时，规模的扩张就存在规模经济；当 LAC 曲线上升时，规模的扩张就存在规模不经济；当 LAC 曲线保持水平趋势时，就是规模经济不变。

规模经济可以用成本-产出弹性来衡量，成本-产出弹性表示单位产出变动百分比所引起的成本变动的百分比。

$$EC = \frac{\Delta C/C}{\Delta Q/Q} = \frac{\Delta C/\Delta Q}{C/Q}$$

$$EC = \frac{MC}{AC}$$

可以看出，EC<1，规模经济；EC>1，规模不经济；EC=1，规模经济不变。

或者说，MC<AC，规模经济；MC>AC，规模不经济；MC=AC，规模经济不变。

二、范围经济

范围经济：多产品企业的成本低于单一产品企业的成本之和。

1. 含义

范围经济是指由一个企业联合生产若干种产品，要比由多个企业分别生产各自产品更节约成本。范围经济可以利用成本函数表示为：

$$C(Q_1, 0) + C(0, Q_2) > C(Q_1, Q_2)$$

2. 范围经济程度（SC）的度量

$$SC = [C(Q_1, 0) + C(0, Q_2) - C(Q_1, Q_2)] / C(Q_1, Q_2)$$

若 SC>0 则表明存在范围经济，并且 SC 越大范围经济越明显，SC 越小则范围经济越不明显；SC<0 则存在范围不经济。

[案例 6-2] 小米的竹林生态成长模式[①]

如今，小米除了手机之外，还有电饭煲、扫地机器人、空气净化器等产品，许多年轻人都很喜欢。在这些品类当中，小米自己做的产品有手机、电视、路由器、AI 音箱等，

---

① 大柳说社交电商. 小米生态链是如何生长起来的 [EB/OL]. (2019-06-21) [2019-06-21]. https://www.sohu.com/a/322072788_120144731.

其他的都是由小米孵化出来的生态链企业单独完成的项目。小米成立十一年，它的资金、团队、人力都是有限的，之所以能做这么多事情，是因为采用了小米生态链的竹林成长模式。

每一个独立的品类背后都是一个独立的公司，这一个模式就好像一个竹林，小米便是一个老竹子，它不是松树，因为互联网公司长得很快，它一边迅速地往上长，根也迅速往下长，根部长出一个小竹笋——智米科技，做空气净化器的，智米科技迅速成为独角兽。另外一个根长出的竹笋——华米科技，专门做可穿戴，也迅速地由小竹笋长成为大竹子。还有一个根叫谷仓创业学院，专门做创新创业的培训和孵化，也正在快速地长起来。竹林成长这样的商业模式长得快，败得也快，单根的竹子有可能会变更、凋零，一开花就死掉，但是一片竹林就会生生不息。

小米基于万物互联、消费升级、渠道革命三大判断开发新产品。小米是以手机起家的，积攒了很多的用户，在这些用户的基础上面，再开发其他业务。离手机近的先干容易带动，用户买了手机，需要买一些配件，像充电宝、耳机，然后，再是那些通过手机能控制的智能家庭产品；再往外是生活耗材，毛巾、牙刷，等等，整个业务路线非常清晰。基于既有的积累去发展业务。接下来是找团队，小米找团队的标准要求：一是市场足够大；二是产品有痛点；三是可以被粉；四是符合小米用户群；五是团队足够强；六是与小米有共同价值观。进小米的门，就得认同小米的价值观：感动人心、价格厚道。雷军说净利润要控制在5%，不能采取高溢价策略。

在小米之家去看小米的产品，一看就是一家子，之所以设计很统一，根本原因是工业设计出自一波人之手。小米给每一家生态链企业指派一位非常有经验的产品经理，这个岗位在传统制造业没有，阿里巴巴、腾讯等互联网公司有很多产品经理。产品经理是链接用户需求与市场竞争、产品定义、设计研发、甚至供应链、销售打通的一个岗位，产品经理是一个小CEO，其在公司组织架构里面非常重要，小米要求每个生态链企业的CEO都是产品家，因为为用户创造价值，就靠其产品和服务。传统的企业是靠火车头的拉动缓慢前行，动车之所以跑得快，是因为它不仅有火车带动，它每隔一个车厢都有一个动车组，自带动力，这样火车跑起来就会有快有稳。

把经营范围扩大，从手机发展到手机周边的智能产品，能否提升小米的经营业绩与运营效率？

管理实践6-1　短期决策——贡献分析

一、贡献分析法

贡献分析法是增量分析法在成本利润分析中的应用。贡献是指一个方案能够为企业增加利润。通过贡献的计算和比较来判断一个方案是否可以接受的方法，称为贡献分析法。所以贡献也就是增量利润，它等于由决策引起的增量收入减去由决策引起的增量成本。

利润（$T\pi$）＝总收入（TR）－总成本（TC）

贡献（C）（增量利润）＝增量收入（ΔTR）－增量成本（ΔTC）

如果贡献大于零，说明这一决策能使利润增加，因而是可以接受的。如果有两个以上的方案，它们的贡献都是正值，则贡献大的方案就是较优的方案。

在产量决策中，常常使用单位产品贡献这个概念，即增加一个单位产量能给企业增加多少利润。如果产品的价格不变，增加单位产量的增量收入就等于价格，增加单位产量的增量成本就等于单位变动成本，所以，单位产品贡献就等于价格减去单位变动成本。

单位产品贡献(C) = 价格(P) - 单位变动成本(AVC)

由于价格是由变动成本、固定成本和利润三部分组成的，所以，贡献也等于固定成本加利润，意思是企业得到的贡献，首先要用来补偿固定成本的支出，剩下部分就是企业的利润。当企业不盈不亏（利润为零）时，贡献与固定成本的值相等。

贡献分析法主要用于短期决策。所谓短期是指这期间很短，以至于在诸种投入要素中至少有一种或若干种要素的数量固定不变。在这里，设备、厂房、管理人员工资等固定成本，即使企业不生产，也仍然要支出，所以属于沉没成本，在决策时不应加以考虑。正因为这样，在短期决策中，决策的准则应是贡献（增量利润），而不是利润。

贡献是短期决策的根据，但这并不等于说利润不重要了，利润是长期决策的根据。如果问要不要在这家企业投资，要不要新建一家企业，就属于长期决策。在亏损的情况下，接受订货，即使有贡献，也只能是暂时的。企业如果长期亏损得不到扭转，最终是要破产的。

二、贡献分析法应用

1. 是否接受订货

如果企业面临一笔订货，其价格低于单位产品的全部成本，对这种订货，企业要不要接受？初一看，价格低于全部成本，肯定会增加企业的亏损，其实不然。在一定条件下，即使接受的订货的价格低于全部成本，也能增加企业的利润，这些条件是：

（1）企业有剩余的生产能力；

（2）新的订货不会影响企业的正常销售；

（3）虽然订货价格低于产品的全部成本，但高于产品的单位变动成本。

[例6-1] 某电子设备公司生产A型计量仪器。这种产品的价格一般是平均变动成本的200%（即单位贡献等于价格的1/2）。公司刚刚接到一个客户的订单，愿以7 000元/台的价格购买公司B型仪器80台（只需对A型稍加改造）。生产经理估计生产这80台仪器的成本如下：

原材料	120 000 元
直接人工	80 000 元
变动间接费用	40 000 元
固定间接费用	64 000 元
B型专用的工具和冲模成本	24 000 元
总成本	328 000 元

这家客户还特别指出 80 台仪器必须在 6 个月内交货。由于公司现有生产能力有限，为了生产这 80 台，不得不放弃销售额为 560 000 元的 A 型仪器的生产。问根据以上条件，公司是否应该接受这笔订货？

解：如承接生产 B 型仪器：

增量收入 = 7 000×80 = 560 000（元）

增量成本 = 120 000+80 000+40 000+24 000+280 000 = 544 000（元）

贡献 = 560 000−544 000 = 16 000（元）

因为贡献大于 0，可承接这笔订货。

2. 是自制还是外购

企业经常面临这样的选择：产品中的某个部件或零件是自制还是外购？在进行这样的决策时，通常要比较部件或零件的自制和外购的成本。在做这种决策时，关键是选择好合适的成本（相关成本）。如果使用了不应该使用的成本，遗漏了应该使用的成本，就会导致决策的错误。

[例 6-2] 吉利汽车公司所用的 10 000 个 CRX-16 零件，过去每年都是自己生产的。其成本如下：

材料（变动成本）	20 000 元
劳动力（变动成本）	55 000 元
其他变动成本	45 000 元
固定成本	70 000 元
全部成本	190 000 元

今有大陆汽车装配厂提出，愿意以 18 元/个的价格向吉利公司出售这种零件 10 000 个。如果吉利公司同意购买，那么现在用于生产这种零件的部分设备可以租给其他公司使用，租金收入每年 15 000 元。另外，还可以节省固定成本 40 000 元。问吉利公司是否应该购买这批零件？为什么？

解：如购买这批零件：

增量收入（节省成本）= 20 000+55 000+45 000+15 000+40 000 = 175 000（元）

增量成本 = 10 000×18 = 180 000（元）

贡献 = 175 000−180 000 = −5 000（元）

因为贡献小于 0，说明外购不合算。

3. 发展何种新产品

当企业打算利用剩余的生产能力增加生产新产品时，如有几种新产品可供选择，应选择贡献大的产品，而不应选择利润大的产品。

[例 6-3] 大兴公司用同一台机器既可以生产甲产品，也可以生产乙产品（但不能两者都生产）。它们的有关数据预计如表 6-3 所示：

表6-3 大兴公司产品数据

	甲产品	乙产品
销售量（件）	100	50
单　价（元）	11.50	26.80
单位变动成本（元）	8.20	22.60

问：大兴公司生产哪一种产品更有利？

解：生产甲产品的贡献＝（11.50－8.20）×100＝330（元）

生产乙产品的贡献＝（26.8－22.6）×50＝210（元）

因为330＞210，所以应生产甲产品。

4. 亏损的产品要不要停产或转产

若企业生产几种产品，其中有的产品是亏损的，则会面对两个问题：①亏损的产品要不要停产？②要不要转产？转产是否合算？

[例6-4] 魅刻贸易有限公司本年度生产甲、乙、丙三种服装，其损益情况如下：

甲服装净盈利	5 000元
乙服装净亏损	2 000元
丙服装净盈利	1 000元
净利润合计	4 000元

又假定三种服装的销售量、单价和成本资料如表6-4所示：

表6-4 魅刻贸易有限公司产品数据

	甲服装	乙服装	丙服装
销售量（件）	1 000	500	400
单价（元）	20	60	25
单位变动成本（元）	9	46	15
固定成本总额（元）		18 000	

问：（1）乙服装是否要停产？

（2）如果将乙服装停产，转产丁服装，丁服装的销售价格为50元，单位变动成本为30元，根据市场预测，一年可销售600件，假定转产这600件不需要新投资，问转产丁服装是否可行？

解：（1）生产乙服装的贡献：（60－46）×500＝7 000（元）

因为贡献大于0，所以不应该停产。

（2）丁服装的贡献：（50－30）×600＝12 000（元）

因为12 000＞7 000，所以转产丁服装是可行的。

5. 有限资源这样最优使用

企业的资源是指企业生产产品时所使用的原材料、设备、熟练劳动力等。有时企业所需的某种资源的来源可能受到限制，数量有限，成为生产中的"瓶颈"。

如果这家企业是生产多种产品的，就有一个如何把有限资源分配给各种产品才能使企业获利最多的问题。这里需要指出的是，有限资源应当优先用于什么产品以及使用的先后顺序，不是根据每种产品单位利润的多少，也不是根据每种产品单位贡献的大小，而是应当根据单位有限资源能提供的贡献大小来决定。

[例6-5] 假定大昌公司原设计能力为5 000机器工时，但实际开工率只有原生产能力的80%，现准备将剩余生产能力用于发展新产品甲或新产品乙。老产品和甲、乙两种新产品的有关资料如表6-5所示：

表6-5 大昌公司产品数据

	老产品（实际）	新产品甲（预计）	新产品乙（预计）
每件定额工时	20	5	2
销售单价（元）	60	82	44
单位变动成本（元）	50	70	38
固定成本总额（元）	14 000		

问：根据以上资料，公司开发哪种产品最为有利？

解：可利用的机器工时限定为：5 000×20%＝1 000（工时）

开发甲：单位产品贡献＝82－70＝12（元）

单位工时贡献＝12/5＝2.4（元）

开发乙：单位产品贡献＝44－38＝6（元）

单位工时贡献＝6/2＝3（元）

因为3>2.4，故有限的工时应优先用来开发产品乙。

6. 向公司内还是向公司外购买

大公司下面都设有分公司（或者说，一个企业集团是由许多企业组成的）。各分公司常常是个利润中心，自负盈亏，有定价自主权。假如一家分公司打算购买一种产品或劳务，既可以向公司内部的分公司购买，也可以向公司外部的企业购买。这时，如果公司内部分公司开出的价格高于公司外部企业的价格，想购买产品或劳务的分公司就会向外部购买。但是，总公司对分公司的这种购买行为是同意，还是不同意？根据是什么？根据应当是从总公司观点（不是从分公司利益角度），看哪一个方案能使净购买成本最低。这里，净购买成本是指从总公司角度看，购买产品（或劳务）的净支出，等于付出的价格，减去下属各分公司因购买而引起的贡献收入。

[**例6-6**] 某木材加工联合公司，下设三个分公司。它们是锯木厂分公司、家具制造分公司和木制品批发分公司。这三家分公司自负盈亏，有定价自主权。但分公司之间在定价上如有争议，总公司有裁决权。现木制品批发分公司拟订购一批高级家具。它可以向本公司内部的家具制造分公司订购，后者出价每套5 000元；也可以向外面的家具商A或B订购，A出价每套4 500元，B出价每套4 000元。如果由本公司家具制造分公司生产这批家具，变动成本为4 000元，其中有75%为木料费用，购自锯木厂分公司。锯木厂分公司生产这批木料所付变动成本占售价的60%。如果由外面的家具商A生产这批家具，则需要委托本公司家具制造分公司进行油漆，油漆价格为每套800元，其中变动成本占70%。现联合公司的家具制造分公司坚持这批订货的价格不能低于5 000元，但木制品批发分公司认为太贵，打算向外面家具商B订购。如果你是联合公司总经理，应如何裁决？

解：这里一共有三个购买方案：

（1）向公司内部家具制造分公司购买；

（2）向公司外家具商A购买；

（3）向公司外家具商B购买。

从分公司的观点看，第一方案最贵，价格为5 000元；第二方案次贵，为4 500元；第三方案最便宜，为4 000元。但这不应是决策的根据，决策的根据应当是从联合公司的观点，看哪个方案的净购买成本最低。下面计算净购买成本：

（1）向公司内部的家具制造分公司订购

净购买成本＝5 000-[（5 000-4 000）+（4 000×75%-4 000×75%×60%）]＝2 800（元）

（2）向公司外面的家具商A订购

净购买成本＝4 500-（800-800×70%）＝4 260（元）

（3）向公司外面的家具商B订购

净购买成本＝4 000元

比较三个方案的净购买成本，以第一方案为最低。所以总经理应裁决向公司内部的家具分公司购买家具。

管理实践6-2　长期决策——利润分析

一、盈亏分界点分析法

盈亏分界点分析法也称量—本—利分析法或保本点分析，是一种在企业里得到广泛应用的决策分析方法，它是指对产品销售数量、成本和利润三者关系的数量分析。对于企业经营者来讲，产品销售达到什么水平能够保本，销售达到什么水平才能实现预期利润，在确保利润目标的前提下，价格、成本、业务量可在什么范围内浮动，这些都是时刻必须掌握的信息。而盈亏分界点分析法正好提供了这种信息，所以进行盈亏分界点分析对于掌握企业经营状态十分有益。

二、独立方案盈亏平衡分析

独立方案盈亏平衡分析的目的是通过分析产品产量、成本与方案盈利能力之间的关系找出投资方案盈利与亏损在产量、产品价格、单位产品成本等方面的界限，以判断在各种不确定因素作用下方案的风险情况。

投资项目的销售收入与产品销售量（如果按销售量组织生产，产品销售量等于产品产量）的关系有两种情况：线性和非线性。

1. 线性盈亏平衡分析

该项目的生产销售活动不会明显地影响市场供求状况，假定其他市场条件不变，产品价格可以看作一个常数，不会随该项目的销售量的变化而变化。销售收入与销售量呈线性关系，即 $TR = PQ$。

项目投产后，其生产成本可以分为固定成本与变动成本两部分，总成本是固定成本与变动成本之和，它与产品产量的关系也可以近似地认为是线性关系，即 $TC = TFC + AVC \cdot Q$（见图6-8）。

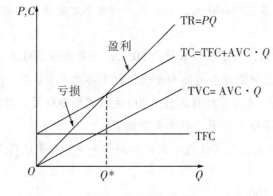

图6-8 线性量本利分析

图6-8中纵坐标表示销售收入与产品成本，横坐标表示产品产量。销售收入线 TR 与总成本线 TC 的交点称盈亏平衡点（break even point，简称 BEP），也就是项目盈利与亏损的临界点。在 BEP 的左边，总成本大于销售收入，项目亏损，在 BEP 的右边，销售收入大于总成本，项目盈利，在 BEP 点上，项目不亏不盈。

在销售收入及总成本都与产量呈线性关系的情况下，可以很方便地用解析方法求出以产品产量、生产能力利用率、产品销售价格、单位产品变动成本等表示的盈亏平衡点。在盈亏平衡点，销售收入 TR 等于总成本 TC，设对应于盈亏平衡点的产量为 Q^*，则有：

$PQ^* = TFC + AVC \cdot Q^*$

盈亏平衡产量：$Q^* = TFC/(P - AVC)$

常写作：$Q^* = F/(P - V)$

在目标管理体制下，目标利润是企业整个目标管理指标体系的龙头。企业根据目标利润确定销售目标，然后再确定生产目标、成本费用目标等。保利分析就是在目标利润确定以后，计算实现目标利润所必须完成的销售量和销售额。

$$PQ^* = \text{TFC} + \text{AVC} \cdot Q^* + \pi$$

保利点：$Q^* = (F + \pi)/(P - V)$

[例6-7] 假定某旅行社经办到风景点 A 地的旅游业务，往返 10 天，由汽车公司为旅客提供交通、住宿和伙食。往返一次所需成本数据如表 6-6 所示：

表 6-6　旅行社数据　　　　　　　　　　单位：元

固定成本		变动成本	
折旧	1 200	每个旅客食宿费	475
职工工资	2 400	每个旅客的其他变动费用	25
其他	400	变动成本总计	500
固定成本总计	4 000		

（1）如果向每个旅客收费 600 元，至少有多少旅客才能保本？如果收费 700 元，至少有多少旅客才能保本？

（2）如果收费 600 元，预期旅客数量为 50 人；如果收费 700 元，预期旅客数量为 40 人。收费 600 元和 700 元时的安全边际和安全边际率各为多少？

（3）如果公司往返一次的目标利润为 1 000 元，定价 600 元，至少要有多少旅客才能实现这个利润？如定价 700 元，至少要有多少旅客？

（4）如收费 600 元/人，汽车往返一次的利润是多少？如果收费 700 元/人，往返一次的利润是多少？

解：（1）如定价为 600 元：

$Q^* = F/(P - V) = 4\,000 \div (600 - 500) = 40$（人）

所以保本的旅客数为 40 人。

如定价为 700 元：

$Q^* = 4\,000 \div (700 - 500) = 20$（人）

所以保本的旅客数为 20 人。

（2）如定价为 600 元：

安全边际＝预期销售量−保本销售量＝50−40＝10（人）

安全边际率＝安全边际÷预期销售量＝10÷50＝20%

如定价为 700 元：

安全边际＝40−20＝20（人）

安全边际率＝20÷40＝50%

定价 700 元时的安全边际率大于定价 600 元时的安全边际率，说明定价 700 元比定价

600 元更为安全。

（3）如定价为 600 元：

$Q=(F+\pi)/(P-V)=(4\ 000+1\ 000)\div(600-500)=50$（人）

即保目标利润的旅客人数应为 50 人。

如定价为 700 元：

$Q=(4\ 000+1\ 000)\div(700-500)=25$（人）

即保目标利润的旅客人数应为 25 人。

（4）如定价为 600 元：

$\pi=600\times50-500\times50-4\ 000=1\ 000$（元）

如定价为 700 元：

$\pi=700\times40-500\times40-4\ 000=4\ 000$（元）

定价 700 元比定价 600 元的利润多，所以，价格应定为 700 元/人。

2. 非线性盈亏平衡分析

在生产实践中，由于产量扩大到一定水平，原材料、动力供应价格会引起上涨等原因造成项目生产成本并非与产量呈线性关系，也由于市场容量的制约，当产量增长后，产品售价也会引起下降，价格与产量呈某种函数关系，因此，销售收入与产量就呈非线性关系（见图 6-9）。

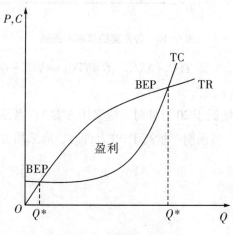

图 6-9　非线性量本利分析

三、多方案盈亏平衡分析

在需要对若干个互斥方案进行比选的情况下，如果是某一个共有的不确定因素影响这些方案的取舍，选择利润大的作为参考。

[例 6-8] 生产某种产品有三种工艺方案：采用方案 1，年固定成本为 800 万元，单位产品变动成本为 10 元；采用方案 2，年固定成本为 500 万元，单位产品变动成本为 20元：采用方案 3，年固定成本为 300 万元，单位产品变动成本为 30 元。分析各种方案适用

的生产规模。

解：各方案年总成本均可表示为产量 Q 的函数：

$$TC_1 = TFC_1 + AVC_1 \cdot Q = 800 + 10Q$$
$$TC_2 = TFC_2 + AVC_2 \cdot Q = 500 + 20Q$$
$$TC_3 = TFC_3 + AVC_3 \cdot Q = 300 + 30Q$$

各方案的年总成本函数曲线如图 6-10 所示。三个方案的年总成本函数曲线两两相交于 L、M、N 三点，各个交点所对应的产量就是相应的两个方案的盈亏平衡点。在本例中，Q_M 是方案 2 与方案 3 的盈亏平衡点，Q_N 是方案 1 与方案 2 的盈亏平衡点。显然，当 $Q<Q_M$ 时，方案 3 的年总成本最低；当 $Q_M<Q<Q_N$ 时，方案 2 的年总成本最低；当 $Q>Q_N$ 时，方案 1 的年总成本最低。

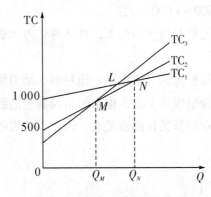

图 6-10　各方案的总成本函数

当 $Q=Q_M$ 时，$TC_2 = TC_3$，即 $TFC_2 + AVC_2 \cdot Q = TFC_3 + AVC_3 \cdot Q$，$Q_M=20$（万件）。

同理，$Q_N=30$（万件）。

由此可知，当预期产量低于 20 万件时，应采用方案 3；当预期产量在 20 万件和 30 万件之间时，应采用方案 2；当预期产量高于 30 万件时，应采用方案 1。

【经典习题】

一、名词解释

1. 停止营业点

2. 盈亏平衡点

二、选择题

1. 在决策前已经发生的成本被称为（　　　）。

　　A. 机会成本　　　　　　　　　　　　B. 内涵成本

    C. 沉没成本   D. 会计成本

2. 当边际成本等于平均成本时（   ）。

    A. 总成本最低   B. 边际成本最低

    C. 平均成本最低   D. 总利润最高

3. 在短期边际成本曲线与短期平均成本曲线的相交点，（   ）。

    A. 边际成本等于平均成本   B. 边际成本大于平均成本

    C. 边际成本小于平均成本   D. 不确定

4. 已知产量为 9 单位时，总成本为 95 元，产量增加到 10 单位时平均成本为 10 元，由此可知边际成本为（   ）。

    A. 5 元   B. 3 元   C. 10 元   D. 15 元

5. 当边际成本低于平均成本时，（   ）。

    A. 平均成本上升   B. 平均可变成本可能上升也可能下降

    C. 总成本下降   D. 平均可变成本上升

三、简答与论述

1. 说明为什么在产量增加时，平均成本（AC）与平均可变成本（AVC）越来越接近。

2. 有人说，因为 LAC 曲线是 SAC 曲线的抛物线，表示长期内在每一个产量上厂商都将生产的平均成本降到最低水平，所以，LAC 曲线应该相切于所有的 SAC 曲线的最低点。你认为这句话对吗？为什么？

四、计算与证明

1. 大陆仪器公司生产各种计算器，一直通过它自己的销售网络进行销售。最近有一家大型百货商店愿意按每台 8 元的价格向它购买 20 000 台 X1-9 型计算器。大陆公司现在每年生产 X1-9 型计算器 160 000 台，如果这种型号的计算器再多生产 20 000 台，就要减少生产更先进的 X2-7 型计算器 5 000 台。与这型号有关的成本、价格数据如表 6-7 所示：

表 6-7 大陆仪器数据   单位：元

	X1-9 型	X2-7 型
材料费	1.65	1.87
直接人工	2.32	3.02
变动间接费用	1.03	1.11
固定间接费用	5.00	6.00
利润	2.00	2.40
批发价格	12.00	14.40

大陆仪器公司很想接受天猫的这笔进货，但又不太愿意按8元的单价出售（因为在正常情况下X1-9型计算器的批发价格为12元）。可是，天猫店则坚持只能按8元单价购买。大陆仪器公司要不要接受这笔订货？

2. 假定通用电气公司制造No.9零件20 000个，相关成本数据如下表6-8所示：

表6-8　通用电气数据　　　　　　　　　　单位：元

	总成本	单位成本
直接材料费	20 000	1
直接人工费	80 000	4
变动间接费用	40 000	2
固定间接费用	80 000	4
合计	2 200 000	11

如果外购，每个零件的价格为10元，可以节省固定间接费用20 000元（因为如果不制造这种零件，班长可以调做其他工作，从而可以节省班长工资20 000元）。同时，闲置的设备可以出租，租金收入35 000元。通用公司应自制还是外购这种零件？

3. 假定某企业生产三种产品A、B、C，其中产品C是亏损的。每月的销售收入和成本利润数据如表6-9所示：

表6-9　通用电气数据　　　　　　　　　　单位：元

项目	A	B	C
销售收入	1 000 000	1 500 000	2 500 000
成本			
变动成本	700 000	1 000 000	2 200 000
固定成本	200 000	300 000	500 000
利润	100 000	200 000	−200 000

（1）产品C要不要停产？

（2）假如把产品C的生产能力转产产品D，产品D每月的销售收入为2 000 000元，每月变动成本为1 500 000元。试问要不要转产产品D？

（3）假如产品C停产后，可以把部分管理人员和工人调往他处，使固定成本下降80 000元，腾出的设备可以出租，租金收入预计每月250 000元。问产品C要不要停产？

4. 大陆公司的总变动成本函数为：$TVC = 50Q - 10Q^2 + Q^3$（Q为产量）。问：

（1）边际成本最低时的产量是多少？

（2）平均变动成本最低时的产量是多少？

（3）在题（2）的产量上，平均变动成本和边际成本各为多少？

5. 对于生产函数$Q = 10KL/(K+L)$，在短期中令$P_L = 1$，$P_K = 4$，$K = 4$。请问：

（1）推导出短期总成本、平均成本、平均可变成本及边际成本函数；

（2）证明当短期平均成本最小时，短期平均成本和边际成本相等。

6. 已知某厂商长期生产函数为 $Q = 1.2A^{0.5}B^{0.5}$，Q 为每期产量，A、B 为每期投入要素，要素价格 $P_A = 1$ 美元，$P_B = 9$ 美元。试求该厂商的长期总成本函数、平均成本函数和边际成本函数。

7. 假定某企业的短期成本函数是 $\text{TC}(Q) = Q^3 - 10Q^2 + 17Q + 66$。

（1）指出该短期成本函数中的可变成本部分和不变成本部分；

（2）写出下列相应的函数：$\text{TVC}(Q)$、$\text{AC}(Q)$、$\text{AVC}(Q)$、$\text{AFC}(Q)$、$\text{MC}(Q)$。

8. 已知某企业的长期总成本函数是 $\text{LTC}(Q) = 0.04Q^3 - 0.8Q^2 + 10Q$。求最小的平均可变成本值。

9. 厂商的生产函数为 $Q = 24L^{1/2}K^{2/3}$，生产要素 L 和 K 的价格分别为 $P_L = 1$ 和 $P_K = 2$。求：

（1）厂商的最优生产要素组合？

（2）如果资本的数量 $K = 27$，厂商的短期成本函数？

（3）厂商的长期成本函数？

【综合案例】零食大王——达利走向世界[①]

　　福布斯发布的 2020 年全球富豪榜中，达利食品许世辉及家族以 564 亿元财富名列第 169 位。达利食品于 1989 年成立，主要生产糕点类、薯类膨化食品、饼干、凉茶、复合蛋白饮料以及功能饮料。达利经过近 30 年的发展，从最初的一间租赁厂房成长为拥有 19 家子公司收益过百亿元的大企业。拥有四万多名员工，市值近千亿元。公司共有五个核心品牌分别为达利园、可比克、好吃点、和其正及乐虎。

　　1958 年出生的许世辉，1980 年便开始了从事休闲食品生产的职业生涯，可以说是在食品行业耕耘了大半辈子。创业初时，许世辉凭着一种敢拼会赢的闽南人奋斗精神和自强不息的意志，克服了重重困难，把企业逐步做大。20 世纪，尤其是 90 年代，泉州的食品工业欣欣向荣，家庭作坊形式生产的果蔬罐头、鱼皮花生、五香瓜子等曾风靡全国。许世辉意识到，食品业应该顺应消费潮流，在产品结构处理上寻求解决之道。在传统食品日渐式微的过程中，许世辉看到了食品业的一个新时代——休闲食品时代正在到来。独具慧眼的他开始寻找新的产业支点，从 2001 年起，许世辉提出了一个全新的概念产品：达利蛋黄派，掀开了中国派类食品的新篇章。

　　许世辉并不局限于这个概念，而是将其内在充分扩大，衍生出多个产品。除了方形蛋

---

① 财富智造. 达利许世辉：敢拼会赢，缔造市值千亿的休闲零食帝国 [EB/OL]. (2020-03-15) [2021-02-18]. http://www.weishishandong.com/weishishandong/vip_doc/16563468.html.

糕外，他接连推出蛋黄派、巧克力派、果多派等食品，在食品界掀起了一股"派"热，成为名副其实的中国派类食品大王。此后，达利于 2003 年和 2004 年分别推出了可比克薯片、好吃点饼干等产品。2004 年，达利的销售网络扩展到了中国五个地理分区，覆盖东北、西北、西南、华东及华中。2007 年全国春季糖酒会上，达利一次推出 6 大品类、11 个品种的饮料产品，大举进入饮料行业。完成食品和饮料两大产业布局的达利，2009 年产值突破 100 亿元，2011 年成为"中国民营企业 500 强"之一。

达利食品的产品采取跟随战略，常常针对最新最热的市场动向，推出已经经过市场检验的、具有足够的空间和盈利能力的产品。如此，在细分市场上未必能做到第一，但能做到前三，进入"第一集团"，也可以获得可观的收入和利润。其新品在推出当年就可以占到营收的 5% 左右，5 年内推出的产品则占 4 成以上的营收。例如 2008 年，达利推出和其正瓶装凉茶，目前其凉茶产品在整个市场排在第三位，仅次于加多宝和王老吉，在瓶装凉茶市场，则牢牢占据第一位，销量超过王老吉和加多宝的总和。2010 年，达利园推出花生牛奶，现在花生牛奶已经做到行业第二名。2013 年，推出功能饮料乐虎，目前是行业第三名。达利集团历来重视研发创新，采取自主创新和引进技术相结合的办法引领潮流。拥有领先技术的自动化高产率的各类产品生产线 500 多条，其中休闲食品生产线 400 多条、国际标准化 PET 冷罐装饮料生产线、PET 热罐装饮料生产线、三片罐生产线、瓶桶装饮用水生产线计有 100 多条。

从成本角度分析达利的发展战略。

第七章　市场结构与企业行为

【思维导图】

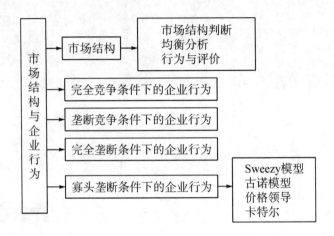

【导入案例】天下黄河，唯富一套

　　农业产业比较分散，生产主体又十分弱小，农业品牌化的步履缓慢，难以形成优质优价的机制，造成农业增效难，农民增收慢。而区域公用品牌的打造，让农产品品牌化看到了曙光。

　　百度上搜索天赋河套，第一个就跳转到巴彦淖尔市人民政府网。"天赋河套"是巴彦淖尔市首个由政府背书的农产品区域公用品牌，于 2018 年 9 月 7 日成功发布，涵盖了河套地区粮油、籽类炒货、瓜果蔬菜等品类。近年来，以打造"天赋河套"区域公用品牌为契机，巴彦淖尔不断提升耕地质量，优化种植业结构，推广"四端四联一平台"农业技术服务模式，全域、全程、全产业推广应用农业标准化生产技术，推进农畜产品品牌化体系、标准化体系、可追溯体系"三大体系"建设，以及农牧业生产上的控肥增效、控药减害、控水降耗、控膜提效"四控行动"，把提升产品品质作为品牌发展的第一要务。

　　自品牌创建以来，"天赋河套"影响力、知名度和带动效应显著。2020 年年底，"天赋河套"荣获 2020 中国区域农业品牌影响力指数排行区域农业形象品牌榜位第一，荣登 2006—2020 年中国品牌 15 年卓越发展力品牌榜，成为 15 个获奖品牌中唯一的区域公用品牌，并入选 2020 中国区域农业品牌年度案例。以"天赋河套"知名度、美誉度作背书，授权企业产品量价同升使得整个产业链受益，带动全市优质农畜产品整体溢价 15% 以上。

　　2020 年，"天赋河套"总部基地累计完成销售额 12.6 亿元，已形成品牌运营、电子商务、跨境贸易等 18 个产业集聚中心。共招募 357 家企业，涉及销售电商类、涉农类、农业高新技术类以及服务类四类型企业，销售产品包括粮油、肉乳绒、果蔬、蒙（中）药材、籽类炒货、酿造加工六大品类，通过在云仓中心统一分级、贴码、包装，实现高效配送。通过打造全国农业产业 CBD 中心，带动更多优质农畜产品进入高端市场。

人们一般认为农产品几乎接近于完全竞争市场，农产品是否可以因为产地的特殊性或品牌的树立而不处于完全竞争市场呢？

第一节 市场结构

一、市场结构的含义

我们在市场上购买产品时，往往会面临可供选择的不同厂商，它们都能供给同种产品。一般来讲，越是消费者所必需的商品或越是易于生产的商品，其生产厂商越多，消费者的选择范围也越大。比如我们买衣服时，会面临全中国甚至全世界的衣服厂商的产品，但要是购买微软公司的核心技术或是可口可乐的配比秘方则只有唯一的厂商可供选择。

如果某种或某类产品有众多的生产厂家，厂商之间的产量竞争或价格竞争非常激烈，我们就说生产该种或该类产品的产业是竞争的或垄断竞争的；反之，如果生产某种或某类产品有唯一的或数目很少的生产厂家，厂商之间竞争较弱，我们就说生产该种或该类产品的产业是垄断的或寡头垄断的。因此我们可以用生产同种或同类产品的厂商之间的竞争程度或其反面——垄断程度，来划分产业的结构或市场的结构。

二、市场结构的划分依据

1. 厂商的数量

一般来讲，厂商的数量越大，市场的竞争程度越高，而垄断程度越低；反之，厂商数量越少，市场的竞争程度越低，而垄断程度越高。

2. 产品属性

假定厂商数量一定，则厂商生产的产品同质性越高，市场竞争也就越激烈，而垄断性越弱；反之，产品的同质性越低，则市场的竞争程度也会越低，而垄断性程度越高。

3. 要素流动障碍

如果某行业要素流进流出很容易，则厂商很容易进入或退出该行业，行业竞争程度就高，垄断程度就低；反之要素流通不易，厂商进入和退出的成本都很高，则该行业竞争程度就很弱，而垄断程度很高。

4. 信息充分程度

信息越充分，厂商越容易根据市场调整自己的决策，市场竞争程度越高，而垄断程度越低；反之，信息越不充分，则掌握较多信息的厂商有竞争优势，逐渐处于垄断地位，导致市场垄断程度很高而竞争程度很弱。

三、市场结构的分类

根据各个决定因素的强度的不同，微观经济学把市场结构划分为四种：完全竞争市场、垄断竞争市场、寡头垄断市场和完全垄断市场。其中完全竞争和完全垄断处于两个极端状态，而垄断竞争和寡头垄断是介于这两个极端之间的普遍存在的市场结构，垄断竞争市场是偏向于完全竞争但又存在一定程度的垄断，寡头垄断偏向于完全垄断但又存在一定的竞争。如图7-1所示：

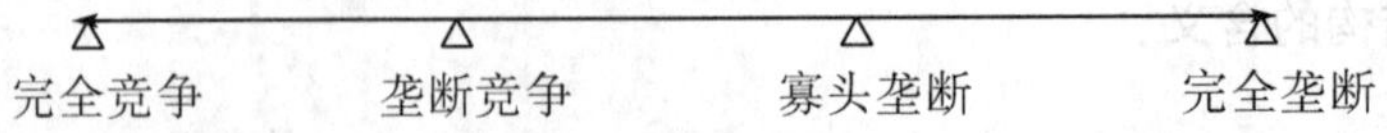

| 完全竞争 | 垄断竞争 | 寡头垄断 | 完全垄断 |

图7-1　市场结构分类

1. 完全竞争（perfect competition）

完全竞争又称纯粹竞争，是指一种竞争不受任何阻碍、干扰和控制的市场结构。完全竞争的条件如下：

（1）市场上有许多生产者与消费者，并且每个生产者和消费者的规模都很小，即任何一个市场主体所占的市场份额都极小，都无法通过自己的行为影响市场价格和市场的供求关系，因而每个主体都是既定市场价格的接受者，而不是决定者。

（2）市场上的产品是同质的，即不存在产品差别。产品差别是指同种产品在质量、包装、牌号或销售条件等方面的差别，不是指不同产品之间的差别。例如，创维彩电与长虹彩电的差别，而不是彩电与空调的差别。因此，厂商不能凭借产品差别对市场实行垄断。

（3）各种资源都可以完全自由流动而不受任何限制。任何一个厂商都可以按照自己的意愿自由地扩大或缩小生产规模，进入或退出某一完全竞争的行业。

（4）市场信息是畅通的。厂商与居民户双方都可以获得完备的市场供求信息，双方不存在相互的欺骗。

具有上述条件的市场就叫作完全竞争市场。在现实中这样的市场结构很少，比较符合条件的有农产品市场和没有大户操纵的证券市场，分析完全竞争市场的厂商行为具有重要的理论意义。

2. 垄断竞争（monopolistic competition）

垄断竞争是指一种既有垄断又有竞争，既不是完全竞争又不是完全垄断的市场结构。垄断竞争市场的主要特征有：

（1）市场上有众多的消费者和厂商，每个厂商所占的市场份额较小。一个企业的竞争策略的制定和实施不必考虑别的企业的反应，也就是说，企业之间是彼此独立的。

（2）企业生产的产品存在着差别，即有很大的替代性。而这种差别的存在是垄断竞争形成的基本条件。企业之间的竞争就不再只是价格竞争（完全竞争企业因产品没有差别，故企业之间的竞争只是价格竞争），而且存在着诸如质量竞争、服务竞争等非价格竞争。

（3）企业面临的需求曲线是一条略微向下倾斜的需求曲线。需求曲线的倾斜程度与需求价格弹性有关，垄断竞争企业的价格弹性不再像完全竞争企业那样是无穷大，说明企业有了一定程度的价格制定权。因此，每个企业所面对的是一条向右下方倾斜的曲线。

（4）企业进入或退出一个行业是自由的。由于企业的规模较小，所花费的资金较少，因此，企业比较容易进入或退出一个行业。

在现实市场中，垄断竞争是一种普遍现象。最明显的垄断竞争市场有电影、服装、零售商店、饭店、轻工业品市场等。

3. 寡头垄断（oligopoly）

寡头垄断也称少数企业垄断市场，是指几家大厂商控制了一种产品的全部或大部分产量和供给的市场结构。这与完全垄断和垄断竞争市场不同。完全垄断市场只有一家厂商，这家厂商的供给和需求就是一个行业的供给和需求。垄断竞争市场则有较多的厂商，每家厂商只是行业中的一小部分。

寡头垄断市场主要有两种类型：①无差别寡头（纯粹寡头）。寡头厂商生产的产品无差别，例如冶金、石油、建材等行业的寡头。②有差别寡头。寡头厂商生产的产品有差别，例如飞机、汽车、机械、香烟等行业的寡头。

寡头垄断市场的特征包括：

（1）寡头厂商之间存在着相互依存性。由于行业中只有少数几家大厂商，它们的供给量均占有市场的较大份额，各个寡头厂商相互之间容易达成某种形式的相互勾结和妥协。

（2）寡头厂商的决策互相影响，其决策产生什么样的结果具有很大的不确定性。因为任何一个寡头厂商在做出决策时，都必须考虑竞争对手对其做出的反应。

（3）寡头厂商的竞争手段是多种多样的，价格和产量一旦确定，就具有相对的稳定性，这也就是说，各个寡头由于难以捉摸对手的行为，一般不会轻易变动已确定的价格与产量水平。

4. 完全垄断（perfect monopoly）

完全垄断又称垄断，是指整个行业的市场完全处于为一家厂商所控制的状态，即一家厂商控制了某种产品的市场。在这种情况下，完全垄断企业就同完全竞争企业是一个价格接受者不同，是价格的制定者，它可以自行决定自己的产量和销售价格，并因此使自己利润最大化。如电力、煤气等公用事业。垄断企业还可以根据获取利润的需要在不同销售条件下实行不同的价格，即实行差别价格（price discrimination）。

垄断的特征包括：①市场上只有一家企业生产和销售产品；②产品缺乏近似替代品；③其他企业不可能进入该行业；④企业独自决定价格。

第二节　完全竞争条件下的企业行为

一、完全竞争企业的特点

1. 完全竞争市场与企业的供求

在完全竞争市场的条件下，对整个行业来说，需求曲线是一条向右下方倾斜的曲线，供给曲线是一条向右上方倾斜的曲线。整个行业的产品价格由这种需求与供给决定，如图7-2（a）所示。但对个别企业来说情况就不一样了。当市场价格确定之后，对个别企业而言，这一价格就是既定的，无论它如何增加产量都不能影响市场价格。因此，市场对个别企业产品的需求曲线就表现为一条与横轴平行的水平线，如图7-2（b）所示。

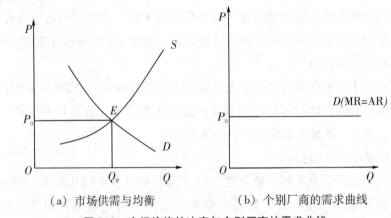

（a）市场供需与均衡　　　　　（b）个别厂商的需求曲线

图7-2　市场价格的决定与个别厂商的需求曲线

2. 完全竞争市场的收益

在各种类型的市场上，平均收益与价格都是相等的，即 $AR=P$。因为每单位产品的售价就是其平均收益。但只有在完全竞争市场上，对个别企业来说，平均收益、边际收益与价格才相等，即 $AR=P=MR$，因为只有在这种情况下，个别企业销售量的增加才不影响价格。在完全竞争市场上，企业每增加一单位产品的销售，市场价格仍然不变，从而每增加一单位产品销售的边际收益 MR 也不会变，边际收益也等于价格。

这条需求曲线的需求价格弹性系数为无限大，即在市场价格为既定时，对个别企业产品的需求是无限的。在完全竞争市场上，企业需求曲线 D 与平均收益曲线 AR 和边际收益曲线 MR 三条线重合在一起。

二、完全竞争条件下企业的短期决策

当一个企业获得最大利润时，它既不增加生产也不减少生产，所以，它处于均衡状态。前面已经证明，边际收益等于边际成本，即 $MR=MC$，是利润最大化的条件。短期均衡是指企业不能根据市场行情调整其生产规模，也不能变换某一行业时的均衡。在完全竞争条件下，$MR = AR = P$，所以，完全竞争企业短期均衡即取得最大利润的必要条件是 $MC = MR = AR = P$。

完全竞争企业的短期均衡随着均衡价格的变化，大致可能发生以下四种情况：

1. 供不应求状况下的短期均衡——企业获得超额利润（$P > SAC$ 最低点）

对个别企业来说，其需求曲线 D 是从行业市场价格 P 引出来的一条平行线，该曲线同时也是平均收益曲线 AR 和边际收益曲线 MR。SMC 为短期边际成本曲线，SAC 为短期平均成本曲线。

在供不应求的情况下，由于行业市场价格 P 在短期平均成本与短期边际成本交点的上方，即市场价格大于个别企业的平均成本，从而 $AR > AC$，该企业面临利润存在。

企业为了实现利润最大化，就必须满足于边际收益＝边际成本，即 $MR = MC$。边际收益曲线 MR 与边际成本曲线 MC 的交点 E 决定了企业利润最大化时的产量为 Q^*。这时该企业的总收益 TR＝平均收益 $AR \times$ 产量 Q^*，即图 7-3 中的 OQ^*EP；总成本 TC＝平均成本 $AC \times$ 产量 Q^*，即图 7-3 中的 OQ^*FG。由于 $TR > TC$，这时，该企业可获得超额利润 $GFEP$（$TR-TC = GFEP$）。如图 7-3 所示。

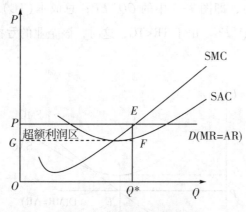

图 7-3　企业具有经济利润

超额利润的存在，会吸引更多企业的进入，其结果使整个行业的投资增加，生产规模扩大，产出增加，使整个行业出现了供过于求的状况，进而使市场价格下降，导致部分企业出现亏损。

2. 供求平衡状况下的短期均衡——企业获得正常利润（$P = SAC$ 最低点）

在供求平衡的情况下，由于行业市场价格 P 通过短期平均成本与短期边际成本的交点，即市场价格等于个别企业的平均成本，从而 $MR = MC = AR = AC$，此时企业的总收益 TR＝平均收益 $AR \times$ 产量 Q^*，总成本 TC＝平均成本 $AC \times$ 产量 Q^*。所以，总收益 TR＝总成本 TC。此时，企业没有超额利润，可以获得正常利润，因为正常利润是总成本的一部分。此时现有企业不愿意离开这个行业，也没有新的企业愿意加入这个行业。如图 7-4 所示：

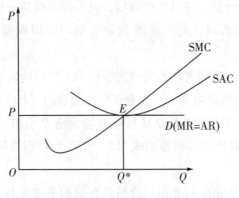

图7-4　企业具有正常利润

3. 供过于求状况下的短期均衡——企业遭受亏损（AVC<P<SAC）

在供过于求的情况下，由于行业市场价格 P 在短期平均成本与短期边际成本交点的下方，即市场价格小于个别企业的平均成本，从而 AR<AC，该企业面临亏损。企业为了最大限度减少亏损，必须满足边际收益＝边际成本（MR＝MC）。边际收益曲线与边际成本曲线的交点 E 决定了企业亏损最小化时的产量为 Q^*。这时该企业的总收益（TR）＝平均收益（AR）×产量（Q^*），即图7-5中的 OQ^*EP；总成本（TC）＝平均成本（AC）×产量（Q^*），即图7-5中的 OQ^*FG。由于 TR<TC，这时，该企业的亏损额为 $GFEP$（TR－TC＝$GFEP$）。如图7-5所示：

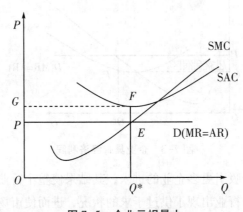

图7-5　企业亏损最小

亏损的存在，使得部分亏损企业退出该行业，其结果使整个行业的投资减少，生产规模缩小，产出下降，从而整个行业出现了供求平衡以至于供不应求的状况，使得市场价格上升，结果出现了行业盈利的状况。如此不断循环往复，最终会趋于市场的长期均衡。

4. 停止营业点（P<AVC）

如果行业市场价格低于个别企业的平均成本，企业的平均收益不足以弥补平均成本的支出，该企业就面临着收支相抵的问题。至于停不停止生产，还要看平均可变成本与行业市场价格之间的关系。

在图7-6中，SAC为短期平均成本曲线，SAVC为短期平均可变成本曲线。平均成本曲线与平均可变成本曲线之间的距离就等于平均固定成本。从前一章分析中可知，边际成本曲线SMC相交于这两条平均成本曲线的最低点，如图7-6中A点和B点所示。当市场价格高于P_A时，如P_B，平均收益高于平均可变成本，但仍小于平均成本。这时，虽然亏损发生，但企业从事生产还是有利的，因为所得到的收益能弥补一部分固定成本，使得亏损额比不生产时小一些。假若它停止生产，它将负担全部的固定成本损失。当价格低于P_A时，企业所得的收益连可变成本也不能补偿，这样，停止生产所受的亏损比从事生产时要小一些。当价格等于P_A时，平均收益恰好等于平均可变成本，企业从事生产和不从事生产所受的亏损是一样的，其亏损额都等于固定成本。这时企业处于营业的边际状态。因此，价格等于最低的平均可变成本这一点（图7-6中的A点）就叫作停止营业点。

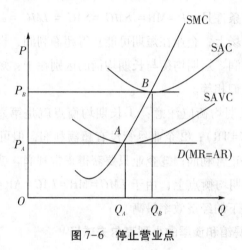

图7-6 停止营业点

三、完全竞争条件下企业的长期决策

完全竞争市场上企业的长期均衡是在完全竞争市场条件下，各个企业都可以根据市场价格来调整全部生产要素和生产，并自由进入或退出所属行业的均衡生产状态。这样，整个行业供给的变动就会影响市场价格，从而影响各个企业的均衡。

在完全竞争市场结构中，各个企业的长期均衡实现过程是动态性质的。其机理作用过程如下：①当行业存在着超额利润时，新资本大量进入→行业规模扩大→供给增加→市场价格下降→AR=MR=P随之下降→超额利润逐渐消失；②当行业出现亏损时，部分资本退出→行业规模缩小→供给减少→市场价格上升→AR=MR=P随之上升→亏损消除；③当行业既无超额利润又无亏损时，整个行业的供求均衡，各个企业的产量也不再调整，于是就实现了长期均衡。如图7-7所示。

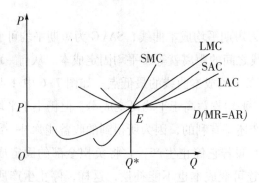

图7-7 完全竞争市场长期均衡

在图7-7中，完全竞争企业将长期均衡于E点。均衡价格为P，均衡产量为Q^*。企业的需求曲线D与四条成本曲线（两条短期、两条长期）相切（或相交）于E点。所以，完全竞争市场的长期均衡条件是：$P = MR = SMC = SAC = LMC = LAC$。

因此，在完全竞争市场上，企业在短期可能获得超额利润，也可能遭受亏损，但在长期，企业只能得到正常利润。短期均衡与长期均衡的区别在于：短期均衡不要求价格等于平均成本，但长期要求它们相等。

理解完全竞争市场长期均衡应注意：①长期均衡点就是第六章所说的盈亏平衡点，即：总成本＝总收益（TC＝TR）；②企业尽管没有超额利润，但可获得作为生产要素之一的企业家才能的报酬——正常利润；③企业只要获得正常利润，就实现了利润最大化，即满足于MR＝MC；④在长期均衡点上，由于$LMC = MR = LAC = AR = P$，所以，平均成本最小，表明在完全竞争条件下的经济效率最高。

[案例7-1] 冷清的餐馆和淡季的小型高尔夫球场①

你是否曾经走进一家餐馆吃午饭，发现里面几乎没人？你可能会问为什么这种餐馆还要开门呢。看来几个顾客的收入不可能弥补餐馆的经营成本。

在做出是否经营的决策时，餐馆老板必须记住固定成本与可变成本的区分。餐馆的许多成本，包括租金、厨房设备、桌子、盘子、餐具等都是固定的。在午餐时停止营业并不能减少这些成本。当老板决定是否提供午餐时，只有可变成本（增加的食物价格和额外的侍者工资）是相关的。只有在午餐时从顾客得到的收入少到不能弥补餐馆的可变成本，老板才在午餐时间关门，即使顾客寥寥无几，照常营业也不至于过多赔钱。

度假区小型高尔夫球场的经营者也面临着类似的决策。由于不同的季节收入变动很大，企业必须决定什么时候开门和什么时候关门。固定成本包括购买土地和建球场的成本，投入虽大，但是否经营与固定成本是无关的。只要在一年的这些时间，收入大于可变成本，小型高尔夫球场就要经营。

---

① 格里高里·曼昆. 经济学原理 [M]. 梁小民，译. 北京：机械工业出版社，2003.

第三节　完全垄断条件下的企业行为

一、完全垄断企业特点

1. 需求曲线

在完全垄断情况下，一家企业就是整个行业。因此，整个行业的需求曲线也就是一家企业的需求曲线。这时，需求曲线就是一条表明需求量与价格呈反方向变动的向右下方倾斜的曲线。作为唯一的供给者，垄断企业可以制定任何其想要的价格，但向右下方倾斜的需求曲线又决定了企业如果提高价格，其销售量必然会相应地下降。

$$P = a - bQ$$

2. 收益曲线

在完全垄断市场上，每一单位产品的售价就是它的平均收益，也就是它的价格，即 $AR = P$。因此，平均收益曲线 AR 仍然与需求曲线 D 重合。

$$TR = PQ = (a - bQ)Q = aQ - bQ^2$$

$$AR = TR/Q = a - bQ = P$$

$$MR = dTR/dQ = a - 2bQ$$

但是，在完全垄断市场上，当销售量增加时，产品的价格会下降，从而边际收益减少，边际收益曲线 MR 就再也不与需求曲线重合了，而是位于需求曲线下方，而且随着产量的增加，边际收益曲线与需求曲线的距离越来越大，表示边际收益比价格下降得更快（如图 7-8 所示）。

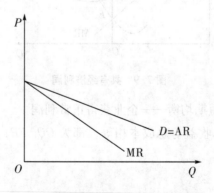

图 7-8　垄断市场需求曲线和收益曲线

二、完全垄断企业的短期决策

与完全竞争企业一样，垄断企业生产的目的也是利润最大化。但居于垄断地位的企业也并不是为所欲为，同样受到市场需求的限制。如果定价过高，消费者就会减少需求或寻求替代品。所以，在短期内，企业产量的调整，也要受到固定生产要素的限制。因而，垄断企业虽然也是依据利润最大化原则来决定产出数量和价格，但也要考虑短期市场需求状况。也就是说，垄断企业也会面临供过于求或供不应求的情况，当出现供过于求时，就会出现亏损；反之，就会获得超额利润；当供求相等时，就会获得正常利润。在这里，对垄断企业短期均衡的分析，与完全竞争的短期分析基本是一样的。垄断企业不仅通过调整产量而且通过调整价格来实现利润最大化。

垄断企业虽然可以通过控制产量和价格实现利润最大化，但在短期内产量的调整要受到固定生产要素无法调整的限制。和完全竞争企业一样，垄断企业在短期内可能出现以下三种情况：

1. 供不应求状况下的短期均衡——企业获得超额利润

在供不应求的情况下，边际收益曲线 MR 与边际成本曲线 MC 的交点 E 决定了企业的产量为 Q^*，从 Q^* 点向上的垂线与需求曲线 D 相交于 H 点，从而决定了价格水平为 P。这时该企业的总收益 TR＝平均收益 AR×产量 Q^*，即图 7-9 中的 OQ^*HP；总成本 TC＝平均成本 AC×产量 Q^*，即图 7-9 中的 OQ^*FG。由于 TR＞TC，这时，该企业可获得超额利润 $GFHP$（TR-TC＝$GFHP$）。如图 7-9 所示。

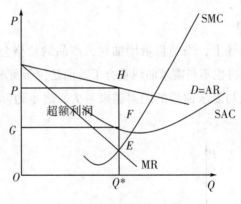

图 7-9　具有经济利润

2. 供求平衡状况下的短期均衡——企业获得正常利润

在供求平衡状况下，总收益与总成本相等，都为 OQ^*FP，所以收支相抵，只有正常利润。如图 7-10 所示。

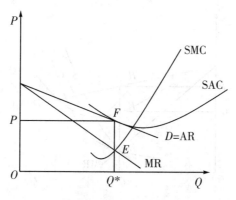

图 7-10　具有正常利润

3. 供过于求状况下的短期均衡——企业遭受亏损

在供过于求的情况下，企业的总收益 TR 为 OQ^*HP，总成本 TC 为 OQ^*FG。由于 TR<TC，这时，该企业的亏损额为 $GFHP$。由于平均可变成本曲线 AVC 与 H 点相切，可以维持产量 Q^*。H 点为停止营业点，如果价格再低，就无法生产了。如图 7-11 所示。

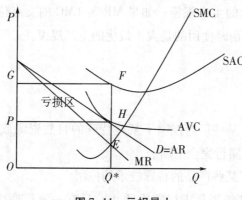

图 7-11　亏损最小

完全垄断企业短期决策规则：MR＝MC。

三、完全垄断市场上的长期均衡

垄断企业的长期均衡是指企业根据市场需求的变化，不断调整生产规模，在长期内实现利润最大化的均衡生产状态。在长期生产过程中，由于垄断市场上只有一家企业，没有对手，垄断企业有能力也有条件把价格和产量调整到最有利于自己的位置上，从而实现利润最大化。

完全垄断企业长期决策规则是：MR＝LMC＝SMC

在图 7-12 中，短期边际成本曲线 SMC、长期边际成本曲线 LMC 和边际收益曲线 MR 三线相交于 E 点，E 点确定的均衡产量为 Q^*，此时，垄断企业可以在长期内获得最大利润，其垄断利润为 $GFHP$。

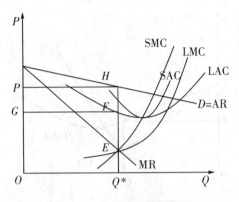

图 7-12 垄断市场长期均衡

垄断企业在长期均衡中，如果要达到最优生产规模，不但要求 MR=LMC=SMC，还要求 LAC 最低，这就要求均衡产量 Q^* 位于 MR 通过 LAC 的最低点。由于 LMC 一定在 LAC 的最低点与 LAC 相交，所以，MR=LMC=LAC 时，垄断企业在长期均衡中达到最优生产规模。如果 MR 曲线与 LMC 的交点位于 LAC 曲线最低点的左边，说明垄断企业处于长期均衡时使用的是小于最优的生产规模；如果 MR 与 LMC 的交点位于 LAC 最低点的右边，说明垄断企业处于长期均衡时使用的是大于最优的生产规模。

四、垄断形成原因

完全垄断的成因有：

（1）原材料的控制。某些厂商控制了某些特殊的自然资源或矿藏，从而就能对用这些资源和矿藏生产的产品实行完全垄断。

（2）专利权。对生产某些产品的特殊技术的控制。

（3）规模经济大。某些产品市场需求很小，只有一家厂商生产即可满足全部需求，某家厂商就很容易实行对这些产品的完全垄断。

（4）政府特许。政府借助于政权对某一行业进行完全垄断或政府特许的私人完全垄断。

[案例 7-2] 寻租（rent seeking）——创造垄断的活动[1]

寻求政府的保护或干预，来阻止其他企业参与竞争，以维护其独占地位；企业采取种种手段，获取政府的"特殊照顾"，通过减免税收或财政补贴的办法，使既定的经济利益在企业间重新分配，让自己享有其他企业的"输血"，从而获得一种经济租。

寻租活动的连锁性：假设一个城市，政府通过发放经营执照的方式，人为地限制出租汽车的数量，可能会使出租车的数量过少，出租车车主就会赚取超额利润，亦即经济租。这会诱使人们想办法从相关机构那里得到营业执照。如果执照的发放在很大程度上取决于

---

[1] James Buchanan, Gordon Tullock, Robert Tollison . Towards A Theory Of The Rent-seeking Society ［M］. College Station, Tex.: Texas A&M Press, 1980.

机构负责人的个人意志，人们就会争相贿赂讨好他们，从而产生第一个层次的寻租活动。由于官员们在第一个层次的寻租活动中享有特殊的利益，这又会吸引人力物力为争夺机构负责人的职位而发生第二个层次的寻租活动。要抑制这些活动，可以用征收执照费的形式，将出租车车主的超额利润转化成机构的收入，那么，为了争取这笔收入的分配，各利益集团又有可能展开第三个层次的寻租活动。

寻租活动就如同"看不见的脚"踩了"看不见的手"。

克鲁格在《寻租社会的政治经济学》一文中，曾经对印度和土耳其两国的寻租浪费做过估计。她发现，1964年印度由此形成的租金约占当年国民收入的7.3%，而在土耳其，1968年寻租活动造成的浪费则占当年国民收入的15%！如此惊人的资源浪费，甚至远远超过了寻租者得到的好处。

第四节　垄断竞争条件下的企业行为

一、垄断竞争企业的短期决策

在短期均衡实现过程中，垄断竞争市场同垄断市场一样，也会出现超额利润、收支相抵、亏损三种情况。与垄断市场不同之处在于垄断竞争企业面对的市场需求曲线斜率较小。在考虑生产成本因素之后，垄断竞争企业会选择在边际成本与边际收益相等的条件下生产，即图 7-13 中的 E 点。E 点所决定的产量为 Q^*，价格为 P^*。由于此时的短期平均成本为 G，所以，垄断竞争企业是有利润的，其利润为 $GFHP^*$。

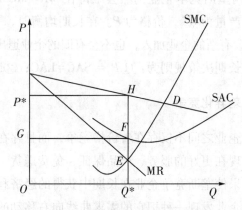

图 7-13　垄断竞争企业短期决策

垄断竞争企业短期决策规则：$MR = MC$。

垄断竞争企业在决定产量和价格的方式时与垄断企业完全相同。另外，垄断竞争企业也可能会有损失出现。在图 7-13 的产量 Q^* 下，如果短期平均收益低于短期平均成本，垄断企业就会亏损。但无论是有利润还是亏损，在短期内都不会吸引其他企业加入或使原有企业退出。长期的情形则不同,因为在垄断竞争市场下,每家企业的规模都不大,而且企业数目很多,企业进出市场都非常自由。所以,当企业在短期内有利润存在时,就会吸引新的企业加入,当企业有亏损时,就会有企业退出。

二、垄断竞争市场的长期均衡

在长期,企业可以任意变动一切生产投入要素。如果一行业出现超额利润或亏损,会通过新企业进入或原有企业退出,最终使超额利润或亏损消失,从而在达到长期均衡时整个行业的超额利润为零。因此,垄断竞争与垄断不同(垄断在长期拥有超额利润),而是与完全竞争一样,在长期由于总收益等于总成本,只能获得正常利润。如图 7-14 所示:

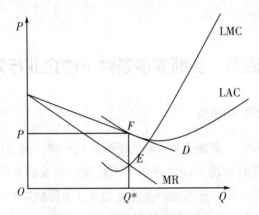

图 7-14　垄断竞争企业长期决策

在图 7-14 中,长期内垄断竞争企业仍然会维持在 MR＝MC 条件下生产,即图 7-14 中的 E 点。E 点所决定的产量为 Q^*,价格为 P。在长期均衡时,平均收益等于平均成本,因此,利润为零。此时不会有新的企业加入,也不会有旧的企业退出,市场达到长期均衡。

因此,垄断竞争企业长期决策规则为:① P = SAC＝LAC;②MR = SMC＝LMC。

三、垄断竞争企业的差异化竞争

在垄断竞争市场中,企业之间不仅存在着价格竞争,而且存在着非价格竞争。

非价格竞争的例子表现在更好的服务、产品保证、免费送货、更吸引人的包装、广告等方面。非价格竞争的结果使垄断竞争企业在长期中获得的经济利润为零,只能获得正常利润。如果有一家创新的企业发现一种把它的需求曲线向右移动的方法,比如说提供更优质的服务或更吸引人的广告,那么在短期中它可能获得利润。这意味着其他缺乏创新的企业的需求曲线将向左移动,它们损失的销售额转向了创新的竞争对手。

接下来,所有的企业都将效仿它们之中最成功者的做法。如果是产品保障使得某些企业取得了经济利润,那么所有企业都将提供产品保障;如果是广告起的作用,那么所有企业都将卷入广告战。在长期中,我们可以预期所有的垄断竞争企业都要开展广告宣传、关心它们的服务以及采纳被行业中其他企业证明有盈利可能的任何措施。所有这些非价格竞争都要在企业广告、产品保障、员工培训等方面支付费用，而这些成本必须包含在每个企业的向上移动的平均成本曲线之中。

在短期中，企业可能盈利是因为有相对较少的竞争者或是它发现了吸引消费者的新方法。但在长期中，盈利的企业会发现由于新企业的进入，它的成功的非价格竞争做法被仿效，或两者兼而有之，使它的需求曲线向左移动。最后，平均成本曲线与需求曲线相切，该企业仍将取得零经济利润。

[案例 7-3] 雅戈尔试点 O2O 体验店①

O2O 就是 online to offline，让线上和线下的资源有效地整合起来。O2O 时代的到来，整个零售行业的游戏规则也发生了巨大变革，当线上和线下一个从空中走向地面，一个从地面走向空中时，一种全新的商业经济将应运而生。

体验馆搭建对于电商平台上的营销模式来说有不可比拟的优势。精致的购物环境、愉悦的购物体验和个性化的服务，这是单纯的平面电商无法企及的。它既满足了消费者对产品感官认识的需要，又可将自身的品牌理念和产品品质以更直接的方式传达给消费者。

现在，只要通过微信搜索"雅戈尔"，进入微购物平台，你就可以直接选购产品。雅戈尔已经开始试点 O2O 营销模式，位于宁波银泰商场的专厅承担了 O2O 的线下服务工作，推出了首家 200 平方米的大型服饰体验馆。雅戈尔试水的这家体验店拥有量体定制、绣签名等个性化服务。消费者既能网上购物，又能享受在线导购、预约试衣等服务。雅戈尔希望通过这家店的线上销售吸引更多的年轻消费者，并将消费者引流到实体店。

体验店还把雅戈尔旗下的高端定制品牌 MAYOR 和美式都市休闲品牌 HSM 加入其中，可谓是超级专厅。在雅戈尔众多的子公司中，宁波分公司是雅戈尔探索 O2O 模式落地的第一站，宁波品牌旗舰店倡导店员玩"指尖上的营销"，背后则是公司以微营销聚人气、强化服务提升品牌形象的营销战略。宁波银泰商场的雅戈尔专厅已开展预约量体定制服务。

今天的中国服装业进入了一个复杂多变的"新常态"阶段，在服装业整体疲软的大环境下，雅戈尔通过"零售基因"与"电商基因"的有机结合，塑造出了一个崭新的虚拟经济加实体经济的平台，不失为一条突破瓶颈之道。

思考：服装行业处于什么样的市场结构中，如何提升服装行业的竞争力？

管理实践 7-1 广告竞争和广告决策

1. 广告及其争论

（1）广告的批评者认为：①商业广告操纵了人们的嗜好；②商业广告抑制了竞争。

（2）广告的拥护者认为：①广告提供了包括价格、新产品、质量等信息；②广告可以促进竞争。

---

① 全球纺织网. 雅戈尔尝试 O2O 营销模式 电商战略稳步开启 [EB/OL]. (2014-09-28) [2021-01-12]. https://www.tnc.com.cn/info/c-060001-d-3482851.html.

2. 广告决策

企业利润 $\pi = P \times Q(P,A) - C(Q) - A$

对 A 求导,简化得:

$P(\partial Q/\partial A) = 1 + MC(\partial Q/\partial A)$

或 $P(\Delta Q/\Delta A) = 1 + MC(\Delta Q/\Delta A)$

即 $MR_A = MC_A$

正确的决策是不断增加广告支出直至从 1 美元增加的广告的边际收益 MR_A 恰好等于广告的全部边际成本 MC_A。这个全部边际成本是直接花在广告上的这 1 美元与广告带来的增加的销售所引起的边际生产成本之和。这个原则常常被经营者忽略掉,他们常常只是通过将期望收入(即加总的销售)与广告成本的比较来判断广告预算。但增加的销售意味着增加的生产成本,这也是应该考虑进去的。

[例 7-1] 某空调企业的空调售价 3 000 元,其中变动成本 1 500 元,企业现有多余产能。估计支出广告费 200 000 元,会使空调销量增加 400 台。

(1) 这笔广告费支出合算吗?

(2) 如果不合算,应该增加还是减少?

解:$MC_A = 1$

$MR_A = (3\,000 - 1\,500) \times 400 \div 200\,000 = 3$

$MR_A > MC_A$

所以,广告费偏少,应该增加广告投入。

第五节　寡头垄断企业决策

一、寡头垄断

寡头垄断(oligopoly)直译的意思是卖者很少。在现代经济体系中,寡头垄断是一种常见的市场结构形式。美国的谷类食品、汽车和钢铁行业都符合这一条件。不过,寡头垄断不仅是全国性的,而且地方上也有。例如,尽管有成千家加油站分布全国,一般的消费者考虑的只是附近的几家。远处的其他卖者即使价格较低、服务较好,但他们仍主要是在附近加油。因此,每个单个消费者面临的汽油市场可以看作是寡头垄断型的。只要少数几个企业占有大部分的市场就可看作寡头垄断。寡头垄断企业行为四种模式为:合作的价格领导、卡特尔以及非合作的弯折的需求曲线、博弈论。

二、价格刚性:弯折的需求曲线模型

寡头垄断的早期学者注意到,在有些市场价格在很长一段时期里保持不变。例如,1901 年钢轨的价格定为每吨 28 美元,15 年内一直未变。1922—1933 年,价格一直保持在 43 美元未变。

为了解释寡头垄断产品价格的刚性，美国经济学家保罗·斯威齐 1939 年提出一种假说，认为这种产品的需求曲线不是一条顺滑的曲线，而是在某一价格水平出现拐折点，然后再转向下倾斜。这样的需求曲线成为拐折的需求曲线（kinked demend curve）。

拐折的需求曲线是基于下面的前提推导出来的：

假如一个垄断厂商降低现行价格，它的竞争者随之降低它们的售价以避免丧失它们的销路（需求曲线 D_2），由于降价能增加的销售量较小，P^* 以下，需求弹性小，D_2 的斜率绝对值较大（如图 7-15 所示）。

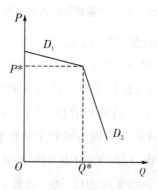

图 7-15　弯折的需求曲线

假如它提高售价，它的竞争者不会跟着提价（有关的需求曲线为 D_1），因而提价将使它的销售量大为减少，这意味着 D_1 有较大的需求弹性，表现为 D_1 的斜率的绝对值较小（如图 7-15 所示）。

三、古诺模型

古诺模型（cournot model）又称古诺双寡头模型（cournot duopoly model），或双寡头模型（duopoly model）。古诺模型是早期的寡头模型，它是由法国经济学家古诺于 1838 年提出的，是纳什均衡应用的最早版本，通常被作为寡头理论分析的出发点。古诺模型是一个只有两个寡头厂商的简单模型，该模型也被称为"双头模型"。古诺模型的结论可以很容易地推广到三个或三个以上的寡头厂商的情况中去。

古诺模型假定一种产品市场只有两个卖者，并且相互间没有任何勾结行为，但相互间都知道对方将怎样行动，从而各自怎样确定最优的产量来实现利润最大化，因此，古诺模型又称为双头垄断理论。

1. 产量竞争的古诺模型

假设两个生产者的产品完全相同（如矿泉水、石油、煤炭等），生产成本为零，需求曲线为线性，且双方对需求状况了如指掌。每一方都根据对方的行动来做出自己的决策，并都通过调整产量来实现最大利润。

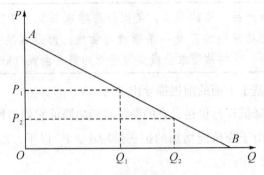

图 7-16　产量竞争的古诺均衡

如图 7-16 所示，AB 为产品的需求曲线，总产量为 OB，开始时假定 A 厂商是唯一的生产者，为使利润最大，其产量 $Q_1 = OB/2$（按 $MC = 0$ 假设，OB 中点的产量使得 $MR = MC = 0$），价格为 P_1。当 B 厂商进入该行业时，认为 A 将继续生产 Q_1 的产量，市场剩余销售量为 $OB/2$，为求利润最大，B 厂商的产量 Q_2 将等于 $(1/2) * (OB/2) = OB/4$，价格下降到 P_2。B 厂商进入该行业后，A 厂商发现市场剩余销售量只剩下 $OB - OB/4 = 3OB/4$，为求利润最大化，它将把产量调整到 $(1/2) * (3OB/4) = 3OB/8$。A 厂商调整产量后，B 厂商将再把产量调整到 $(1/2) * (OB - 3OB/8) = 5OB/16$。这样，两个寡头将不断地调整各自的产量，为使利润为最大，每次调整，都将产量定为对方产量确定后剩下的市场容量的 $1/2$。

这样，A 厂商产量调整序列为 $(1/2)OB$、$(1/2)(OB - OB/4)$、$(1/2)(OB - OB/4 - OB/8)$……，B 厂商产量调整序列为 $OB/4$、$OB/4 + OB/16$、$OB/4 + OB/16 + OB/64$……。则 A 厂商的均衡产量为 $OB\left[1/2 - (2^{-3} + 2^{-5} + \cdots)\right]$，$B$ 厂商的均衡产量为 $OB\left[2 - 2 + 2 - 4 + 2 - 6 \cdots\right]$。根据无穷几何级数和的公式 $S = 1/(1-r)$，$(0 < r < 1)$，可以得到：

$$A \text{ 的均衡产销量} = OB\left(\frac{\dfrac{1}{2} - \dfrac{\frac{1}{2^3}}{1 - \frac{1}{2^2}}}{}\right) = OB/3$$

$$B \text{ 的均衡产销量} = OB\left(\frac{\frac{1}{2^2}}{1 - \frac{1}{2^2}}\right) = OB/3$$

如果寡头垄断市场内有 n 个厂商，可求出每个厂商的均衡产量为 $OB/(n+1)$，总产量为 $nOB/(n+1)$。要是完全竞争的市场结构，厂商数目越多，单个厂商的产销量越小，而总产量 $nOB/(n+1)$ 就越大；如果是完全垄断的市场结构，厂商的产销量则为 $OB/2$。故寡头市场的总产量大于垄断市场的产量，小于完全竞争市场的总产量。

2. 价格竞争的古诺模型

对于那些生产同质产品的寡头来说，所进行的竞争属于产量竞争，如石油生产者之间的竞争就是如此。如果寡头们所生产的是有差别的同类产品，例如，汽车生产者之间的竞争则大多是价格竞争。接下来讨论价格竞争的古诺模型。

[例 7-2] Charmingtime 公司和 Charmingmoment 公司在黑人假发市场遵循古诺模型，它们的成本函数分别为：$TC_1 = 0.1Q_1^2 + 20Q_1 + 100\,000$ 和 $TC_2 = 0.4Q_2^2 + 32Q_2 + 20\,000$，这两个企业生产同质假发，其市场需求函数为：$Q = 4\,000 - 10P$，其中 Q 是总产量，$Q = Q_1 + Q_2$。试分析：

（1）Charmingtime 公司和 Charmingmoment 公司的反应函数。

（2）市场均衡价格，Charmingtime 公司和 Charmingmoment 公司的均衡产量。

（3）Charmingtime 公司和 Charmingmoment 公司的利润。

解：

（1）可以看出，对每个寡头产品的需求量与该寡头产品的价格反方向变化，与竞争对手产品的价格同方向变化。假定两个寡头同时作出决策。在进行决策时，每个寡头都把其对手的价格视为既定，然后选择能使自己利润达到最大化的自己产品的价格，通过构造两个寡头的利润函数，并按照求利润最大化的条件，可以导出古诺均衡解。

$Q = Q_1 + Q_2$

$Q = 4\,000 - 10P$

$P = 400 - 0.1Q = 400 - 0.1Q_1 - 0.1Q_2$

$\pi_1 = PQ_1 - TC_1 = (400 - 0.1Q_1 - 0.1Q_2)Q_1 - (0.1Q_1^2 + 20Q_1 + 100\,000)$

$\dfrac{\partial \pi_1}{\partial Q_1} = 400 - 0.2Q_1 - 0.1Q_2 - 0.2Q_1 - 20 = 0$

Charmingtime 的反应函数：$Q_1 = 950 - 0.25Q_2$

$\pi_2 = PQ_2 - TC_2 = (400 - 0.1Q_1 - 0.1Q_2)Q_2 - (0.4Q_2^2 + 32Q_2 + 20\,000)$

$\dfrac{\partial \pi_2}{\partial Q_2} = 400 - 0.1Q_1 - 0.2Q_2 - 0.8Q_2 - 32 = 0$

Charmingmoment 的反应函数：$Q_2 = 368 - 0.1Q_1$

（2）两个反应函数的联立解，得到可以使两个寡头利润最大化的均衡价格，均衡是两企业反应函数的交点。

$$\begin{cases} Q_1 = 950 - 0.25Q_2 \\ Q_2 = 368 - 0.1Q_1 \end{cases}$$

$Q_1 = 880$

$Q_2 = 280$

$Q = Q_1 + Q_2 = 880 + 280 = 1\,160$

（3）$P = 400 - 0.1Q = 400 - 0.1 \times 1\,160 = 284$

$\pi_1 = PQ_1 - TC_1 = 284 \times 880 - (0.1 \times 880^2 + 20 \times 880 + 100\,000) = 54\,880$

$\pi_2 = PQ_2 - TC_2 = 284 \times 280 - (0.4 \times 280^2 + 32 \times 280 + 20\,000) = 19\,200$

四、价格领导

假定一个行业由一家大企业和几家小企业组成。大企业，或由于具有规模经济性，或由于管理水平高，成本较低，因而在行业中成为最大的卖者。不管什么原因，假定该企业现在行业中能决定价格。小企业如果不跟着定价，就会陷入一场自遭灭亡的价格战。但是，由于由支配企业定的价格一般要高于在激烈竞争中形成的价格，小企业让支配企业领导定价反而能获得更多利润。从行业领袖的角度看，严格遵循的价格领导模式可省去执行行业价格纪律所需的费用。还有，如果大企业在市场竞争中有过分行为，可根据反托拉斯法令对它的非法垄断进行起诉。

价格领导制是指一个行业的价格通常由某一寡头率先制定，其余寡头追随其后确定各自价格。领价者往往既不是自封的，也不是共同推陈出新选的，而是自然形成的。这种自然形成的领价者或者说价格领袖，一般有三种情况：

（1）支配型价格领袖。领先确定价格的企业是本行业中最大的、具有支配地位的企业。它在市场上所占份额最大，因此对价格的决定举足轻重。它根据自己利润最大化的原则确定产品价格及其变动，其余规模较小的寡头就像完全竞争企业一样，是价格的接受者，需根据支配企业的价格来确定自己的价格以及产量。

（2）晴雨表型价格领袖。这种企业并不一定在本行业中规模最大、成本最低、效率最高，但它在掌握市场行情变化或其他信息方面明显优于其他企业。这家企业价格的变动实际上首先传递了某种信息，因此，它的价格在该行业中具有晴雨表的作用，其他企业会参照这家企业的价格变动而变动自己的价格。

（3）效率型价格领袖。领先确定价格的企业是本行业中成本最低、效率最高的企业。它对价格的确定也使其他企业不得不随之变动。如果高成本企业按自己利润最大化的原则确定价格，将会丧失自己的销路而得不偿失。

五、正式的勾结：卡特尔

如果寡头垄断行业中的各家企业通过明确的、通常是正式的协议来协调各自的产量、价格或其他诸如销售地区分配等事项，它们就形成一个卡特尔。在一些国家，卡特尔是法律所允许的，因而也是较普遍的。美国早在1890年就已通过《谢尔曼法》对公开的或秘密的共谋行为加以限制。因此，在美国不存在公开的卡特尔，企业要进行暗中串通也要冒受到法律制裁的风险。

通常说来，如果某行业满足下列条件，将会促使行业中建立卡特尔，并且容易维持较长的时间。这些条件包括：一是行业内的厂商预期加入卡特尔后，卡特尔能够有效地提高行业产品的价格；二是成立卡特尔不会遭受政府的反垄断诉讼（如果该国家存在这方面的法律的话），或者被发现并进行惩罚的概率较低时；三是执行卡特尔协议的成本较低，而且能够有效地发现违反协议的厂商并对其进行有效的惩罚。第三个条件通常在卡特尔内包含较少的厂商、行业高度集中以及产品同质时，较为容易建立并维持卡特尔。

1. 卡特尔价格与产量的确定

如果成员企业能够结成牢固的联盟，卡特尔可以像一个垄断者那样来追求其作为整体的总利润的最大化。假定各家成员企业生产相同的产品，但成本状况并不完全相同，此时卡特尔需对市场需求曲线及卡特尔作为一个整体的边际成本曲线做出估算，然后确定一个统一的"垄断价格"和相应的总产量，并将总产量在各成员企业之间进行分配（见图7-17）。

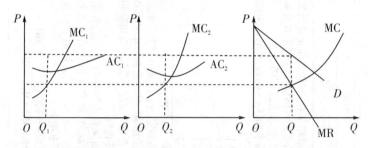

图7-17　卡特尔的勾结

（1）总产量及价格的确定。

MC = MR

（2）产量的分配。

$MR = MC_1 = MC_2$

2. 卡特尔的不稳定

卡特尔本身具有不稳定性。由于卡特尔成员存在超额生产能力，这带来的另一个问题就是卡特尔监督协议执行时存在较大的困难，每一个成员都有动机偷偷违反协议，降低价格，增加销售量，提高利润水平。如果没有一种有效的机制控制厂商的行为，所有的卡特尔成员都会有动机欺骗，由此卡特尔通过限产来维持高价的目标就不会实现，卡特尔就会解体。从长期来看，不断会有新的替代品出现，瓦解垄断力量。

现实中，厂商也确定了许多有效的机制来防止成员厂商进行欺骗。这主要有：①在规定卡特尔的价格时，同时规定其他的条件，使成员厂商单纯降价行为更加容易被卡特尔发现。②通过规定卡特尔成员某一地理区域的市场来限定产量，在这一个固定的地理区域内，该成员厂商的行为像一个完全垄断厂商一样，只要在非协议地域销售产品就会被发现，对成员厂商的欺骗行为有较强的控制。③固定市场份额，只要市场份额较容易测定，成员厂商的欺骗行为就能得到有效抑制。④使用最惠顾客待遇条款。这种条款是卖方向买方保证不会以更低的价格对外销售，如果以更低的价格对外销售，必须向先前的买者退回差价。⑤建立触发价格，即协议规定如果市场价格下降到某一给定水平，称为触发价格，成员厂商都将产量扩大到未成立卡特尔时的水平。这样，当某一厂商偷偷降价时，只能在短时期内获得一些收益，但很快会受到惩罚。

附表 1　市场结构与企业行为总结

判断		完全竞争市场	垄断竞争市场	寡头垄断市场	完全垄断市场
判断	企业数目	大量	许多	几个	一个
	产品性质	同质	差异	同质(纯寡头)或差异(差别寡头)	唯一生产者,无替代品
	价格影响	没有	较小	较大	很大(常受管制)
	进出难易	容易	较容易	困难	不能
代表行业		农产品	轻工业,服务业	钢铁,石油	公用事业
均衡	短期均衡	短期均衡的条件是：$MR=SMC$　[图：SMC、SAC、AVC；$P_1=AR=MR$,有利润；$P_2=AR=MR$,亏损继续生产；$P_3=AR=MR$,停业止点；$P_4=AR=MR$,亏损停产]　完全竞争市场上厂商的短期供给曲线就是从 AVC 最低点开始的并且大于 AVC 的 SMC 曲线的一部分。	短期均衡的条件是：$MR=SMC$。同完全垄断分析一样,只是垄断竞争需求弹性要比完全垄断大。见附表 2。	决策考虑到战略依存,寡头垄断企业行为有四种模式：合作的价格领导、卡特尔以及非合作的弯折需求曲线(Sweezy 模型);跟涨不跟跌。 1. 弯折的需求曲线(Sweezy 模型)；跟涨不跟跌。[图：P^*、Q^*、D_1、D_2]	短期均衡的条件是：$MR=SMC$。短期内可能盈利、亏损或者停产。见附表 2。
	长期均衡	长期均衡条件是：$MR=LMC=SMC=AR=LAC=SAC$　[图：LMC、SMC、SAC、LAC；$P=AR=MR$]	长期均衡条件是：①$MR=MC$；②$P=AR=AC$　[图：LMC、LAC、MR、D]	2. 价格领导：假定一个行业由一家大企业和几家小企业组成。大企业在行业中能决定价格,小企业让支配性领导定价而能获得更多利润。 3. 卡特尔：如果寡头垄断行业中的各家企业通过明确的、通常是正式的协议来协调各自的产量,价格或其他诸如销售地区分配等事项。①总产量及价格的确定：$MC=MR$。②产量的分配：$MR=MC_1=MC_2$。	在 $LMC=MR$ 时,厂商实现了长期均衡,同时也实现了短期均衡,其均衡条件为 $LMC=SMC=MR$。[图：SMC、SAC、LAC、LMC；$P=AR=D$、MR]
评价	市场价格	最低	中等	较高	最高
	产量	最大	中等	较小	最小
	长期平均成本	最低	中等	较高	最高
	资源配置效率(P 与 AC 比较)	$P=MinAC$ 效率最高	$P=AC$ 效率高	$P>AC$ 效率较低	$P>AC$ 效率最低
	经济利润	0	0	较大	最大

附表 2　垄断竞争与寡头垄断短期均衡

情况	垄断（垄断竞争与完全垄断）短期决策分析
	市场价格偏高，厂商按照 MR＝SMC 点进行生产，可以实现利润最大化，最大利润为阴影部分的面积。
	市场价格适中，厂商按照 MR＝SMC 点进行生产，既无亏损也无超额利润，实现了最大的正常利润，该点为最佳生产点。
	市场价格偏低，厂商按照 MR＝SMC 点进行生产，可以实现亏损最小化，最小亏损为阴影部分的面积。
	市场价格偏低，厂商按照 MR＝SMC 点进行生产，可以实现亏损最小化，最小亏损为阴影部分的面积，等于 SFC。从社会贡献来看，厂商仍然生产。
	市场价格偏低，厂商不生产，亏损为 SFC；厂商无论按照哪一点进行生产，亏损都大于 SFC。因此，厂商不生产。

【经典习题】

一、名词解释

1. cournot equilibrium

2. 自然垄断

3. 完全竞争

4. 弯折的需求曲线

二、选择题

1. 对完全竞争的企业来说，如果产品的平均变动成本高于价格，它就应当（　　）。

    A. 边生产边整顿，争取扭亏为盈　　　B. 暂时维持生产，以减少亏损

    C. 立即停产　　　　　　　　　　　　D. 是否需要停产视市场情况而定

2. 垄断竞争企业的竞争方式有（　　）。

    A. 价格竞争　　　　　　　　　　　　B. 产品差异化竞争

    C. 广告和促销竞争　　　　　　　　　D. 以上都有

3. 在（　　）市场结构中，企业的决策必须考虑到其他企业可能做出的反应。

    A. 完全竞争　　　　　　　　　　　　B. 垄断竞争

    C. 寡头垄断　　　　　　　　　　　　D. 完全垄断

4. 垄断厂商面临的需求曲线是（　　）。

    A. 向下倾斜的　　　　　　　　　　　B. 向上倾斜的

    C. 垂直的　　　　　　　　　　　　　D. 水平的

5. 完全垄断厂商的总收益与价格同时下降的前提条件是（　　）。

    A. $E_p > 1$　　　　　　　　　　　　B. $E_p < 1$

    C. $E_p = 1$　　　　　　　　　　　　D. $E_p = 0$

6. 一垄断者如果面对一线性需求函数，总收益增加时（　　）。

    A. 边际收益为正值且递增　　　　　　B. 边际收益为正值且递减

    C. 边际收益为负值　　　　　　　　　D. 边际收益为零

7. 完全垄断厂商的产品需求弹性 $E_d = 1$ 时（　　）。

    A. 总收益最小　　　　　　　　　　　B. 总收益最大

    C. 总收益递增　　　　　　　　　　　D. 总收益不变

8. 如果在需求曲线上有一点，$E_d = -2$，$P = 20$ 元，则 MR 为（　　）。

    A. 30 元　　　　　B. 60 元　　　　　C. 10 元　　　　　D. −10 元

9. 垄断厂商利润最大化时（　　）。

A. $P=MR=MC$

B. $P>MR=AC$

C. $P>MR=MC$

D. $P>MC=AC$

10. 在短期内，完全垄断厂商（　　）。

A. 收支相抵

B. 取得最大利润

C. 发生亏损

D. 上述情况都可能发生

11. 在完全垄断厂商的最优产量处（　　）。

A. $P=MC$

B. $P=SAC$ 的最低点的值

C. P 最高

D. $MR=MC$

12. 假定完全竞争行业内某厂商在目前产量水平上的边际成本、平均成本和平均收益都等于1美元，则该厂商（　　）。

A. 肯定只得正常利润

B. 肯定没得最大利润

C. 是否得最大利润不能确定

D. 肯定得了最小利润

13. 平均收益等于边际收益的市场是（　　）。

A. 完全垄断的市场

B. 完全竞争的市场

C. 垄断竞争的市场

D. 寡头垄断的市场

14. 完全竞争市场的厂商短期供给曲线是指（　　）。

A. AVC>MC 中的那部分 AVC 曲线

B. AC>MC 中的那部分 AC 曲线

C. MC>AVC 中的那部分 MC 曲线

D. MC>AC 中的那部分 MC 曲线

15. 成本函数为 $C(q)=280+104q+24q^2-3q^3$，当且仅当产品的价格高于（　　）时，企业才会进行生产。

A. 280

B. 4

C. 56

D. 以上答案都不对

16. 某垄断厂商的需求曲线是向下倾斜的，其固定成本很大以至于在利润最大化条件下（此时产量大于零）其利润刚好为零。此时该厂商的（　　）。

A. 价格刚好等于边际成本

B. 需求无弹性

C. 边际收益大于边际成本

D. 平均成本大于边际成本

17. 当完全竞争市场实现均衡时，厂商的（　　）。

A. 规模报酬递增

B. 规模报酬递减

C. 规模报酬不变

D. 不确定

三、简答与论述

1. 用图形分析完全竞争市场长期均衡的实现过程与均衡状态的特点，并与完全垄断比较分析这两种市场组织的经济效率。

2. 作图并说明完全竞争厂商短期均衡的三种基本情况。

3. 比较完全竞争和垄断竞争的长短期均衡。

4. 为什么说垄断或不完全竞争会产生效率低下，请作图说明。

5. 联系图形说明卡特尔模型的主要内容，并分析卡特尔组织的稳定问题。

6. 作图并说明完全竞争市场需求曲线。

7. 对比其他市场结构，说明寡头垄断市场不能建立一般寡头模型的原因。

8. 结合图形论述寡头垄断条件下的价格和产量。

9. 在垄断市场中为什么不存在规律性的供给曲线？

10. 请用弯折的需求曲线模型解释寡头市场上的价格刚性现象。

11. 完全竞争市场条件下，厂商的需求曲线，平均收益曲线与边际收益曲线有什么特点？

12. 简述完全竞争厂商短期均衡和长期均衡的条件。

13. 为什么利润最大化原则 $MC=MR$ 在完全竞争条件下可表达为 $MC=P$？

14. "在长期均衡点，完全竞争市场中每个厂商的利润都为零，因而，当价格下降时，所有这些厂商都无法经营。"这句话对吗？

15. 垄断厂商的收益与需求价格弹性有什么关系？

16. 简述市场上形成完全垄断的原因。

17. 什么是垄断竞争市场？垄断竞争市场有哪些特点？

18. 画出垄断竞争的长期均衡图示，并说明各曲线的含义。

19. 为什么说完全竞争市场条件下企业供给曲线是边际成本曲线的一部分？

20. 竞争性市场的有效性体现在哪些方面？

四、计算与分析

1. 垄断企业的短期成本函数为 $STC=3\,000+400Q+10Q^2$，产品的需求函数为 $P=1\,000-5Q$。

（1）求垄断企业利润最大化时的产量、价格和利润；

（2）如果政府限定企业以边际成本定价，试求这一限制价格以及垄断提供的产量和所得利润；

（3）如果政府限定的价格为收支相抵的价格，试求此价格相应的产量。

2. 已知垄断企业的长期成本函数为 $LTC=0.6Q^2+3Q$，需求函数为 $Q=20-2.5P$，试求垄断厂商长期均衡时的产量和价格。

3. 一厂商面临如下平均收益曲线：$P=100-0.01Q$。其中 Q 是产量，P 是价格（以元计算），成本函数为 $C=50Q+30\,000$。

（1）该厂商的利润最大化产量、价格是多少？并求其利润。

（2）如果政府对生产者生产的每单位产品征税 10 元，该厂商的利润最大化产量、价格以及利润水平是多少？

（3）如果政府对消费者购买的每单位商品征税 10 元，结果又将怎样？

（4）如果政府对该厂商总共征收 10 000 元的税收，利润最大化的产量、价格和利润是多少？

4. 厂商主导模型下有 1 个大厂商、5 个小厂商。大厂商的成本函数是 $C=0.001Q_1^2+3Q_1$，小厂商的成本函数是 $C=0.01Q_2^2+3Q_2$，需求曲线是 $Q=5\ 250-250P$。

求大厂商和小厂商的均衡产量、均衡价格、利润及总产量。

5. 设两个寡头企业面临的需求曲线为：$D=-p+100$，两个企业的边际成本均为 10。

（1）如果两个企业组成卡特尔，求解市场价格和产出水平。

（2）如果两个企业采取非合作策略，但每个企业都依据竞争对手的产量确定自己的利润最大化产量。求解两个企业的均衡产量、利润和市场价格。

6. 魅刻服装专卖店是女装市场上众多厂商中的一员，由于专门针对欧美女性市场时尚、独特的设计，魅刻服装在激烈的市场竞争中凭借自身优势形成了稳定的客户群，其需求曲线为 $Q=600-50P$，成本函数为 $C=2Q+300$。

（1）魅刻服装的利润最大化产量是多少？产品价格与利润是多少？

（2）为获取更高的利润，魅刻服装准备进行广告营销，假设在价格不变的前提下，广告投入越多，需求的增加量也越多，但需求增加的速度随广告投入的增加而递减，具体表现为，投入 X 元广告费用，顾客对新产品的需求增加 $10X^{0.5}$ 个单位，试问这时魅刻服装的利润最大化产量是多少？产品价格与利润是多少？

7. 假定垄断者面临的需求曲线为 $P=100-4Q$。总成本函数为 $TC=50+20Q$。求：

（1）求垄断者利润极大化时的产量、价格和利润。

（2）假定垄断者遵循完全竞争法则，厂商的产品、价格和利润为多少？

8. 完全竞争行业中某厂商的成本函数为：$TC=Q^3-6Q^2+30Q+40$，试求：

（1）假设产品价格为 66 元，求利润最大化时的产量及利润总额。

（2）由于竞争市场供求发生变化，由此决定的新价格为 30 元，在新价格下，厂商是否发生亏损？如果会，最小亏损是多少？

（3）该厂商什么情况下会停产？

（4）请给出厂商的短期供给函数。

9. 已知在一个完全竞争市场上，某个厂商的短期总成本函数为 $STC=0.1Q^3-2.5Q^2+20Q+10$。试求厂商的短期供给函数。

10. 假设一个垄断厂商面临的需求曲线为 $P=10-3Q$，成本函数为 $TC=Q^2+2Q$。

（1）求利润最大时的产量、价格、和利润。

（2）如果政府企图对该厂商采取限价措施迫使其达到完全竞争行业所能达到的产量水平，则限价应为多少？这时企业利润如何？

（3）如果政府打算对该厂商征收一笔固定的调节税，一边把该厂商所获得的超额利润都拿走，则这笔固定税的总额是多少？

（4）如果政府对该厂商生产的每单位产品征收产品税 1 单位，新的均衡点如何？（产量、价格和利润）

11. 图 7-18 是某垄断厂商的长期成本曲线、需求曲线和收益曲线，试在图 7-18 中标出：

（1）长期均衡点及相应的均衡价格和均衡产量。

（2）长期均衡时代表最优生产规模的 SAC 曲线和 SMC 曲线。

（3）长期均衡时的利润量。

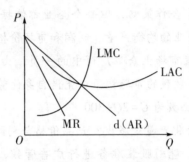

图 7-18　企业成本函数

【综合案例】"萌萌"的三只松鼠[①]

2017 年休闲零食电商巨头——三只松鼠在创业板挂牌上市。财务数据显示，三只松鼠在 2016 年实现 44.23 亿元的收入，同比增长 116.47%，净利润 2.37 亿元。这份亮眼的成绩单，足以让业内同行咋舌。三只松鼠公司有一条特意用黄色灯光和灰色砖块做出旧时光效果的走廊，雕着标语"要么第一，要么灭亡"，一串数字连起一条时间轴。

2012 年，当大家都认为电商红海比 2011 年还红的时候，6 月 19 日，"三只松鼠"横空出世，"三只松鼠"的创始人"老爹"——章燎原，石破天惊。仅仅半年之后，"双十一"单日销售额突破 766 万元，2013 年 1 月份单月业绩突破 2 000 万元，轻松跃居坚果行业全网第一。2014 年全年销售额突破 10 亿元，2015 年销售额破 20 亿元，2019 年突破百亿……在这些漂亮的数据背后，三只松鼠成功的秘诀到底在哪里呢？

2012 年以前，国内已经做得不错的零食品牌，比如来伊份、良品铺子、百草味，但这些品牌都还是以传统的线下模式为主。线上仍是一片处女地。章燎原发现，坚果在线下很难成为品牌，坚果是一个门槛极低的初加工产品，任何人都可以进入这个行业，优秀品牌不会从这样一个街边店铺或农贸市场诞生。"80 后""90 后"消费习惯在改变，"80 后""90 后"的消费力在变强，其消费需求已经由过去的瓜子延伸到坚果，但线下、线上又没

---

① 派代网. 卖了 59 亿元的三只松鼠 给了电商人哪些启示 [EB/OL]. (2017-04-27) [2020-09-23]. https://www.ebrun.com/20170427/228325.shtml.

有坚果这样的品牌。

章燎原在考虑了从线下转到线上后，组了一个5人的创始团队来做线上坚果品牌三只松鼠。将三只松鼠定位于做"互联网顾客体验的第一品牌"，要做好顾客体验的核心，就是做好产品体验。要做好产品体验，只有互联网的速度，才能使产品更新鲜，更快速地到达顾客手中。

为啥叫"三只松鼠"？很简单，因为是卖坚果类休闲食品，松鼠又是以坚果为主食的，很自然地就能关联到一起。那为啥是"三只"？因为中国人对"四"这个数字比较忌讳，如果五只松鼠显得太多，三只就刚刚好。而松鼠的体型和体态在人的记忆和印象之中是非常可爱的，毛茸茸的大尾巴尽显萌像。

尽管松鼠本身的形象比较可爱，但是三只松鼠在设计公司logo以及对外传播的时候，并没有轻易地就按照松鼠的形象来设计，而是通过拟人的手法，设计了具有可爱特色的卡通形象。除了在形象和设计上做区分外，还给三只性格迥异的松鼠赋予了不同的人格特征和名字，分别叫小美、小酷、小贱，且都是萌萌哒的外表，萌化用户的心。

品牌形象中的松鼠小贱爱卖萌，代表坚果类产品；松鼠小酷是技术宅，代表干果类产品；松鼠小美则是现代女性的典型代表，代表花茶类产品。三个形象深得人心，赢得消费者喜爱的同时拉动了产品消费。

三只松鼠在各个消费环节不断强化萌系品牌形象。从线上店铺的网页介绍、动漫、广告植入，到线下的包装、赠品、快递盒等全都保持一致的卖萌风格，在消费心中不断强化萌系品牌印象，在无形中传递品牌理念，推广产品品牌。

大家都知道，"亲"是淘宝的发明，比亲更肉麻的"主人"则是三只松鼠的专利。据说，当初章燎原希望客服在沟通的时候，使用主人的称呼，大家都下不了口，然后看着员工"你行你上"的眼神，章燎原就真的上了，打了两天的电话，有人觉得奇怪，有人觉得好玩，也有人觉得恶心，但是总体上，倾向接受的比反感的多，于是大家开始统一给客户的称呼。

再到后来，"三只松鼠"不满足于简单地卖萌，还基于"80后""90后"互联网用户群体的定位，适应顾客的各种口味，特意将位于销售链前端的售前客服进行分组，分组的标准，则是根据客服的性格与个人偏好决定。想听高端大气上档次、奔放洋气有内涵的话题，可以找小清新文艺骚年组松鼠接待。而热衷各种段子，重口味、无底线和无下限的，则由丧心病狂组负责招待。这样的客户接待，便于把卖萌耍贱的文化发挥到极致。

三只松鼠通过多种手段力保产品更新鲜安全。坚果油脂类产品存放太久会不新鲜，无人愿意购买。首先，三只松鼠的原料均选自全球的原产地农场，将合格的半成品直接送回位于芜湖总部的1万平方米的封装工厂或低温仓中完成最后的分装工作，大大缩短了从拿货到送至消费者手中所耗费的时间，最大限度地保证了产品的新鲜安全；其次，三只松鼠成立了专门的食品研究院进行食品研发，研究方向不是通常的如何延长食品保质期，而是集中在如何令食物更新鲜、美味的主题上；最后，三只松鼠将继续完善信息化系统，通过数据建立一个安全可追溯的供应链系统，食品安全一直控制到上游，实现资源透明，消费者可以对食品安全进行追溯。

三只松鼠思考消费者购买、食用的每个环节，尽可能给予方便和优化。把坚果产品加工得更易剥，时尚质感双层包装，突出松鼠形象，提供各种工具，如为用户提供开箱器、吃坚果的工具、扔果壳的纸袋、甚至还有吃完擦手的纸巾；在送给顾客的包裹中会有一些有趣的提示语，例如果壳袋子上的提示是："主人，我是鼠小袋，吃的时候记得把果壳放进袋子里哦"，轻松有趣；它会根据主人的购买次数更换包装袋，力求达到每一次的服务都是视觉味觉共同享受的过程，给人耳目一新的感觉；另外，它还会时不时送一些小惊喜：抽奖卡片、优惠券、新品试用、小玩意、微杂志等。

思考：

（1）坚果类农产品处于哪种市场结构？

（2）三只松鼠成功原因是什么？

（3）农产品基本都处于完全竞争市场，该如何做到差异化？

8

第八章 产品与服务的定价

【思维导图】

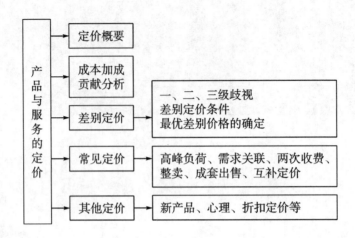

【导入案例】 如此定价为哪般？

从广州至北京，最便宜的经济舱机票仅需 200 元左右，而最贵的经济舱机票却要 1 400 多元。为何有如此大的差别？

第一是买票或订票的时间因素。旅游旺季，周末、节假日的机票贵，淡季、工作日（周一至周四）的机票可以享受到不同的优惠，所以便宜。临时买票上飞机，属于特别服务，价格最贵。同样是订票，提前两周、三周、一个月、两个月，旅客享受到的价格优惠都不一样，一般订票时间越早，享受到的优惠越多。

第二是飞机起飞和降落的时段因素。上午 8 时至晚上 10 时起飞和降落的机票贵，剩下的时段，特别是在午夜至凌晨 5 时起飞或降落的机票便宜。理由是后半夜起降的飞机给顾客造成诸多不便。此外，直达目的地的机票贵，多次起降才到达的机票便宜，途中须转机的机票最便宜，因为多次起降和途中转机不但耽误顾客宝贵的时间，而且每一次起降和转机都会给顾客带来不适和疲劳。

第三是航空公司和飞机本身的因素。大航空公司的票价贵，小航空公司的票价便宜，因为前者的服务一般比后者更周到。大型飞机的票价贵，中小型飞机的票价便宜，因为坐大飞机比坐小飞机舒服些。

第四是机场远近因素。一些大城市有多个机场，在离市中心近、交通方便的国际机场起飞和降落的机票贵，在离市中心远、交通不便的小机场起飞和降落的机票便宜。

思考：差异化定价有什么好处？如何做到？

第一节　定价概要

一、定价

"定价"是确定商品在市场的售价。无论是厂家、经销商还是菜市场的普通菜农，一天到晚都在和价格打着交道，如何定价也就成为人们经常思考的问题。价格是营销组合中最灵活的因素之一，同时也是最令人头疼的问题。因此，我们会发现很多企业在制定产品价格策略的时候，更多是依照已有市场行情，采取跟随进入的策略。定价科学与否，在很大程度上会决定产品的未来生死，因为产品一旦定好价格，往往会维持一段时间，并不能轻易进行改动。所以价格的确定必须要有正确的依据，必须遵循一定的步骤来进行。

二、定价环境分析

进行定价，绝不能不顾及周围可能发生的各种反应，必须注意有关方面对定价和价格变化的态度和反应，主要有：

1. 顾客

企业在定价时不仅要考虑最终顾客的反应，而且要考虑中间顾客的反应。许多商品不是直接由生产企业销售给最终顾客的，而是要经过批发部门。在这种情况下，企业也许只能考虑判定批发部门所能接受的价格水平，而让批发部门自行确定出售给零售企业及至消费者的价格。之所以要这样做，是因为这些中间顾客比较熟悉消费者对产品的态度和价格偏好。这种做法的缺点就是生产企业不能直接控制最终价格。因此，另一种方法就是由生产企业规定价格，然后由生产企业和中间顾客进行协商，以保证中间顾客的利润。

2. 供应者

投入要素的供应者常常会注意到产品价格的变化。如果产品价格上升，投入要素的供应者就会认为企业因此而赚取了较之前更多的利润，也许会提出提高投入要素价格的要求。如果猪肉零售价格上涨，农民可能会认为生猪的收购价格也应该上涨，可见，在制定价格时，企业必须充分估计到投入要素供应者的态度和反应。

3. 竞争企业

在定价时，竞争对手的反应是必须考虑的。在定价时，一个精明的企业管理者必须注意：如果价格定得过高，是否会招致新的竞争对手的进入；如果价格定得太低，企业是否具有足够的财力，是否会招致竞争对手的强烈反应。企业的需求曲线绝不像理论分析那样是一条固定的线性曲线，而是会因竞争企业的反应发生变动。

4. 社会各方面

企业的定价和价格变动必然会引起社会各方面的关注。广大群众习惯把价格变动看作经济形势好坏的一种指示器，因此企业的价格行动必须慎重，要充分估计到对社会的影响。即使在企业价格变动权限内的变动，也要慎重，不要给社会造成误解和错觉；否则，最终还是会对企业不利。

三、企业定价程序

企业定价可以分为六个步骤，即确定企业定价目标、测定市场需求、估算商品成本、分析竞争状况、选择定价方法、确定最后价格。

1. 确定企业定价目标

这主要有八种选择：投资收益率目标、市场占有率目标、稳定价格目标、防止竞争目标、利润最大化目标、渠道关系目标、度过困难目标、塑造形象目标（也叫社会形象目标）。

2. 测定市场需求

企业商品的价格会影响需求，需求的变化影响企业的产品销售以及企业营销目标的实现。因此，测定市场需求状况是制定价格的重要工作。在对需求的测定中，首要的是了解市场需求对价格变动的反应，即需求的价格弹性。

3. 估算商品成本

企业在制定商品价格时，要进行成本估算。企业商品价格的最高限度取决于市场需求及有关限制因素，而最低价格不能低于商品的经营成本费用，这是企业价格的下限。

4. 分析竞争状况

对竞争状况的分析，包括三个方面的内容：

（1）分析企业竞争地位；

（2）协调企业的定价方向；

（3）估计竞争企业的反应。

5. 选择定价方法

在前面步骤的基础上选择适当的定价方法。

6. 选定最后价格

在最后确定价格时，必须考虑是否遵循这样四项原则：①商品价格的制定与企业预期的定价目标的一致性，有利于企业总的战略目标的实现；②商品价格的制定符合国家政策法令的有关规定；③商品价格的制定符合消费者整体及长远利益；④商品价格的制定与企业市场营销组合中的非价格因素是否协调一致、互相配合，为达到企业营销目标服务。

四、影响企业定价的因素

1. 市场需求及变化

如果其他因素保持不变，消费者对某一商品需求量的变化与这一商品价格变化的方向相反，如果商品的价格下跌，需求量就上升，而商品的价格上涨时，需求量就相应下降，这就是所谓需求规律。这是企业决定自己的市场行为特别是制定价格时所必须考虑的一个重要因素。

2. 市场竞争状况

在不同竞争条件下企业自身的定价自由度有所不同，在现代经济中可分为四种情况：完全竞争、纯粹垄断（或称完全垄断）、不完全竞争（也叫垄断性竞争）、寡头竞争。

3. 政府的干预程度

除了竞争状况之外，各国政府干预企业价格制定也直接影响企业的价格决策。在现代经济生活中，世界各国政府对价格的干预和控制是普遍存在的，只是干预与控制的程度不同而已。

4. 商品的特点

这包括：商品的种类，标准化程度，商品的易腐、易毁和季节性，时尚性，需求弹性，生命周期阶段等。

5. 企业状况

企业状况主要指企业的生产经营能力和企业经营管理水平对制定价格的影响，包括以下内容：企业的规模与实力、企业的销售渠道、企业的信息沟通、企业营销人员的素质和能力等。

五、销售策略中主要变量的分析

在实际中，各种变量总是不停地在相互影响着和变化着。因此，我们在定价时，不能只考虑价格与销量之间的相互关系，而且需考虑其他变量，如消费者的偏好、收入水平、新产品的开发、广告手段等。

定价是否恰当，有赖于对需求函数和成本函数的估计。如果对需求函数估计不准，确定的价格往往会使实际的销量与预期的销量发生较大的偏差，以致销量增长过速或大幅度削减，影响企业的销售和利润。同样，企业对生产成本函数也必须有精确的估计，以建立合理的价格成本利润关系，确定恰当的毛利幅度，不致因毛利过厚而影响销量的扩展，也不致毛利过薄而使企业经营维持不下去。

第二节　成本加成定价与增量定价分析法

一、成本加成定价

1. 含义

成本加成定价又称为目标投资收益率定价法，实践中广泛使用。基本方法是在估计的单位成本（单位可变成本与单位不变成本之和）基础上，根据目标利润率来制定产品的销售价格。

2. 定价过程

一般包括以下步骤：

（1）计算标准产量，一般为产品设计生产能力的 2/3~4/5；

（2）计算劳动、原材料和其他可变投入的成本，得到单位产品的可变成本 AVC；

（3）估计固定成本，计算出单位产品的固定成本 AFC；

（4）计算平均成本 AC=AVC+AFC，确定目标利润率并记为 r，则产品价格应为：

$$P = AC+AC \cdot r = AC(1+r)$$

[例 8-1] 德明企业生产某种电子芯片，每件的变动成本为 10 元，标准产量为 500 000 件，总固定成本为 2 500 000 元。如果企业的目标成本利润率定为 20%，价格应该定多少？

解：$AVC = 10$

$AFC = TFC/Q = 2\ 500\ 000/500\ 000 = 5$

$AC = AVC+AFC = 10+5 = 15$

$P = AC(1+r) = 15(1+20\%) = 18$

所以，价格要定为 18 元。

二、成本加成定价法与利润最大化

成本加成定价法运用得当，有可能使企业接近利润最大化目标。重要的是如何确定成本加成的百分比（目标成本利润率）。

成本加成定价法在长期中按 MR=MC 原则定价能使厂商获得最大利润。

$$MR = P\left(1-\frac{1}{|E_d|}\right) = MC \Rightarrow P = MC\left(\frac{1}{1-\frac{1}{|E_d|}}\right) = MC\left(1+\frac{1}{|E_d|-1}\right)$$。若规模报酬不变，则：

$LAC = LMC$，于是：$P=LAC\left(1+\frac{1}{|E_d|-1}\right)$。令 $\frac{1}{|E_d|-1} = r$，有：$P=LAC(1+r)$。

由于 $\frac{1}{|E_d|-1} = r$，显然，E_d 越大，加成 r 越小，E_d 越小，加成 r 越大。这也进一步证明垄断势力强的厂商利润率比较高。

[案例 8-1] 商店通常使用加成定价法。某商店对各种产品的加成如表 8-1 所示。

表 8-1　某商店对各种产品的加成

产品	加成（百分比）	产品	加成（百分比）
咖啡	5	冻肉	30
软饮料	5	新鲜水果	45

表8-1(续)

产品	加成（百分比）	产品	加成（百分比）
早餐类食品	10	新鲜蔬菜	45
汤类	10	调味品	50
冰激凌	20	专卖药品	50

从专卖药品和新鲜蔬菜类商品的价格弹性要低于咖啡和早餐类食品这个意义上来说，这个定价体系将使商店的利润趋于最大化。一般说来，商店很可能舍对那些消费者受价格影响不大（也就是说价格弹性低）的商品制定较高的加成。他们认为高加成是很安全的。另外，对那些消费者对价格敏感（也就是说价格弹性高）的商品，商店意识到他们必须将加成压低，因为把加成提高是十分愚蠢的做法，会使消费者跑到别处去。

三、增量分析定价法

增量分析定价法主要是分析企业接受新任务后是否有增量利润（贡献）。如果增量利润为正值，说明新任务的价格是可以接受的，如果增量利润为负值，说明新任务的价格是不可以接受的。

增量分析定价法与成本加成定价法的共同点都是以成本为基础，不同之点是后者以全部成本为基础，一般用于长期决策；增量分析定价法则以增量成本为定价基础，常用于短期决策。

第三节　差别定价法

一、差别定价法

差别定价又称为价格歧视，是指厂商把同一产品对不同的市场或不同的消费者制定不同的价格。价格歧视主要有以下三种方式：

1. 一级价格歧视

一级价格歧视又称为完全价格歧视，是指对每单位商品都制定不同的价格，即每单位商品都以消费者愿意支付的最高价格出售。如图 8-1 所示，第一单位产品的价格为 P_1，第二单位产品的价格为 P_2，随着出售数量的增加，价格依次下跌，但每一单位的价格都是未满足的消费者所愿支付的最高价格，而最后一单位产品的价格则等于该单位产品的边际成本。

在一级价格歧视下，生产者占有了全部的消费者剩余，在追求最优化时，最大化了生产者剩余和消费者剩余的总和，使得产量达到社会最优的水平。

显然，一级价格歧视在实际上是无法实现的，它要求垄断者掌握每一单位产品对消费者的最高边际值，这样的信息要求是不可能达到的。

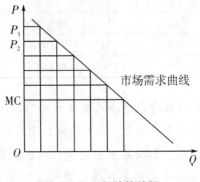

图 8-1　一级价格歧视

2. 二级价格歧视

二级价格歧视是指不同单位的产品组合以不同的价格出售，而购买同一数量的不同消费者都支付同一价格。最普遍的二级价格歧视就是数量优惠，买得越多，价格越低。

二级价格歧视所能获得的利润比单一价格的垄断利润更高，如图8-2所示，单一垄断价格为 P_m，销售量为 Q_m，厂商实施二级价格歧视，购买量低于 Q_m，单位价格为 P_m，而高于 Q_m 的购买量，则价格为 P^*。显然，只要 MC$< P^* <P_m$，厂商总能诱导出更多的需求，使需求增加为 Q^*，图8-2中的阴影部分即为二级价格歧视下多获得的利润。

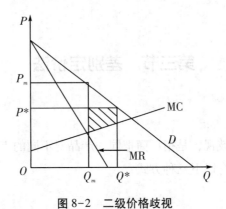

图 8-2　二级价格歧视

3. 三级价格歧视

三级价格歧视是指同一产品在不同的市场上有不同的价格，但在同一市场上则有相同的价格。三级价格歧视要求垄断者能区分出不同消费者，而不同的消费者形成的市场有不同的价格需求弹性，需求弹性小的市场上，消费者对价格不敏感，垄断者可以把价格定得较高而不损失太多需求量，最终获得较多的利润。

[案例 8-2] 美国的汽车保险①

与其他国家不一样的是，美国的保险公司在向用户提供服务和收费时，更多地考虑的是人的因素，而不是车的因素。换句话说，同一辆汽车，不同的人去投保，保险费可以相差 3 倍以上。为什么？

保险公司的老板指出，同样的汽车，有的用户投保之后，并没有出交通事故，有的则经常出交通事故，对二者收取同样的保险费既不合理，也不利于鼓励投保人谨慎驾驶和避免交通事故。保险公司最希望投保人不出或尽量少出交通事故，因为保险公司不但要为用户保险，也要为自身"保险"：不能赔本，要赚钱。保险公司的这种思考，反映在它对完全相同的投保对象因人而异收取不同的保险费上。

影响保险费高低的人为因素主要如下：

第一是驾驶纪录。上一年既没有出应承担责任的交通事故，也没有由于违章驾驶而被交通法庭罚款的驾驶者，在延长保险合同时，保险费一般下降 10%~15%；反之，保险费上升，上升的幅度依事故的大小、投保人应承担责任的轻重、被罚款的多寡而定。对经常承担交通事故责任的驾驶者，以及造成人员伤亡和重大经济损失的驾驶者，保险公司往往不愿再延长其保险合同。

有良好记录的驾驶者，保险公司抢着要。有的公司最近推出新的汽车保险项目：投保人必须是 3 年以上没有出任何交通事故，也没有因违章驾驶而被交通法庭罚款的驾驶者，保险公司只收取其大约一半的保险费。

被一般保险公司拒绝延长合同的驾驶者，只能向州政府特许的一家特殊的保险公司申请保险，应交纳的保险费为一般保险费的 3 倍以上，因为他们出交通事故的概率大，不如此保险公司自身难保。

第二是驾驶者的年龄因素。交通事故数据分析表明：16 至 25 岁的青年人，特别是未婚青年，出交通事故的概率最高；60 岁以上的老年人出交通事故的概率次之；概率最低的是 26 至 59 岁的中年人，特别是 40 岁至 55 岁的中年人。专家们认为，这主要是由于中年人有强烈的家庭责任感，驾驶时特别小心谨慎的缘故。因此，在其他条件完全相同的情况下，保险公司对中年人收取的保险费最低，对老年人收取的保险费稍高一点，对未婚青年人，特别是十七八岁的小伙子收取的保险费最高。

第三是家庭成员因素。在美国，成年人几乎人人开车，用一个家庭成员的名字投保的汽车，其他家庭成员不可能完全不开。因此，保险公司对家庭成员多的车主收取的保险费高，对家庭成员中有 16 至 25 岁未婚青年的车主收取的保险费尤其高；反之就低。如果一个家庭有多辆汽车在同一家保险公司投保，第一辆之后的汽车可以享受保险费优惠。因为车多，平均每辆车出行时间就少，出交通事故的概率也就相应地要低一些。

第四是地区因素。交通事故数据分析还表明：在像洛杉矶这样的大都市地区，由于车辆多，交通堵塞严重，发生交通事故的概率要高一些；而在特别是在郊区和农村地区，事故发生率低得多。

---

① 法律快车. 中国汽车保险 vs 美国汽车保险相同与不同 [EB/OL]. (2019-02-18) [2021-01-17]. https://baoxian.lawtime.cn/bxflunwen/2011022164966.html.

二、差别定价具备的条件

1. 市场必须是可以细分的，而且各个细分市场表现出不同的需求程度

企业应该能够了解不同层次的购买者购买商品的愿望和能力，即知道不同的购买者对同种商品具有不同的需求弹性。假设企业将市场按照某种标准分成两个消费群体，第一个群体的需求弹性为 E_{P_1}，第二个群体的需求弹性为 E_{P_2}，当两个需求弹性相等时，不存在有差别的价格支付；但当 $E_{P_1} > E_{P_2}$ 时，则第一阶层的消费者所愿支付的价格将要更低一些。此时，企业可对第一阶层的消费者制定较低的价格，而对第二阶层的消费者制定较高的价格，这样做的结果就是更多的消费者剩余转化为企业利润。

2. 各个市场之间必须是相互分离的

各个细分市场的分割使以较低价格购买商品的顾客不会以较高价格倒卖给他人。否则，购买者就会轻易地到价格最低的市场上购买商品，到价格较高的市场去出售而获利，从而使企业维持差别价格的计划失败。一般来说，当市场存在着不完全性或各个市场间被运输成本、消费者的信息不对等或国家之间的壁垒所阻隔时，企业能够对各个市场进行控制，从而对不同的买者索取不同的价格。

3. 在高价的细分市场中，竞争者不可能以低于企业的价格竞销

这是指企业在某种程度上拥有一定的垄断权，因而它可以控制价格。如某企业对某一旅游资源拥有一定的控制权，而这一旅游资源又为独一无二的旅游景点，只有这一家企业能够提供这种产品和服务，这便形成了垄断。公用事业单位也常常对某种产品或服务拥有一定的垄断权，因而常常采取差别价格策略。另外，企业在提供某种商品或服务上有一定的技术、资本、人才和成本优势，其他企业若提供同种商品或服务的话，则价格较高，所以，顾客很难从其他的竞争者那里得到这种商品或服务，即使得到也常常要付出更高的价格，因此，这种企业能够对不同的细分市场采取不同的价格。

4. 差别价格不会引起顾客的厌恶和不满

这是指差别价格的实施在顾客眼中是较为合理的。如地铁公司对老年人、残疾人优惠；同种商品卖给生产者作生产资料其价格要比卖给居民作消费的低。因此，电力卖给企业的价格，要低于卖给居民的价格；乡村医生向穷人收取较为便宜的诊费，这些价格差别消费者容易理解，不会造成反感。

5. 差别价格策略的实施不应是非法的

企业在实施此策略时应考虑到是否侵犯了消费者权益，是否属于不正当竞争。

三、最优差别价格的确定

1. 假定企业把市场划分为两个子市场 A 和 B，它们的需求曲线分别为 D_A 和 D_B。由此可得两个子市场的边际收益曲线 MR_A 和 MR_B。

如果是统一定价，就把两个子市场的需求曲线水平相加可以得到整个市场的需求曲线 $D=D_A+D_B$，整个市场的边际收益曲线 $MR = MR_A + MR_B$，然后令 $MR=MC$。

如果在两个市场上差别定价，由于企业生产的是同一种产品，因此其生产过程是唯一的，其生产成本也与市场的分割无关。这样，企业在各个市场上的定价和产量均由利润最大化的准则 $MR=MC$ 来决定。产量的分配为：$MR_A=MR_B=MC$（如图 8-3 所示）。

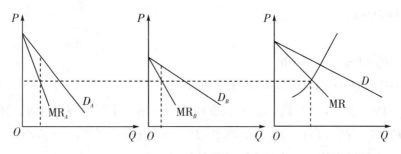

图 8-3　最优差别价格

[例 8-2] 一个垄断者在一个工厂中生产产品而在两个市场上销售，他的成本曲线 $TC=(Q_1+Q_2)^2+10(Q_1+Q_2)$。两个市场的需求曲线分别为：$Q_1=32-0.4P_1$、$Q_2=18-0.1P_2$（其中 TC 为总成本；$Q_1$、$Q_2$ 为市场 1、2 的销售量；P_1、P_2 为市场 1、2 的价格）。

（1）厂商可以在两个市场之间实行差别定价，计算在利润最大化水平上每个市场上的价格、销售量以及获得的总利润。

（2）如果禁止差别定价，即厂商必须在两个市场上以相同价格销售。计算在利润最大化水平上每个市场上的价格、销售量以及获得的总利润。

解：

（1）$P_1=80-2.5Q_1$

$MR_1=80-5Q_1$

$P_2=180-10Q_2$

$MR_2=180-20Q_2$

$MC=2Q+10=2(Q_1+Q_2)+10$

$MR_1=MR_2=MC$

$$\begin{cases}80-5Q_1=2(Q_1+Q_2)+10\\180-20Q_2=2(Q_1+Q_2)+10\end{cases}$$

$Q_1=8$　$Q_2=7$

$P_1=80-2.5Q_1=80-2.5*8=60$

$P_2=180-10Q_2=180-10*7=110$

$\pi=TR-TC=P_1Q_1+P_2Q_2-(Q_1+Q_2)^2-10(Q_1+Q_2)=60*8+110*7-(8+7)^2-10(8+7)$

$=875$

（2） $Q = Q_1+Q_2 = 32-0.4P+18-0.1P = 50-0.5P$

$P = 100-2Q$

$MR = 100-4Q$

$MC = 2Q+10$

$MR = MC$

$100-4Q = 2Q+10$

$Q = 15$

$P = 100-2Q = 100-2*15 = 70$

$\pi = TR-TC = PQ-Q^2-10Q = 70*15-15^2-10*15 = 675$

2. 由于 $MR = P(1-1/|E_P|)$，且当在两个子市场上实行差别定价时，$MR_1 = MR_2$ 即 $P_1(1-1/|E_{P1}|) = P_2(1-1/|E_{P2}|)$，则 $P_1/P_2 = (1-1/|E_{P2}|)/(1-1/|E_{P1}|)$。可见，在需求弹性较大的子市场上，应该索取较低的价格。

[例8-3] 如果 $E_{P1} = -2$，$E_{P2} = -4$，应该如何定价？

解：$P_1/P_2 = (3/4)/(1/2) = 1.5$，即第一子市场的价格是第二子市场价格的 1.5 倍。

[案例8-3] 优惠券多此一举吗？

以前，商店店员会站在街头为逛街人群发放优惠卷。互联网时代，很多优惠券也电子化了。比如去肯德基点餐，只需要把手机上电子优惠券图片出示一下就可以打折。很多人认为出示一下优惠券还不如直接打折吸引顾客，设计、制作和放发优惠券是多此一举吗？

第四节　常见定价法

一、高峰负荷定价

1. 高峰负荷定价法概要

许多商品的消费具有大起大落的特点，从消费需求数量的变化来看，通常形成一种波浪形态。例如，电力的消费在炎热的夏季往往形成耗电高峰；而在每一天里，往往是白天形成高峰，深夜则是耗电的低谷。又如，在每个周末，特别在每年的节假日如五一劳动节、国庆节等，周围的一些旅游胜地常常是游人如织，以致当地的餐馆都人满为患。而电影院的上座率一般白天较低，晚上较高。

一般地，在消费的高峰时间，需求是较为缺乏弹性的，而在消费的低谷，需求的价格弹性则往往是充足的，因此，在高峰时间应定较高的价格，而在低谷时间则定较低的价格。

例如，对电力的消费来说，为了减弱其波动性，特别是减弱一天中间的波动性，企业可以考虑对高峰时间制定相对较高的电价，而在低谷时间给以低价优惠。但这样定价的效果要看电力消费的对象是否对电价有弹性。对一般居民来说，通常并不会因为深夜的电价较低而半夜起来用电水壶烧水，因此这一策略只是对大量耗电的生产性企业比较有效。

2. 实行高峰负荷定价的条件

（1）产品不能储存，例如电话和铁路运力是不能存储的。

（2）同一设施生产，例如在一天不同时段提供电话服务使用的是同一电话交换设备和线路。

（3）不同时段需求特征不同，比如白天对电话的需求远大于夜间，除此之外旅游、宾馆、客运也具有相似特点。每年的"春运"期间，铁路、公路、民航提高票价也属于一个典型的高峰负荷定价问题。

二、需求关联产品定价

一种产品的需求会受另一种产品的需求的影响。互相替代的产品和互相补充的产品，就属于这种情况。

假定企业生产两种产品 A 和 B。那么，它的利润应为：

$$\pi = \mathrm{TR}_A(Q_A, Q_B) + \mathrm{TR}_B(Q_A, Q_B) - C_A(Q_A) - C_B(Q_B)$$

根据利润最大化原理，当因增销一个单位 A 而增加的总销售收入等于因增销一个单位 A 而增加的成本时，产品 A 的销售量是最优的。这一最优化条件可用代数式表示：

$$\mathrm{MR}_A = \mathrm{dTR}_A / \mathrm{d}Q_A + \mathrm{dTR}_B / \mathrm{d}Q_A = \mathrm{MC}_A$$

同理，产品 B 最优产量的条件为：

$$\mathrm{MR}_B = \mathrm{dTR}_B / \mathrm{d}Q_B + \mathrm{dTR}_A / \mathrm{d}Q_B = \mathrm{MC}_B$$

式中，MR_A 和 MR_B 分别代表产品 A 和 B 的边际总销售收入。

（1）如果产品是互相替代的，一种产品销量的增加会使另一种产品的销售量减少，这时，交叉边际收入 $\mathrm{dTR}_B/\mathrm{d}Q_A$ 和 $\mathrm{dTR}_A/\mathrm{d}Q_B$ 为负值。如果需求之间没有联系，这个值为零，每种产品就可按利润最大化原则独自决策。与需求间无联系的情况相比，企业在最优决策时将会选择较少的销售量和较高的价格。

（2）如果产品之间是互补的，增加一种产品的销售量也会导致另一种产品的销售量增加，此时，交叉边际收入为正值，与需求间无联系的情况相比，企业在决策时将倾向于选择较高的销售量和较低的价格。

三、两次收费

企业先对每个顾客收一次费，这样顾客就取得了购买该企业产品的权利，然后企业再对顾客按购买数量收费。这样的例子很多，如国内的一些购物中心买商品，得先成为该购物中心的会员，要成为会员得交会员费，成了会员后，就可以在该购物中心以较低价格购物。入会后愿意买多少就买多少，商品价格略低于其他商店同类商品价格。消费者既然已加入了协会，商品又比外面便宜，自然会尽量买，若不买，会费就白交了。再如，许多游乐场所先收大门票，然后再计件计次收费。电话月租和话费也属于两次收费。

四、整卖

我们常常看到6小罐可口可乐饮料包装在一起卖；10个信封装在一起卖；菜农将西红柿放成一小堆卖。我们把这种现象叫作整买整卖。经常见到什么小东西都一大包一大包地卖，像圆珠笔、练习本、厕所用纸、袜子等。合理利用整卖策略可以增加企业利润。

五、成套出售

企业可以把几种商品组合在一起，按一个价格出售。例如，企业将桌椅配套卖，把上衣和裤子配套卖，把茶杯和茶壶、钳子和扳子合在一起卖，有的旅行社将飞机票、车船票和食宿合在一起收费，等等。这种做法可以提高企业的利润。

六、互补式定价

企业往往经营两种以上互相联系的商品。例如，饭店里既卖饭菜，又卖饮料；计算机公司既卖计算机，又卖软件；旅游点上既卖门票，也卖纪念品和小吃；等等。在这种情况下，企业可以采用互补式价格以增加利润。互补式价格是将一种产品的价格有意压低，以招揽顾客；而将另一种产品的价格抬高，以弥补低价出售所造成的损失。这种现象非常普遍。例如，饭店里饭菜价格很便宜，但酒水很贵。

管理实践8-1 产品与服务定价实务

一、新产品定价

（一）有专利保护的新产品定价

1. 撇脂定价策略

这是指把价格定得较高，目的是在短时间内尽可能赚更多的钱。在新产品销售初期，首先以高价在弹性小的市场上出售；随着时间推移，再逐步降价，使新产品销售进入需求价格弹性大的市场。

一般适用于下列情况：

（1）新产品研制期长，或有专利保护，高价不怕对手进入；

（2）高价给人质量高、是高档品的印象；

（3）对未来市场价格无把握，以后降价比提价容易。

2. 渗透定价法

渗透定价法是指把价格定得较低，目的是在短时间内打入市场。一旦向市场渗透的目的达到后，它就会逐渐提高价格，所以渗透定价法是一种为了实现长期目标而谨慎牺牲短期利益的定价方法，常用于竞争比较激烈的日用小商品。其一般适用于下列情况：

（1）需求价格弹性大，低价能吸引大量的消费者；

（2）规模经济明显，大量生产能使成本大大下降；

（3）需要用低价来阻止竞争对手进入，或需要以低价吸引消费者来扩大市场。

（二）仿制品的定价

新产品中有一类仿制品，是企业合法模仿国内外市场某种畅销产品而制造的新产品。这类产品定价的关键在于如何进行市场定位，特别是仿制品的定位应尽量与市场上原有创新者的定位保持一定的价格差，普遍采用优质中价、中质低价、低质廉价的降挡定价策略。

二、心理定价

每一件产品都能满足消费者某一方面的需求，其价值与消费者的心理感受有着很大的关系。这就为心理定价策略的运用提供了基础，使得企业在定价时可以利用消费者心理因素，有意识地将产品价格定得高些或低些，以满足消费者生理的和心理的、物质的和精神的多方面需求，通过消费者对企业产品的偏爱或忠诚，扩大市场销售，获得最大效益。常用的心理定价策略有整数定价、尾数定价、声望定价和招徕定价。

（一）整数定价

对于那些无法明确显示其内在质量的商品，消费者往往通过其价格的高低来判断其质量的好坏。但是，在整数定价方法下，价格的高并不是绝对的高，而只是凭借整数价格来给消费者造成高价的印象。整数定价常常以偶数，特别是"0"作尾数。例如，精品店的服装可以定价为1 000元，而不必定为998元。这样定价的好处：①可以满足购买者炫耀富有、显示地位、崇尚名牌、购买精品的虚荣心；②省却了找零钱的麻烦，方便企业和顾客的价格结算；③花色品种繁多、价格总体水平较高的商品，利用产品的高价效应，在消费者心目中树立高档、高价、优质的产品形象。

整数定价策略适用于需求的价格弹性小、价格高低不会对需求产生较大影响的商品，如流行品、时尚品、奢侈品、礼品、星级宾馆、高级文化娱乐城等，由于其消费者都属于高收入阶层，也甘愿接受较高的价格。

（二）尾数定价

尾数定价又称"奇数定价""非整数定价"，指企业利用消费者求廉的心理，制定非整数价格，而且常常以奇数作尾数，尽可能在价格上不进位。比如，把一种毛巾的价格定为9.9元，而不定10元；将台灯价格定为19.9元，而不定为20元，可以在直观上给消费者一种便宜的感觉，从而激起消费者的购买欲望，促进产品销售量的增加。

使用尾数定价，可以使价格在消费者心中产生四种特殊的效应：①便宜。标价99.97元的商品和100.07元的商品，虽仅相差0.1元，但前者给购买者的感觉是还不到"100元"，后者却使人认为"100多元"，因此前者可以给消费者一种价格偏低、商品便宜的感觉，使之易于接受。②精确。带有尾数的定价可以使消费者认为商品定价是非常认真、精确的，连几角几分都算得清清楚楚，进而会产生一种信任感。③中意。由于民族习惯、社会风俗、文化传统和价值观念的影响，某些数字常常会被赋予一些独特的涵义，如6、8、9等数字，企业在定价时如能加以巧用，其产品将因之而得到消费者的偏爱。某些为消费者所忌讳的数字，如西方国家的"13"、我国的"4"，企业在定价时则应有意识地避开，以免引起消费者的厌恶和反感。

在实践中，无论是整数定价还是尾数定价，都必须根据不同的地域而加以仔细斟酌。比如，美国、加拿大等国的消费者普遍认为单数比双数少，奇数比偶数显得便宜，所以，在北美地区，零售价为49美分的商品，其销量远远大于价格为50美分的商品，甚至比48美分的商品也要多一些。但是，日本企业却多以偶数，特别是"0"作结尾，这是因为偶数在日本体现着对称、和谐、吉祥、平衡和圆满。

（三）声望定价

这是根据产品在消费者心中的声望、信任度和社会地位来确定价格的一种定价策略。声望定价可以满足某些消费者的特殊欲望，如地位、身份、财富、名望和自我形象等，还可以通过高价格显示名贵优质，因此，这一策略适用于一些传统的名优产品、具有历史地位的民族特色产品，以及知名度高、有较大的市场影响、深受市场欢迎的驰名商标。为了使声望价格得以维持，需要适当控制市场拥有量。英国名车劳斯莱斯的价格在所有汽车中雄踞榜首，除了其优越的性能、精细的做工外，严格控制产量也是一个很重要的因素。

（四）招徕定价

招徕定价是指将某几种商品的价格定得非常之高，或者非常之低，在引起消费者的好奇心理和观望行为之后，带动其他商品的销售。这一定价策略常为网店、百货商店、超市、甚至高档商品的专卖店所采用。招徕定价运用的较多的是将少数产品价格定得较低，吸引顾客在购买"便宜货"的同时，购买其他价格比较正常的商品。很多网店铺设一些有特色、质量较好、价格便宜、数量有限的产品作为引流产品，吸引消费者的浏览与购买。

在实践中，也有故意定高价以吸引顾客的。一家卖手机壳的网店，挂出一件1万元的手机壳，引起人们的兴趣，许多人都想看看这个比手机还贵许多倍的"高贵"手机壳到底好在哪里。其实，这种高价手机壳样子极其平常，虽无人问津，但网店里20元一个的手机壳却销路大畅。

值得企业注意的是，用于招徕的降价品，应该与低劣、过时商品明显地区别开来。招徕定价的降价品，必须是品种新、质量优的适销产品，而不能是处理品。否则，不仅达不到招徕顾客的目的，反而可能使企业声誉受到影响。

三、折扣定价

折扣定价是指对基本价格做出一定的让步，直接或间接降低价格，以争取顾客，扩大销量。其中，直接折扣的形式有数量折扣、现金折扣、功能折扣、季节折扣，间接折扣的形式有回扣和津贴。

（一）数量折扣

这是指按购买数量的多少，分别给予不同的折扣，购买数量越多，折扣越大。其目的是鼓励大量购买，或集中向本企业购买。数量折扣包括累计数量折扣和一次性数量折扣两种形式。累计数量折扣规定顾客在一定时间内，购买商品若达到一定数量或金额，则按其总量给予一定折扣，其目的是鼓励顾客经常向本企业购买，成为可信赖的长期客户。一次性数量折扣规定一次购买某种产品达到一定数量或购买多种产品达到一定金额，则给予折扣优惠，其目的是鼓励顾客大批量购买，促进产品多销、快销。

数量折扣的促销作用非常明显，企业因单位产品利润减少而产生的损失完全可以从销量的增加中得到补偿。此外，销售速度的加快，使企业资金周转次数增加，流通费用下降，产品成本降低，从而导致企业总盈利水平上升。

运用数量折扣策略的难点是如何确定合适的折扣标准和折扣比例。如果享受折扣的数量标准定得太高，比例太低，则只有很少的顾客才能获得优待，绝大多数顾客将感到失望；购买数量标准过低，比例不合理，又起不到鼓励顾客购买和促进企业销售的作用。因此，企业应结合产品特点、销售目标、成本水平、资金利润率、需求规模、购买频率、竞争者手段以及传统的商业惯例等因素来制定科学的折扣标准和比例。

（二）现金折扣

现金折扣是对在规定的时间内提前付款或用现金付款者所给予的一种价格折扣，其目的是鼓励顾客尽早付款，加速资金周转，降低销售费用，减少财务风险。采用现金折扣一般要考虑三个因素：折扣比例；给予折扣的时间限制；付清全部货款的期限。在西方国家，典型的付款期限折扣表示为"3/20，*Net* 60"。其含义是在成交后 20 天内付款，买者可以得到 3% 的折扣，超过 20 天，在 60 天内付款不予折扣，超过 60 天付款要加付利息。

现金折扣的前提是商品的销售方式为赊销或分期付款，因此，有些企业采用附加风险费用、管理费用的方式，以避免可能发生的经营风险。同时，为了扩大销售，分期付款条件下买者支付的货款总额不宜高于现款交易价太多，否则就起不到"折扣"促销的效果。

提供现金折扣等于降低价格，所以，企业在运用这种手段时要考虑商品是否有足够的需求弹性，保证通过需求量的增加使企业获得足够利润。此外，由于我国的许多企业和消费者对现金折扣还不熟悉，运用这种手段的企业必须结合宣传手段，使买者更清楚自己将得到的好处。

（三）功能折扣

中间商在产品分销过程中所处的环节不同，其所承担的功能、责任和风险也不同，企业据此给予不同的折扣称为功能折扣。对生产性用户的价格折扣也属于一种功能折扣。功能折扣的比例，主要考虑中间商在分销渠道中的地位、对生产企业产品销售的重要性、购买批量、完成的促销功能、承担的风险、服务水平、履行的商业责任以及产品在分销中所经历的层次和在市场上的最终售价，等等。功能折扣的结果是形成购销差价和批零差价。

鼓励中间商大批量订货，扩大销售，争取顾客，并与生产企业建立长期、稳定、良好的合作关系是实行功能折扣的一个主要目标。功能折扣的另一个目的是对中间商经营的有关产品的成本和费用进行补偿，并让中间商有一定的盈利。

（四）季节折扣

有些商品的生产是连续的，而其消费却具有明显的季节性。为了调节供需矛盾，这些商品的生产企业便采用季节折扣的方式，对在淡季购买商品的顾客给予一定的优惠，使企业的生产和销售在一年四季能保持相对稳定。例如，啤酒生产厂家对在冬季进货的商业单位给予大幅度让利，羽绒服生产企业则为夏季购买其产品的客户提供折扣。

季节折扣比例的确定，应考虑成本、储存费用、基价和资金利息等因素。季节折扣有利于减轻库存，加速商品流通，迅速收回资金，促进企业均衡生产，充分发挥生产和销售潜力，避免因季节需求变化所带来的市场风险。

（五）回扣和津贴

回扣是间接折扣的一种形式，它是指购买者在按价格目录将货款全部付给销售者以后，销售者再按一定比例将货款的一部分返还给购买者。津贴是企业为特殊目的，对特殊顾客以特定形式所给予的价格补贴或其他补贴。比如，当中间商为企业产品提供了包括刊登地方性广告、设置样品陈列窗等在内的各种促销活动时，生产企业给予中间商一定数额的资助或补贴。又如，对于进入成熟期的消费者，开展以旧换新业务，将旧货折算成一定的价格，在新产品的价格中扣除，顾客只支付余额，以刺激消费需求，促进产品的更新换代，扩大新一代产品的销售。这也是一种津贴的形式。

上述各种折扣价格策略增强了企业定价的灵活性，对于提高厂商收益和利润具有重要作用。但在使用折扣定价策略时，必须注意国家的法律限制，保证对所有顾客使用同一标准。如美国1936年制定的罗宾逊—巴特曼法案规定，折扣率的计算应以卖方实现的成本节约数为基础，并且卖方必须对所有顾客提供同等的折扣优惠条件，不然就是犯了价格歧视罪。

四、其他定价策略

（一）限制性定价

限制性定价是已经拥有市场控制权的垄断企业为限制其他企业进入市场而设立的价格。

（二）招标和拍卖等

招标是指在投标交易中，投标方根据招标方的规定和要求进行报价的方法。一般有密封投标和公开投标两种形式。公开投标有公证人参加监视，广泛邀请各方有条件的投标者报价，当众公开成交。密封的方式则由招标人自行选定中标者。投标的价格主要以竞争者可能的递标价格为转移。递价低的竞争者，可增加中标机会，但不可低于边际成本，否则就不能保证适当利益。而标价过高，中标机会又会太小。投标价格中的利润与中标的概率正好相反，投标价格中的利润与中标概率的乘积叫作"期望利润"，一般可根据期望利润值的大小来制定投标价格方案。由于各企业密封投标，中标概率难以估计，投标企业必须对同行业各企业的实力、经营状况有所了解。

拍卖也称竞买，商业中的一种买卖方式，卖方把商品卖给出价最高的人。具备三个条件：①价格是不固定的；②必须要有两个以上的买主，要有竞争；③价高者得。拍卖方式有英格兰式拍卖、荷兰式拍卖、英格兰式与荷兰式相结合的拍卖方式。英格兰拍卖也称"增价拍卖"或"低估价拍卖"，是指在拍卖过程中，拍卖人宣布拍卖标的的起叫价及最低增幅，竞买人以起叫价为起点，由低至高竞相应价，最后以最高竞价者以三次报价无人应价后，响槌成交。但成交价不得低于保留价。荷兰式拍卖也称"降价拍卖"或"高估价拍卖"，是指在拍卖过程中，拍卖人宣布拍卖标的的起叫价及降幅，并依次叫价，第一位应价人响槌成交。但成交价不得低于保留价。英格兰式与荷兰式相结合的拍卖方式，是指在拍卖过程中，拍卖人宣布起拍价后及最低增幅，由竞买人竞相应价，拍卖人依次升高叫价，以最高应价者竞得。若无人应价则转为拍卖人依次降低叫价及降幅，并依次叫价，以第一位应价者竞得。但成交价不得低于保留价。

标准增量式拍卖是指一种拍卖标的数量远大于单个竞买人的需求量而采取的一种拍卖方式（此拍卖方式非常适合大宗积压物资的拍卖活动）。卖方为拍卖标的设计一个需求量与成交价格的关系曲线。竞买人提交所需标的的数量之后，如果接受卖方根据他的数量而报出的成交价即可成为买受人。

（三）竞争定价

竞争定价是指根据本企业产品的实际情况及与对手的产品差异状况来确定价格的方法。这是一种主动竞争的定价法。一般为实力雄厚、产品独具特色的企业所采用。

它通常将企业估算价格与市场上竞争者的价格进行比较，分为高于竞争者定价、等于竞争者定价、低于竞争者定价三个价格层次：①高于竞争者定价。在本企业产品存在明显优势、产品需求弹性较小时采用。②等于竞争者定价。在市场竞争激烈，产品不存在差异情况下采用。③低于竞争者定价。在具备较强的资金实力，能应付竞相降价的后果且需求弹性较大时采用。

【经典习题】

一、选择题

1. 某服装店售货员把相同的服装以 800 元卖给顾客甲，以 600 元卖给顾客乙，该服装店的定价属于（　　）。

  A. 顾客差别定价   B. 产品形式差别定价

  C. 产品部位差别定价   D. 销售时间差别定价

2. 为鼓励顾客购买更多物品，企业给那些大量购买产品的顾客的一种减价称为（　　）。

  A. 功能折扣   B. 数量折扣

  C. 季节折扣   D. 现金折扣

3. 企业利用消费者具有仰慕名牌商品或名店声望所产生的某种心理而制定的价格为（　　）。

  A. 尾数定价   B. 招徕定价

  C. 声望定价   D. 反向定价

4. 当产品市场需求富有弹性，且大量生产会使成本和经营费用下降时，企业便具备了（　　）的可能性。

  A. 渗透定价   B. 撇脂定价

  C. 尾数定价   D. 招徕定价

5. 企业因竞争对手率先降价而做出相应降价的策略主要适用于（　　）市场。

  A. 垄断竞争   B. 差别产品

  C. 完全竞争   D. 寡头垄断

6. 在一级价格歧视下，消费者剩余（　　）。

  A. 和完全竞争条件下的消费者剩余相同

  B. 等于生产者剩余

  C. 超过三级价格歧视下的消费者剩余

  D. 等于零

7. 完全垄断市场中，如果 A 市场的价格高于 B 市场的价格，则（　　）。

  A. A 市场的需求弹性大于 B 市场的需求弹性

  B. A 市场的需求弹性小于 B 市场的需求弹性

  C. 两个市场的需求弹性相等

  D. 以上都正确

8. 一家影院垄断了一部电影的首轮放映权，它知道非学生与学生对这部电影的需求

弹性分别为 2 和 4。如果这家电影院对非学生与学生收取不同的票价，那么，利润最大化的非学生票价格为 （　　）

    A. 学生票价的 2 倍　　　　　　　　B. 学生票价的一半

    C. 学生票价的 1.5 倍　　　　　　　D. 学生票价的 1/5

9. 以高于价值的价格将新产品推入市场，然后再降价，这种新产品定价策略属于（　　）。

    A. 撇脂定价　　　B. 渗透定价　　　C. 温和定价　　　D. 满意定价

10. 一个歌舞厅对顾客的 A 项、B 项服务收取费用，其中 A 的价格需求弹性低，B 的价格需求弹性高。由于人太挤，老板欲不影响收入而减少顾客，则应采用措施（　　）。

    A. 增加 A、B 两项的收费　　　　　B. 增加 A 的收费，减少 B 的收费

    C. 增加 B 的收费，减少 A 的收费　　D. 减少 A、B 两项的收费

二、简答与分析

1. 什么是价格歧视？简述实行价格歧视所需的条件及价格歧视的种类。

2. 垄断厂商实施三级价格歧视价时的价格和产量是如何确定的？

3. 为什么说分时段的航空客票价格是一种价格歧视？

4. 为什么很多企业愿意花成本印制、发放各种优惠券而不是直接降价？

5. 公共游泳池的管理者提供两种收费方式供消费者选择。一种收费方式是二重价。具体做法是给顾客办游泳证，每位顾客缴纳 100 元办理一份游泳证，以后每次游泳游客只需要缴纳 20 元钱；另一种收费方式是顾客不需要办理游泳证，但每次游泳缴纳 30 元。请问为什么管理者提供两种收费方式供选择，而不是只采取一种收费方式？

三、计算题

1. 大发公司会计数据显示：生产一单位产品所用的直接材料费是 50 元，直接人工费是 20 元，制造费用是 20 元，预计生产 640 件产品，总的管理和销售费用是 20 000 元，如果企业的目标成本利润率定为 20%，价格应该定多少？

2. 有一家私营停车场，面对两类顾客，一类是短暂停车者，一类是整日停车者。需求曲线分别为：$P_1 = 3 - Q_1/200$ 和 $P_2 = 2 - Q_2/200$。P 为每小时停车费，Q 为停车数量。这个停车场的总容量为 600 各车位。在此限度内，每增停一辆车增加的成本可以忽略不计。车厂主要对两类顾客收取不同的价格费用。

（1）以上两条需求线中，哪一条是短暂停车者的需求线？为什么？

（2）对每一类顾客制定什么样的价格？每一类顾客将有多少车使用这个停车场？停车场的车位能否充分使用？

（3）若是停车场只有 400 个车位，对每一类顾客如何定价？这时停车场的车位能否

充分使用?

3. 假设垄断厂商面临两个分割的市场 1 和 2，市场 1 面临的反需求函数为 $P_1 = 20 - 3Q_1$，市场 2 面临的反需求函数为 $P_2 = 18 - 2Q_2$。其成本函数为 $STC = 15 + 2Q$，求该厂商怎样组织生产和销售，从而实现自己的利润最大化?

4. 垄断厂商的需求曲线为 $P = 16 - Q$。

（1）当卖出 8 件商品时，总收益为多少?

（2）当采取一级价格歧视时，剥夺的消费者剩余为多少?

（3）当采取二级价格歧视时，前四件卖 12 美元，后四件卖 8 美元，剥夺的消费者剩余为多少?

5. 一个厂商有工厂 1 和工厂 2，工厂 1 和工厂 2 生产的产品在分别在两个市场出售，并实行三级价格歧视。工厂 1 的成本函数为 $C(Q_1) = Q_1^2 + Q_1$，工厂 2 的成本函数为 $C(Q_2) = Q_2^2$，市场 1 的需求函数为 $Q_1 = 20 - 2P_1$，市场 2 的需求函数为 $Q_2 = 12 - 2P_2$。求每个工厂的产量和价格。

6. 假设企业分别在 A、B 两个不同的子市场上销售同一种产品（单位为件），两个子市场的需求曲线分别为：A 市场：$P_A = 14 - 2Q_A$；B 市场：$P_B = 10 - Q_B$。企业生产该产品的边际成本为 2，试计算企业在两个市场实行差别定价的价格、销量和利润。

四、案例分析

积分卡的广泛应用

我们钱包中装着各式各样的磁卡、会员卡，仔细数一数，你一定会为其数量之多而感到惊讶不已。

"请问您带积分卡了吗?" 这是现在很多超市、商店、餐厅购物用餐时几乎肯定要被店员问起的一句话。不论是超市、百货店、便利店、餐厅，还是医药化妆品折扣店、美容店、理发店、书店、酒店、加油站、各类专卖店、汽车租赁、银行、航空公司……形形色色的积分卡可谓无所不在。信息化时代，零售企业普遍开始使用电子积分卡。

你或许会感到困惑：为什么积分卡在零售业中会得到如此广泛的应用呢?

积分卡的应用主要有以下三点：一是可以及时准确地收集、分析顾客信息；二是有助于实施个性化、延续性的促销营销战略；三是能够保持顾客对本企业的持久记忆，维系顾客关系。

请思考：积分卡在定价策略中有什么作用?

【综合案例】拼多多——"拼砍"出一片新天地[①]

拼多多的创始人黄峥 2015 年成立拼多多公司，专注于打造 C2B 拼团的第三方社交电商平台。拼多多关注到阿里跟京东很少投放的三四线城市用户，因此针对那些没有网购经验的消费者，以及收入较低、对价格相对敏感度的用户推广价格低廉的产品，从占领三四线城市市场开始。他避开了那些高端商品和一二线大城市，因为这些领域已经被传统的电商巨头占据了。选择先从三四线城市开始发展，最终取得了属于自己的成功。

"拼多多，拼多多，拼的多，省的多"，拼多多投入的品牌宣传广告深入人心。通过让身边人砍价、拼团，以最低的价格占领市场，通过亲人朋友裂变式、病毒式的社群传播，利用客户的砍价欲望以及口碑营销，迅速地将市场扩大。以现金红包、拼团折扣、助力打折、直接打折、抽奖等等多方面优惠的价格策略占据市场。2019 年拼多多又推出了"百亿"补贴的活动，通过对消费者价格刺激，以更低的价格打开市场，让用户数量激增。

2019 年拼多多销售额超 1 万亿元，成为继天猫和京东之后的中国第三大零售巨头。新一轮电商大战再次打响，竞争对手要和拼多多争夺下沉市场，淘宝用淘宝特价版和聚划算围剿拼多多，京东携手微信也不甘示弱来势汹汹。而拼多多除了要保住既有市场，还想攻入高端电商消费市场。

<u>结合价格理论分析互联网时代的定价策略。</u>

---

① 创商网. 拼多多-新电商开创者 ［EB/OL］.（2020-03-19）［2021-02-07］. http://t.viltd.com/2020/t_0319/10186.html.

9

第九章 博弈论与企业策略

【思维导图】

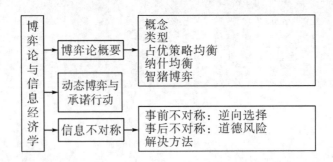

【导入案例】 共享单车的三巨头博弈①

　　共享单车行业几经沉浮，经历了一波"烧钱大战"逐渐趋于冷静，发展为巨头间的综合实力互搏。如今共享单车市场在优胜劣汰的一轮洗牌后，赛道呈现了美团、哈啰、青桔"三足鼎立"的局面。在用户量方面，截至 2020 年 11 月底，哈啰、青桔、美团单车 app 与小程序总活跃用户规模为 7 232 万、4 353 万、2 836 万，三家的比例约为 5∶3∶2。

　　就城市覆盖率方面，滴滴青桔和美团的共享单车业务聚焦于 40 多个核心城市，而哈啰出行的业务覆盖率已超达 400+座城市。另外，目前美团单车出行经济性更高，优惠活动和基础定价方面都优于其他两家，就拿其推出的联合会员、周月卡等组合优惠来说，低价利好优惠形式更能吸引用户。

　　共享两轮车对很多用户来说是高频刚需，所以各巨头愈加重视各自"两轮出行"的市场布局，青桔、美团、哈啰布局共享单车领域都是为了加强线下出行领域实力。美团收购摩拜单车，推进美团单车业务只为完善其吃、住、行的生活服务生态；哈啰依靠阿里，借力两轮出行的效益，构建其本地生活领域的整体生态体系；滴滴则是将共享单车、电单车整合升级为"两轮车业务"，并将"两轮出行"合力"四轮出行"，以此完善扩建其整个大出行的生态闭环。

　　共享单车在一二线城市单车投放量已基本饱和，所以各玩家都转而开始争夺国内三四线城市的市场份额。然而下沉市场还存在诸多乱象，比如三四线城市的用户素质不高、过度投放等问题，这就使得共享单车的运维、损耗成本高，且许多三四线城市监管惩治日渐趋严。共享单车想深入下沉市场就要不断提升共享单车的产品技术、运营服务等多方面的业务能力。

<hr>

　　① 刘旷. 共享单车：三巨头博弈，青桔狂奔"很难"［EB/OL］.（2021-01-11）［2021-01-11］. https://www.sohu.com/a/443727677_115503.

第一节　博弈论概要

前面章节对经济人最优决策的讨论，是在简单环境下进行的，没有考虑经济人之间决策相互影响的问题。本章讨论这个问题，建立复杂环境下的决策理论。开展这种研究的理论叫博弈论。最近十几年来，博弈论在经济学中得到了广泛应用，在揭示经济行为相互制约性质方面取得了重大进展。大部分经济行为都可视作博弈的特殊情况，比如把经济系统看成是一种博弈，把竞争均衡看成是该博弈的古诺——纳什均衡。博弈论作为微观经济学近几十年最重要的研究技术，已经彻底重写了诸多经济领域，比如契约理论，产业组织理论等。博弈论的思想精髓与方法，已成为经济分析基础的重要组成部分。

博弈论是一门十分有趣但理论上又是十分艰深的学问，我们打算用一些大家能够凭直观或简单分析就能把握的例子为大家介绍博弈论的基本概念及应用，以引起大家对这门目前已成为热门科学的兴趣和获得初步的了解。

一、博弈论简介

博弈论（game theory），有时也称为对策论，或者赛局理论，是研究具有斗争或竞争性质现象的理论和方法，由美国数学家冯·诺依曼和经济学家摩根斯坦于1944年创立的带有方法论性质的学科，它被广泛应用于经济学人工智能、生物学、火箭工程技术、军事及政治科学等。1994年，三位博弈论专家即数学家纳什（他的故事被好莱坞拍成电影《美丽心灵》，该影片获得了2002年奥斯卡金像奖的四项大奖）、经济学家海萨尼和泽尔滕因在博弈论及其在经济学中的应用研究上所作出巨大贡献而获得诺贝尔经济学奖。

博弈论素来都是诺贝尔经济学奖的热门选题。1996年，两位将博弈论应用于不对称信息下机制设计的经济学家莫里斯和维克里以及2001年三位经济学家阿克洛夫、斯蒂格利茨和斯宾塞因运用博弈论研究信息经济学所取得的成就而成为这两个年度的诺贝尔经济学奖得主。2007年这次诺贝尔奖颁发给赫维茨、马斯金和迈尔森三位微观经济学家，以表彰他们在机制设计理论方面作出的巨大贡献。2020年，美国的保罗·米尔格罗姆和罗伯特·威尔逊因对拍卖理论作出突出贡献而获得诺贝尔经济学奖。

二、博弈论的基本概念

（1）参与人或局中人。即有哪些人参与博弈。

（2）行动或策略。什么人在什么时候行动；当他行动时，他具有什么样的信息；他能做什么、不能做什么。

（3）结果。对参与人的不同行动，这场博弈的结果或结局是什么。

（4）报酬。博弈的结果给参与人带来的好处。

[案例 9-1] 硬币博弈

参与人：两个小孩甲和乙。

行动或策略：甲、乙两人各往地上抛一个硬币，甲先抛，乙后抛，要么反面朝上，要么正面朝上。

结果：若硬币同为正面或反面，甲赢得乙一个硬币，若硬币一正一反，则甲输给乙一个硬币。

报酬：一个一元硬币。

本例中每个参与人的输赢可用货币值表示。但也并非都是如此。

[案例 9-2] 接头博弈

参与人：马大哈和太马虎。

行动策略：两人分处两地不能沟通。两人被告知到某地见面，但都忘记了接头地点。现各自做出决定去见面，假设有两地供选择，但只能做一次决定和去一个地方。

结果：如他们相遇，则两人可共进午餐，否则只好怏怏而归。

报酬：见面共进午餐，每人得到的效用为 100，扫兴而归的效用是 -20。

本例中是把结果所带来的效用作为报酬，但没有直接用数值表示。在这类结果不含数值的博弈中，一般可通过指定效用值来规定报酬。

[案例 9-3] 疑犯博弈

局中人：犯罪人邦德和詹尼。

行动策略：警局需要两人的口供作为证据，对其隔离录供。每人面对两种选择——坦白或抵赖。

结果：一方坦白，另一方抵赖，则坦白方可获释放，抵赖方则判刑 10 年；都坦白则各判 8 年；都抵赖则各判 1 年。

报酬：以各自刑期的负数作为报酬。

本例中的博弈是一个非零和博弈，同时又是不合作博弈，即两人为获释和不被判刑 10 年，都将会出卖对方。

三、博弈类型

博弈的分类根据不同的基准也有不同的分类。一般认为，博弈主要可以分为合作博弈和非合作博弈。合作博弈和非合作博弈的区别在于相互发生作用的当事人之间有没有一个具有约束力的协议，如果有，就是合作博弈，如果没有，就是非合作博弈。

从博弈结果来看，可分为零和博弈与非零和博弈。零和博弈：博弈双方一人所得即另一人所失，博弈之和为 0，如案例 9-1；非零和博弈：博弈双方一人所得与另一人所失之和不为 0，如案例 9-2 和案例 9-3。

从行为的时间序列性，博弈论进一步分为静态博弈、动态博弈（序列博弈）两类。静态博弈是指在博弈中，参与人同时选择或虽非同时选择但后行动者并不知道先行动者采取了什么具体行动；动态博弈是指在博弈中，参与人的行动有先后顺序，且后行动者能够观察到先行动者所选择的行动。通俗地理解："囚徒困境"就是同时决策的，属于静态博弈；而棋牌类游戏等决策或行动有先后次序的，属于动态博弈。

按照参与人对其他参与人的了解程度分为完全信息博弈和不完全信息博弈。完全信息博弈是指在博弈过程中，每一位参与人对其他参与人的特征、策略空间及收益函数有准确的信息。不完全信息博弈是指如果参与人对其他参与人的特征、策略空间及收益函数信息了解得不够准确，或者不是对所有参与人的特征、策略空间及收益函数都有准确的信息，在这种情况下进行的博弈就是不完全信息博弈。

合作博弈论主要关注利益的分配，目前经济学家们所谈的博弈论一般是指非合作博弈。非合作博弈又分为：完全信息静态博弈、完全信息动态博弈、不完全信息静态博弈、不完全信息动态博弈，如图9-1所示。与上述四种博弈相对应的均衡概念为：纳什均衡（nash equilibrium）、子博弈精炼纳什均衡（subgame perfect nash equilibrium）、贝叶斯纳什均衡（bayesian nash equilibrium）、精炼贝叶斯纳什均衡（perfect bayesian nash equilibrium）。

	静态博弈	动态博弈
完全信息	纳什均衡	子博弈精炼纳什均衡
不完全信息	贝叶斯纳什均衡	精炼贝叶斯纳什均衡

图9-1 博弈均衡

博弈论还有很多分类，比如：以博弈进行的次数或者持续长短可以分为有限博弈和无限博弈；以表现形式也可以分为一般型（战略型）或者展开型，等等。

第二节 囚徒困境与纳什均衡

一、囚徒困境

两个小偷邦德和詹尼联手作案，私入民宅被警方逮住但未获证据。警方将两人分别置于两个房间分开审讯，政策是若一人招供但另一人未招，则招者立即被释放，未招者判入狱10年；若两人都招则两人各判刑8年；若两人都不招则未获证据但因私入民宅各拘留1年（见表9-1）。

表9-1 囚徒困境博弈

		詹尼 招	不招
邦德	招	-8, -8	0, -10
	不招	-10, 0	-1, -1

问题：邦德和詹尼如何选择？

对詹尼来说，尽管他不知道乙是选择了"招"还是"不招"，他发现自己选择"招"都是比选择"不招"要好。因此，"不招"是相对于"招"的劣战略，他不会选择劣战略。所以，詹尼会选择"招"。同样，根据对称性，邦德也会选择"招"，结果是两人都"招"。

占优策略：不管其他参与人的策略是什么，某个参与人的某个策略都严格优于其他策略，并且其他参与人也同样有一个策略严格优于其他策略并不受其他参与人的影响。参与人在任何情况下都会选择这个占优策略组合，这样的占优策略组合就称为占优策略均衡。比如囚徒困境中的（坦白，坦白）策略组合。

二、纳什均衡

假定 A、B 两个企业都生产白酒，白酒分为高度和低度两种。报酬矩阵如表 9-2 所示，每组数字中前一个数字代表 B 企业的收益，后一个数字代表 A 企业的收益。

表 9-2　白酒企业博弈

A 企业

B 企业		高度	低度
	高度	700, 600	900, 1 000
	低度	800, 900	600, 800

A 企业如果选择了生产高度白酒，那么 B 企业会选择生产什么呢？因为 800 > 700，所以 B 企业会选择生产低度白酒。A 企业如果选择了生产低度白酒，因为 900 > 600，那么 B 企业会选择生产高度白酒。如果 B 企业选择了生产高度白酒，A 企业就会选择生产低度白酒。如果 B 企业选择了生产低度白酒，A 企业就会选择生产高度白酒。这里，A 企业的决策取决于 B 企业的决策，同样 B 企业的决策取决于 A 企业的决策。但是 A 企业选择了生产高度白酒以后，只要不变化，B 企业就会选择生产低度白酒不变化。反过来也一样，B 企业如果选择了生产高度白酒不变化，A 企业就会选择生产低度白酒不变化，这实际上是一个纳什均衡，纳什均衡就是在给定别人最优的情况下，自己最优选择达成的均衡。在本例中，B 企业选择了生产高度白酒，A 企业选择生产低度白酒是一种均衡；B 企业选择了生产低度白酒，A 企业选择生产高度白酒也是一种均衡。

纳什均衡：每个参与人都选择的是针对其他参与人的策略的最佳策略，就是在给定别人最优的情况下，自己最优选择达成的均衡。通俗地讲，就是给定你的最优选择，我会选择能够使我最优的选择，或者说，我选择在给定你的选择的情况下我的最优选择，你选择了给定我选择情况下你的最优选择。这种均衡最后到底均衡在哪一点，由具体情况决定。

纳什均衡与占优均衡的比较如下：

（1）占优均衡一定是纳什均衡，纳什均衡不一定是占优均衡。

（2）纳什均衡是有条件下的占优均衡，条件是它的参与者不改变策略。如果其他的参与者改变策略，我就要改变策略。

（3）占优均衡比纳什均衡更稳定。

三、均衡的确定

1. 重复删除的占优均衡

"重复剔除劣策略"分析思路如下：

（1）找出参与人的劣策略，把这个劣策略剔除掉；

（2）在剩下的博弈中重复第一步；

（3）继续这个过程，直到只剩下唯一的策略组合为止，这个（均衡）策略组合就是重复剔除的占优策略，比如智猪博弈。

2. 划线法

分析思路：针对对方的每一个策略找出其最优的策略，并在其对应的支付下划线；对另一个参与人也是如此。两个支付下面都划了线的策略组合就是均衡策略，如囚徒困境。

四、应用

[案例9-4]"双11"的价格战

每到"双11"，天猫、京东、拼多多、苏宁、国美、聚美、海淘等各种广告充斥着网络、电视、小区、写字楼和公交站牌。身处其中，你根本无法忘记这一天的到来。

反复重演的是惯例的行业"对战"，电子商务从出现开始，就不缺一个关键词：价格战。就是不赚钱也要赚吆喝，赚市场、赚人气、赚口碑。

出售同类产品的商家之间本来可以通过共同将价格维持在平日的高位而获利，但实际上却是相互杀价，结果都赚不到钱。

消费者根本不用担心商家共谋将价格抬高，因为商家联合维持高价的垄断行为一般不会持久，可以等待"密谋"的自身崩溃，价格就会掉下来。

所有商家都有这样一种心态：无论其他厂商是否降价，我自己降价是有利于自己的市场份额扩大的。

[案例9-5]为什么政府要负责修建公共设施，因为私人没有积极性出资修建公共设施

设想有两户相居为邻的农家，十分需要有一条好路从居住地通往公路。修一条路的成本为4，每个农家从修好的好路上获得的好处为3。如果两户居民共同出资联合修路，并平均分摊修路成本，则每户居民获得净的好处（支付）为$3-4/2=1$；当只有一户人家单独出资修路时，修路的居民获得的支付为$3-4=-1$（亏损），"搭便车"不出资但仍然可以使用修好的路的另一户人家获得支付$3-0=3$，见表9-3。

表9-3 修路博弈

		乙	
		修	不修
甲	修	1, 1	-1, 3
	不修	3, -1	0, 0

对甲和乙两家居民来说,"修路"都是劣战略,因而他们都不会出资修路。这里,为了解决这条新路的建设问题,需要政府强制性地分别向每家征税2单位,然后投入4单位资金修好这条对大家都有好处的路,并使两家居民的生活水平都得到改善。

这就是我们看到的为什么大多数路、桥等公共设施都是由政府出资修建的原因。同样的道理,国防、教育、社会保障、环境卫生等都由政府承担资金投入,私人一般没有积极性承担这方面服务的积极性和能力。

[案例9-6] 苏格兰的草地为什么消失了? ——公共地悲剧

在18世纪以前,英国苏格兰地区有大量的草地,其产权没有界定,属公共资源,大家都可以自由地在那里放牧。草地属于"可再生资源",如果限制放牧的数量,没有被牛羊吃掉的剩余草皮还会重新长出大面积草场,但如果不限制放牧规模,过多的牛羊将草吃得一干二净,则今后不会再有新草生长出来,草场就会消失。

由于草地的产权没有界定,政府也没有对放牧做出规模限制,每户牧民都会如此盘算:如果其他牧民不约束自己的放牧规模,让自己的牛羊过多地到草地上吃草,那么,我自己一家约束自己的放牧规模对保护草场的贡献是微乎其微的,不会使草场免于破坏;相反,我也加入过度放牧的行列,至少在草场消失之前还会获得一部分短期的收益。

如果其他牧民约束放牧规模,我单独一家人过度放牧不会破坏广袤的牧场,但自己却获得了高额的收益。因此,任何一位牧民的结论都会是:无论其他牧民是否过度放牧,我选择"约束自己的放牧规模"都是劣战略,从而被剔除。大家最终都会选择过度放牧,结果导致草地消失,生态破坏。

[案例9-7] 为什么在城市中心道路上禁止汽车鸣喇叭?

禁鸣喇叭一方面是为了控制城市噪声污染,另一方面是基于以下的博弈论原因。见表9-4,当汽车司机可以鸣喇叭时,可能为汽车超速抢行提供条件。但当大家都抢行时,城市交通拥挤加重,反而都难以顺利通行,获得低支付 (2,2)。但当对方缓行时,自己抢行会占便宜,获得支付9。这个博弈中,"缓行"是劣战略,剔除后得到"剔除劣战略后的占优战略均衡"(抢行,抢行),这不是一个好的均衡。当禁止鸣喇叭时,司机为了避免造成交通事故,只得缓行,从而得到好的结果(缓行,缓行)。

表9-4 交通博弈

		司机2	
		缓行	抢行
司机1	缓行	8, 8	1, 9
	抢行	9, 1	2, 2

[案例9-8] 贸易战博弈论

WTO是一个自愿申请加入的自由贸易联盟,即WTO成员方之间实现低关税或零关税的相互间自由贸易。为什么需要一个组织来协调国家之间的自由贸易呢?这是因为,如果没有一个协调组织,国与国之间的贸易就不会呈现低关税或零关税的自由贸易局面,因为这时国与国之间的贸易是一个"囚徒困境"。给定一个国家对另一个国家的货物实行低关税,另一个国家反过来对这个国家的货物实行高关税是占优于实行低关税的战略的。

[案例9-9] 商业中心区的形成

在城市街道上,我们常见到一些地段上的商店十分拥挤,构成一个繁荣的商业中心区,但另一些地段却十分冷僻,没什么商店。对于这种现象,我们可以运用纳什均衡的概念来加以解释。

如图9-2所示,有一个长度为1单位的街道,在街道两边均匀地分布着居民。现有两家商店决定在街道上确定经营位置。如果甲在街道中间位置1/2处设店,则乙的最好选择是紧靠甲的左边或右边设店。

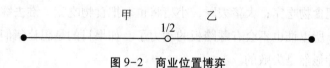

图9-2 商业位置博弈

当乙在甲的右边紧靠甲设店时,其右边街道上的顾客都是乙的顾客;如果乙不是紧靠甲而是远离甲设店,则其顾客只是其右边街道的居民,不如它紧靠甲设店时多,因而在远离甲的位置设店是劣战略。所以给定甲在1/2处设店,乙在紧靠甲的左边或右边设店是最优的。反过来,给定乙在接近1/2处设店,甲的最优选择也是在1/2附近设店。这样,甲和乙挤在1/2处设店就是纳什均衡,这就是商业中心区的形成原理。

第三节　管理中的智猪博弈

一、智猪博弈

猪圈中有一头大猪和一头小猪,在猪圈的一端设有一个按钮,每按一下,位于猪圈另一端的食槽中就会有10单位的猪食进槽,但每按一下按钮会耗去相当于2单位猪食的成本。如果大猪先到食槽，则大猪吃到 9 单位食物，小猪仅能吃到 1 单位食物；如果两猪同时到食槽，则大猪吃 7 单位，小猪吃 3 单位食物；如果小猪先到，大猪吃 6 单位而小猪吃 4 单位食物。表 9-5 给出这个博弈的支付矩阵。

表 9-5　智猪博弈

		小猪	
		按	不按
大猪	按	5, 1	4, 4
	不按	9, -1	0, 0

这个博弈没有"剔除劣战略均衡"，因为大猪没有劣战略。但是，小猪有一个劣战略"按"，因为无论大猪做何选择，小猪选择"不按"是比选择"按"更好一些的战略。所以，小猪会剔除"按"，而选择"不按"；大猪知道小猪会选择"不按"，从而自己选择"按"，所以，可以预料博弈的结果是（按，不按）。这称为"重复剔除劣战略的占优战略均衡"，其中小猪的战略"等待"占优于战略"按"，而给定小猪剔除了劣战略"按"后，大猪的战略"按"又占优于战略"不按"。

"小猪躺着大猪跑"的现象是由故事中的游戏规则所导致的。规则的核心指标是：每次落下的事物数量和踏板与投食口之间的距离。

如果改变一下核心指标，猪圈里还会出现同样的"小猪躺着大猪跑"的景象吗？

方案一：减量方案。投食仅原来的一半分量。结果是小猪大猪都不去踩踏板了。小猪去踩，大猪将会把食物吃完；大猪去踩，小猪将也会把食物吃完。谁去踩踏板，就意味着为对方贡献食物，所以谁也不会有踩踏板的动力了。如果目的是想让猪们去多踩踏板，这个游戏规则的设计显然是失败的。

方案二：增量方案。投食为原来的一倍分量。结果是小猪、大猪都会去踩踏板。谁想吃，谁就会去踩踏板。反正对方不会一次把食物吃完。小猪和大猪相当于生活在物质相对丰富的社会，所以竞争意识都不会很强。对于游戏规则的设计者来说，这个规则的成本相当高（每次提供双份的食物）；而且因为竞争不强烈，想让猪们去多踩踏板的效果并不好。

方案三：减量加移位方案。投食仅原来的一半分量，但同时将投食口移到踏板附近。结果呢，小猪和大猪都在拼命地抢着踩踏板。等待者不得食，而多劳者多得。每次的收获刚好消费完。对于游戏设计者，这是一个最好的方案。成本不高，但收获最大。

二、智猪博弈应用

原版的"智猪博弈"故事给了竞争中的弱者（小猪）以等待为最佳策略的启发。但是对于社会而言，因为小猪未能参与竞争，小猪"搭便车"时的社会资源配置并不是最佳状态。为使资源最有效配置，规则的设计者是不愿看见有人"搭便车"的，政府如此，公司的老板也是如此。而能否完全杜绝"搭便车"现象，就要看游戏规则的核心指标设置是否合适了。

比如，公司的激励制度设计，奖励力度太大，又是持股，又是期权，公司职员个个都成了百万富翁，成本高不说，员工的积极性并不一定很高。这相当于"智猪博弈"增量方案所描述的情形。但是如果奖励力度不大，而且见者有份（不劳动的"小猪"也有），一度十分努力的大猪也不会有动力了，就像"智猪博弈"减量方案一所描述的情形。最好的激励机制设计就像改变方案三：减量加移位的办法，奖励并非人人有份，而是直接针对个人（如业务按比例提成），既节约了成本（对公司而言），又消除了"搭便车"现象，能实现有效的激励。

许多人并未读过"智猪博弈"的故事，但是却在自觉地使用小猪的策略。股市上等待庄家抬轿的散户；等待产业市场中出现具有赢利能力的新产品、继而大举仿制牟取暴利的游资；公司里不创造效益但分享成果的人等。因此，对于制定各种经济管理的游戏规则的人，必须深谙"智猪博弈"指标改变的个中道理。

在经济生活中，有许多"智猪博弈"的例子。

[案例9-10] 股市博弈

在股票市场上，大户是大猪，他们要进行技术分析、收集信息、预测股价走势，但大量散户就是小猪。他们不会花成本去进行技术分析，而是跟着大户的投资战略进行股票买卖，即所谓"散户跟大户"的现象。

[案例9-11] 为何股份公司中的大股东才有投票权？

在股份公司中，大股东是大猪，他们要收集信息监督经理，因而拥有决定经理任免的投票权，而小股东是小猪，不会直接花精力去监督经理，因而没有投票权。

[案例9-12] 为什么中小企业不会花钱去开发新产品？

在技术创新市场上，大企业是大猪，它们投入大量资金进行技术创新，开发新产品，而中小企业是小猪，不会进行大规模技术创新，而是等待大企业的新产品形成新的市场后生产模仿大企业的新产品的产品去销售。

[案例9-13] 为什么只有大企业才会花巨额金钱打广告？

大企业是大猪，中小企业是小猪。大企业投入大量资金为产品打广告，中小企业等大企业的广告为产品打开销路形成市场后才生产类似产品进行销售。

第四节 动态博弈与承诺行动

一、静态博弈与动态博弈

1. 静态博弈

博弈的参与者同时做出决策（或者虽然决策有先后，但是没有人在决策之前看到了其他参与者的决策行为），一旦决策做出之后，就只能等待结果，对博弈的发展再也不能产生任何影响，这种博弈叫作静态博弈。日常生活中静态博弈的例子很多，我们经常所说的无计可施、无可奈何，就是我们所能做的已经做完了，不能对博弈再产生任何影响了，剩下的事情由其他的参与者来做，最后看情况。比如说，学生参加高考，老师命题和学生考试虽然有先有后，但互相之间并不能沟通信息和相互影响。考生得分的多少和对出题水平的评价，只能等待高考结束之后才能知道。老师和学生的决策行为做出之后就再也不能影响博弈，而只能等待最后的结果。

2. 动态博弈

博弈的参与者相继行动，由于后行动者能够看到先行动者的决策行为，所以后面的决策要受到以前决策行为的影响，每一个参与者都要根据在决策时所掌握的全部信息来做出自己的最优决策，即每个人的策略是决策者在决策时所掌握全部信息的函数。换句话讲，参与者在某一个阶段做出的决策，要受到前边一系列决策信息的影响，是前边一系列决策信息的函数。典型的例子就是下棋，我走一个当头炮，你走一个屏风马，我走一步，你走一步，你走一步，我走一步。双方相继行动。每个人在每一时刻的决策都是前边一系列决策所掌握信息的函数。到了中间某一阶段，比如说一方"将军"了，这要受到前面一系列双方决策实施产生的影响，不是说想什么时候"将军"就能什么时候"将军"。

3. 动态博弈在一定范围内又是一个连续的过程

静态博弈经常是一次性的行为，决策一旦做出就不能再更改结果。动态博弈有一个重复的性质，前边的所有信息影响到后边的决策，博弈的结果要经过多次博弈之后才能看到，所以是一个连续的过程，这就决定了同一参与者在动态博弈时和静态博弈时表现出不同的行为。如果把为人处世看作一个博弈过程，我们就会发现静态博弈和动态博弈的区别。比如说一个坏人，他遇到了一个他从来都没遇到过的人而且以后再也不会和他见面的陌生人，他就可能会变得肆无忌惮，本来的面目暴露无遗，因为这种情况是静态博弈，是一锤子买卖。同样一个坏人又会在经常打交道的人面前伪装成好人，因为这种情况是动态博弈，前边的所有信息会影响到后边的决策。为了自己的长远利益，他现在必须极力制造一些虚假的信息，让后边的决策对自己更加有利，所以见面时会很客气，表现得很好，以便让别人后边的行动不会对自己不客气。

二、动态博弈的描述

1. 博弈树

对动态博弈的描述，一般是用博弈树来进行。如图 9-3 所示，有两个参与者进行博弈。

第一个参与者用三角形来表示，有两种选择；第二个参与者用圆圈来表示，第一个参与者选择 1 的时候，第二个参与者也有两个选择。第一个参与者选择 2 的时候，第二个参与者有两个选择。

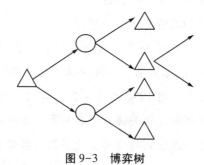

图 9-3 博弈树

2. 子博弈

由博弈中某一个阶段开始的，以后的博弈叫作一个子博弈。实际上，从一个博弈任何一个节点开始一直到博弈结束都可以看作一个子博弈。

3. 动态博弈的解

动态博弈的解通常可以由反推法来得到，即把博弈树加上收益之后，计算每一个子博弈的收益，根据收益情况进行反推，在利益最大化的条件下最后求出均衡状态的解。动态博弈比起静态博弈来，更加符合现实经济生活中的实际情况，但是随着参与者的增加，复杂程度会以几何级数增长。在一个由两个寡头组成的寡头垄断市场上，这两个寡头的竞争行为，往往可以用动态博弈的方法来描述。通常情况下，有一方会首先投石问路，看对方是否有合作的意愿，并根据对方的反应来做出自己下一步的决策，对方也会根据另一方的反应做出反应，从而决策一直进行下去。在现实生活中，经常会听说父母干预儿女的婚姻的事情，这实际上是儿女与父母之间在进行博弈。如图 9-4 所示：

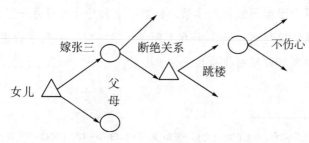

嫁张三   断绝关系   不伤心

女儿   父母   跳楼

图 9-4 婚姻博弈

女儿可以选择嫁给张三或者不嫁给张三，父母则威胁女儿要是嫁给张三就不给嫁妆，并断绝父女关系，另外一种可能当然是不断绝父女关系。女儿则说如果断绝父女关系就要跳楼，另一种选择是不跳楼。父母则说如果你跳楼了，我们也不会感到痛苦。双方都是希望对方沿着有利于自己的博弈路径进行决策，父母是想通过威胁断绝父女关系来迫使女儿不嫁给张三，女儿则是想通过跳楼来迫使父母在自己嫁给张三后不断绝父女关系。在这些所说的话没有实现之前，都属于空头威胁。空头威胁有可能改变对手的决策，也可能对对手的决策毫无影响。总体来说，动态博弈比静态博弈来得更加复杂，决策起来所要考虑的信息要更多一些，所以驾驭信息的复杂程度也更大一些。

[案例 9-14] 沃尔玛的成功之道[①]

在大型连锁折扣店中，沃尔玛是一个相当著名的、经营成功的公司。沃尔玛创立于 1969 年，到 1976 年它已拥有 153 家分店，1986 年发展到 1 009 家，而到 1993 年又进一步发展到 1 800 家分店；其经营的利润 1986 年达 4.5 亿美元，1993 年则已超过 15 亿美元。沃尔玛的成功固然有各方面的因素，但关键在于其采取了成功的市场进入策略。沃尔玛的创业者山姆·华尔顿在这方面有着独到的见解。大多数的经营者都认为，大型折扣店依靠较低的价格、较低的装修与库存成本经营，要赚钱就必须有足够大的市场容量，因此，这类商店无法在一个 10 万人口以下的城镇经营并获得利润。但山姆·华尔顿并不相信这种说法，他从美国西南部的小镇开始他的实践，到 1970 年就开出了 30 家"小镇上的折扣店"，并获得了巨大的成功。一个 10 万人口以下的小镇所具有的市场容量并不太大，但却足够容纳一个大型折扣店，并能让它获得一定的利润。到 20 世纪 70 年代中期，当其他连锁店的经营者认识到这一点时，沃尔玛已经大量占领了这样的市场。特别是，对这样的小镇来说，开出一家连锁折扣店可以盈利，因为这家折扣店可以成为小镇市场上的垄断者；但如果开出两家来，市场容量就不够大，这两家折扣店就必然要亏损。因此，对小镇市场来说，连锁折扣店的竞争就面临一种市场进入的博弈。

[案例 9-15] 欧共体在空中客车与波音公司的竞争中对空中客车公司的战略性补贴

欧共体为了打破美国波音公司对全球民航业的垄断，曾放弃欧洲传统的自由竞争精神而对与波音公司进行竞争的空中客车公司进行补贴。当双方都未获得政府的补贴时，两个公司都开发新型飞机会因市场饱和而亏损，但若一家公司开发而另一家公司不开发时，则开发的那家公司会获巨额利润，见表 9-6（每组数字中前一个数字代表波音公司的收益，后一个数字代表空中客车公司的收益）。

---

① 网络营销教学网. 沃尔玛经典案例成功之道 [EB/OL]. (2013-10-18) [2013-10-18]. http://abc.wm23.com/qingchun91/266001.html.

表 9-6   未补贴时的博弈

空中客车

		开发	不开发
波音	开发	-10, -10	100, 0
	不开发	0, 100	0, 0

此时有两个纳什均衡，即一家开发而另一家不开发。

下面，考虑欧盟对空中客车进行补贴 20 个单位的情况。此时，当两家都开发时，空中客车仍然盈利 10 单位而不是亏损，博弈矩阵见表 9-7。

表 9-7   有补贴时的博弈

空中客车

		开发	不开发
波音	开发	-10, 10	100, 0
	不开发	0, 120	0, 0

这时只有一个纳什均衡，即波音公司不开发和空中客车公司开发的均衡（不开发，开发），这有利于空中客车。在这里，欧共体对空中客车的补贴就是使空中客车一定要开发（无论波音是否开发）的威胁变得可置信的一种"承诺行动"。

三、承诺

决定合作协议是否能够被囚徒双方执行的最关键的基本要素有两个，即承诺与威胁。所谓承诺，在囚徒困境中就是囚徒向对方相互许诺，在下一次博弈时会采取让对方有利的行为，也就是不坦白与对方合作。所谓威胁，就是某个囚徒告知对方如果下一次博弈时其采取招供策略而不合作，在下下一次博弈时就会采取不利于对方的策略即招供。

其实，在社会生活中，承诺与威胁是极常见的现象。比如女生告诉她男朋友，如果他敢结交其他的女生，只要被发现一次，就立刻分手，这是威胁；而她男朋友向她发誓自己绝对是个专一的情圣，绝不会背叛爱情，这就是承诺。再比如，在外交中，美国经常向中国承诺只承认一个中国的原则，我国政府向国际社会承诺中国强大也决不会采用霸权政策。大家常见的很多耳熟能详的俗语都是承诺与威胁，比如"人不犯我，我不犯人""坦白从宽，抗拒从严""以眼还眼，以牙还牙"等。

合作的关键是承诺与威胁的可信度有多大。因为承诺与威胁都是在博弈者进行策略选择之前做出的，承诺与威胁对博弈者的约束力越小，合作的可能性就越小。假想一个可信度很小的承诺与威胁，比如参加考试的学生向监考老师承诺在没有老师监考的时候绝不会作弊，不难想象考场中将会是什么样的一种景象，学生并不都是道德高尚、具有很强自制能力的人。即使在有老师监督考场并威胁如果有学生敢于顶风作案，必然严惩不贷，比如考卷直接判零分，仍有学生作弊。设想一下，如果这种威胁仅仅是威胁，在学生作弊后并未真的采取什么严惩的行动，那么学生作弊的风险就非常小，考场纪律依然与没有老师一样。由此可见，监考老师在一定程度上不得不做一个专制者。

1. 定义

承诺是一种无法反悔的行为，会束缚承诺者自己的手脚，结果无法给自己留有选择的余地。两个企业，一个生产白酒，一个生产啤酒。生产白酒的企业想要生产啤酒，但是不知道生产啤酒的企业会做出什么反应。如果遇到强有力的反应，比如啤酒企业扩大产量到每年 50 万吨，双方都将亏损。如果啤酒企业没有什么反应，保持原有规模不变，白酒企业将扩大市场产生赢利，啤酒企业市场份额减小，利润也减小，甚至有可能亏损。用三角形代表白酒企业，用圆圈代表啤酒企业。白酒企业有两种选择，上啤酒生产线或者不上。啤酒企业也有两种选择，扩大产量或者保持原有规模不变（见图 9-5）。

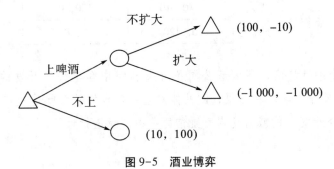

图 9-5 酒业博弈

如果白酒企业上啤酒生产线，而啤酒企业不扩大产量的话，白酒企业将赢利 100，啤酒企业亏损 10。如果啤酒企业扩大产量，双方都亏损 1 000。如果白酒企业不上啤酒生产线，赢利为 10，啤酒企业赢利为 100。啤酒企业可能进行空头威胁，比如通知白酒企业，如果白酒企业上啤酒生产线的话，它们将扩大产量。如果觉得空头威胁无法达到预期的效果，啤酒企业也可能进行承诺，比如说购买了额外的生产设备，使扩大产量随时可以进行，从而使白酒企业相信如果自己上啤酒生产线的话，啤酒企业将扩大产量。白酒企业经过收益分析，将不会冒险上啤酒生产线。所以现实生活中，企业通常要保守商业秘密，但是有时又要故意泄露商业秘密，这种故意泄露出来的商业秘密就可以看作是一种承诺。

2. 承诺的特点

（1）承诺不是空话，需要投资，花费代价。比如说上例中啤酒企业购买了新的生产设备。

（2）承诺无法反悔。承诺行为一旦做出，就无法挽回。

（3）承诺可以达到默契同谋的目的。比如在寡头垄断中，如果你降价，则我降价，结果两人会两败俱伤，所以有可能两人都不会降价，最后形成同谋。

（4）承诺是动态博弈里经常采用的手段。

第五节　信息不对称及解决方法

博弈论作为经济学研究的有力工具，真正大行其道是在 20 世纪 70 年代不对称信息下经济行为分析的兴起。不对称信息指一些局中人拥有别的局中人不拥有的"私人信息"。也就是说，一些局中人知道别的局中人不知道的某些情况。下面用一些例子说明这种情形下的博弈行为。

一、信息不对称

完全竞争的市场有一个重要的假定，即信息是完全的，不仅生产者对市场有关信息有着完全的了解，而且消费者对市场的各种信息也是完全了解的。这一假定是不符合现实的。在实践中，生产者也好，消费者也好，他们对市场有关信息的了解通常都是不完全的。因为信息的收集是需要成本的，在很多情况下，过高的信息成本使得生产者或消费者无法获取充分的信息，就只能在有限信息的条件下做出决策。

如果买者和卖者双方对信息了解的不充分是对称的，那么这个假定的不现实性还不至于对市场均衡造成重大影响。但问题是，在现实中还大量存在着信息不对称的现象，通常是，卖者对其产品的了解程度要远远高于买者的了解程度，由此产生的结果是市场的失灵，即使得市场机制不能正常地发挥作用，使得社会资源的配置产生扭曲。

当一个消费者到商店里购买化妆品的时候，是根据什么来判断化妆品的质量呢？是根据其外包装，还是根据那看起来细腻洁白的膏体？那些粉面霜、防皱霜真的如广告所说的那么有效吗？那些减肥药、减肥茶、减肥皂、减肥带等真的可以在若干天或若干个月之内让你的体态变得那么婀娜多姿吗？显然，这里存在严重的信息不对称，生产者完全明了其产品究竟有多高的有效率，但消费者却往往只能根据广告词来了解产品的性能。

在保险市场上，当投保者投保人寿保险或医疗保险的时候，他们对自己身体健康状况的了解程度比保险公司的业务员要高得多；在信贷市场上，企业向银行贷款，企业对该贷款项目的盈利性和风险性较为了解，但银行在这方面的信息则主要来自企业，其信息的充分性也是大打折扣的；在人才市场上，招聘人才的企业对应聘者有多少了解呢？除了学历和经历，企业如何知道某个应聘者真正的工作能力、人际关系、道德水准等其他方面的素质呢？在所有这些市场上，信息的不对称也是显而易见的。

1. 事前不对称：逆向选择

在化妆品和减肥商品市场上，大量的消费者被欺骗，严重的甚至造成对身体不可弥补的损害，这种后果已经不光是生产过多和价格过高的问题。更一般地，经济分析告诉我们，在信息不对称的情况下，市场中还会出现所谓"劣品驱逐良品"的现象，从而将市场变成一个"柠檬"（lemon，美俚"不中用的东西"）市场，即充斥着低质量商品的市场。

[案例9-16] 旧车市场

如果你有一辆旧车,这是一辆质量相当不错的旧车,你可能只用了一年,总共行驶5 000千米。当然,你期望卖一个好价钱,但你的愿望能够实现吗?最终结果常常令人失望。这种现象为何会出现呢?

假定在旧车市场上,所有的旧车可分成优质的和劣质的两大类。再假定优质旧车的价值为5万元,劣质旧车的价值仅为2万元。但问题是,尽管卖者知道他们出售的旧车分别具有怎样的质量,但购买的人却对旧车质量不具有充分的信息。在这种情况下,理性的买者只能根据市场上旧车的平均质量来决定他愿意出价多少来购买旧车。我们再假定在开始的时候,旧车市场上的优质车和劣质车各占一半,而买者对此有大概的了解,那么,买者愿意出的最高价格只能是平均价格,即3.5万元。

面对3.5万元的价格,劣质旧车的所有者喜出望外,他会迫不及待地卖掉他的旧车,并因此获得"超额利润"1.5万元。但优质旧车的所有者却非常失望,他无奈地卖出他的旧车,但因此"亏损"1.5万元。短期或许如此,但长期调整的结果是,市场上的优质旧车越来越少,因为没有几个人愿意亏损;而市场上的劣质旧车越来越多,它们是不会退出市场的。于是,旧车的平均质量下降。当旧车市场上优质车只占25%,而劣质车占到75%的时候,买者会发现这种变化,并降低他们的出价,此时买者愿意出的最高价格将为$0.25 \times 5 + 0.75 \times 2 = 2.75$万元。

面对更低的价格,将有更多的优质旧车退出市场,于是市场上旧车的平均质量进一步下降。这一过程继续下去,最终的结果不言而喻,所有的优质旧车都退出市场,留在市场上的就只有劣质旧车了。

[案例9-17] 医疗保险案例

在医疗保险市场上,保险公司是如何制定保险价格的呢?唯一可靠的依据是投保者的平均健康状况。一般而言,往往是健康状况较差的人对医疗保险有更大的热情,而身体健康的人则不怎么愿意投保。因此,不健康的人在投保人中的比例会比较高,从而迫使医疗保险的价格定得较高。但较高的医疗保险价格所产生的结果是,健康的人更不愿意投保,而不健康的人则不会离开这个市场,这就使得不健康人的比例进一步提高。这一过程的延续所带来的最终结果也是"劣品驱逐良品",留在这个市场中的都是不健康的人。

当市场中交易的一方掌握着商品的某些特性,而交易的另一方则不掌握这些特性,对这些特性的观察或验证又十分困难的时候,就存在着信息的不对称。经济学把这种信息不对称的结构叫作"隐藏信息"。在信息不对称的情况下,掌握私有信息的一方就完全可能利用其有利地位来为自己谋求利益,造成劣质产品冒充优质产品的现象。经济学把这种以次充好、以假乱真的现象叫作"逆向选择"。

2. 事后不对称：道德风险

（1）经济生活中的道德风险。

在经济活动中，经济主体的有些行为是无法观察的，或者说，即使能够观察，其成本也是非常高昂的。例如，一个操作工人、一个销售人员、一个高层经理或部门经理是否在努力工作，在很多情况下是无法观察的；一个医生对病人的疾病诊断是否正确，病人往往是不知情的；一个球员是在认真踢球还是在踢假球，球迷未必真的了解；等等。那么，当一个投保者投保之后，由于有了保险，他的行为就可能改变，而且这种改变了的行为也是隐藏行为，是无法观察的。这种现象就叫作道德风险。例如，投了火灾险的商店或工厂对防火不再重视；汽车保险的投保者驾驶汽车就不像未投保的人那么小心。这些都是道德风险。

（2）保险市场上的道德风险。

对保险市场来说，道德风险的存在将严重影响市场的正常运作。如果不存在道德风险，保险公司对保险赔率的估计建立在投保者的正常行为基础之上，因而会是比较可靠的，由此确定的保险价格也会是比较合理的。但存在道德风险之后，原先的估计将完全无效。由于隐藏行为，我们无法观察投保者的实际"努力程度"，但此时火灾的概率可能大大上升，交通事故会大量出现，那么，如果按照原先的估计来确定保险价格，保险公司就必定亏损。如果保险公司因此而提高保险价格，其后果就会如我们在一开始所说的，劣品驱逐良品，最终使得保险市场无法存在。

我国传统体制下的公费医疗制度是一个很典型的例子。实际上，这种制度就是一种完全的保险制度，所有职工都不需要为医疗支付任何费用，所有费用都由企业和工作单位支付，就相当于职工所在单位为职工投保，而国家就是一个最大的保险公司。在这种制度下，道德风险问题十分严重，小病大养，无病小养，有的人甚至为了一个漂亮的瓶子而去开咳嗽药水，回家再把药水倒掉。改革开放之后，尽管医疗保险制度改革正在规避这种道德风险。

二、信号显示

信息不对称是导致逆向选择的根源。要减少逆向选择，就必须解决信息不对称问题。解决思路是委托人或"高质量"代理人通过信息决策，缩小委托人与代理人之间信息不对称的程度。解决的途径有两个：其一是委托人通过制定一套策略或合同来获取代理人的信息，这就是"信息甄别"；其二是"高质量"代理人利用信息优势向委托人传播自己的私人信息，这就是"信号显示"。

［案例9-18］假定某种小家电市场上有两家生产企业，企业 A 生产的是优质产品，企业 B 生产的是劣质产品。企业 A 为了防止劣质品冒充优质品，决定向消费者发出信号。对家电产品来说，发信号的一种有效手段即向消费者提供保修。但问题是，提供多少年保

修才能达到信号显示的目的呢？

信号显示并不仅仅发生在家电市场，也不仅仅发生在物质产品市场。实际上，只要存在信息不对称，优质品就有信号显示的需要，当然成功的信号显示必须满足上述各个条件。

[案例 9-19] 人才市场上的信号显示

在人才市场上，信号显示对高素质的人才十分重要，成功的信号显示将有利于他们找到更好的职位。一些经济学家用信号理论来解释人们对教育程度的选择，因为学历就是这个市场中最为有效的信号。从理论上来说，如果把所有应聘者划分为高素质和低素质两类，可以假定这两类人获得高学历的成本是不同的。一般来说，素质较低的人要获得较高的学历就需要花费更大的成本。于是，对任何人来说，对教育程度的选择就是一种自我选择。

实际上，对教育程度的选择建立在对收益和成本进行比较的基础之上。一般而言，可以假定高学历的人将获得较高的薪水，学历较低则薪水也较低，那么，教育的收益就可以在薪水的差异上反映出来，选择较高的教育程度就是一种个人的投资行为。对素质较高的人来说，因为其获得高学历的成本较低，因此教育的收益将远远超过其获得高学历的成本，他们将选择较高的教育程度；而对素质较低的人来说，获得高学历的成本过于高昂，以至于教育的收益不能补偿其付出的成本，他们就将选择较低的教育程度。

当然，实践中教育程度并不仅仅是一种信号，教育更是传授知识的基本途径。比如，MBA 的价值绝不仅仅在于显示他有获得工商管理硕士学位的能力，更重要的是，他所学的知识是针对现代市场经济中企业经营的各种问题的，是有着广阔的应用前景的。

[案例 9-20] 垄断厂商的低价销售：信号传递博弈

有许多垄断厂商并未如人们所料想的那样给商品定出一个很高的价格，而是以较低的价格长期销售某种产品。譬如，发达国家的私营铁路、航空、海运码头等的价格都远低于按照其垄断定价方法定出的价格。这是什么原因呢？

由于垄断厂商有更低的生产成本，所以，它能够将产品价格降到比进入厂商的生产成本还要低的水平上，这就使得进入者或者高价格经营导致顾客流失，或者同样也降价但价格低于成本，两种情形进入者都会亏损，最后不得不退出行业。但是，这种"打斗"行为虽然可以击退进入者，但一段时间的降价经营可能对垄断者带来较大损失。垄断者为了避免这种损失，可以向外宣布它是低成本的，别的厂商休想进来与它竞争。但仅凭口头宣布人家是不会相信的，因为即使垄断者不是低成本的厂商，它也会如此宣布。潜在的高成本进入者不敢进入，垄断者得以保持长期的垄断地位。

[案例 9-21] 为什么有的商品广告既无商品的价格信息又无售货地点信息，只有明星的表演？

通常认为，商业广告的功能是向消费者提供必要的购货信息，如散布商品的价格，质量功能，出售地点等信息。再者，人们还认为有些广告可能是为了引导消费，特别是新产品出现时，消费者还不知道不熟悉它，商业广告中通过一些电影明星使用新产品的图像，利用公众的"追星"心理打造市场。而这种关于新产品市场引导的广告通常是一位当红明星在电视上用新产品表演一番，既无价格，也无售货地点的介绍，除了显示一下商标外，完全没有对产品性能的说明，有什么意义呢？对于这类广告，博弈论用"信号显示"来解释。

如果企业A请一位当红明星打广告，聘请当红明星打广告支付很高的酬劳，就可以使企业B不敢模仿。譬如，假定企业A的预期收入为3 000万元，企业B的预期收入为1 000万元。当红明星打广告的市场价格为2 000万元，那么，企业A可以请明星打广告但企业B请不起。消费者也明白这个道理，从而会在一开始就识别出不能请当红明星打广告的企业B的经营实力是不如企业A的。这样，企业B一开始就没有市场。当企业A请了当红明星打广告时，企业B发现这位明星的市场价格太高，自己难以模仿企业A，开始就会放弃生产仿冒产品的计划。

所以，企业A通过请当红明星打广告而清除掉了潜在的市场模仿者，它向公众传递自己实力强大、质量过硬的信号，这种信号的价值在于其所请来的当红明星有着较高的出场价格，而不在乎明星在广告节目中说了什么，表演了什么，当然更无所谓广告节目是否介绍产品价格等信息了。

三、信息甄别

信息甄别又称机制设计，就是委托人事先制定一套策略或设计多种合同，根据代理人的不同选择，尽管代理人的类型可能是隐藏的，别人观察不到，但他们所做出的不同选择却是可以观察到的。观察者可以通过观察不同人的选择而反过来推演出他们的真实类型。从而减少信息不对称。这是减少逆向选择的又一种途径。

［案例9-22］飞机、轮船公司为什么设立头等舱、二等舱、三等舱？

当飞机、火车或轮船的舱位条件和价格完全一样时，不同支付意愿的人都会以最低价格买票，不会有人愿支付比别人更多的钱去买相同的舱位的票。于是，航空公司、铁路客运公司或轮船公司将舱位分成头等舱、二等舱……，等等，价格稍有不同，当然服务也不同，就将不同支付意愿的顾客区分开了。

头等舱比其他较低等级舱位的价格高许多并不主要是因为它的服务要比其他舱位的服务好多少（当然还是要好一些），而是因为那些坐头等舱的人的支付能力比其他舱位的旅客的支付能力要强许多，说白了，就是坐头等舱的人比坐其他舱位的人更有钱或更能花钱而已！但是，如果航空公司或轮船公司不对舱位做如此区分，即使是有钱人也不会愿意坐同样的舱位而支付比别人支付的更高的价格。

这里，支付能力是旅客的类型，选择舱位等级是他们的选择。支付能力无法观察，但买什么舱位的票却能够观察，航空或轮船公司因此而识别出可以支付更高价格的顾客而赚取更多利润。

类似的还有，酒店的星级分类，五星级、四星级、三星级……酒店，宾馆的不同品种与价格，影剧院的不同座位价格表，等等，都是实现信息甄别的机制设计。

[案例9-23] 冻结价格战的博弈机制①

美国有两家销售音像商品的商店"疯狂艾迪"（crazy eddie）和"纽马克与露易斯"（Newmark & Lewis），它们之间在市场上存在竞争。当它们进行合谋时，如何保证对方不会背叛而降价的一个前提就是如何能迅速查出对方的背叛行为并给予惩罚。

"疯狂艾迪"已做出了承诺："不可能有人卖得比我们更低，我们的价格最低廉，我们保证价格最低，而且是超级疯狂地低。"而对手企业 Newmark & Lewis 也打出"只要买我们的东西，将得到终生低价保证"。它承诺：假如你能在别处买到更低的价格，我们将加倍退钱。

乍一看，这两家企业在玩命竞争，根本不可能形成价格联盟，即使形成也难以维持，因而它们之间似乎是在打价格战。但是，一种潜在的侦察降低价格行为的机制阻止了价格战的发生。若每台录像机的批发价为150美元，此时两家企业正以每台300美元的价格出售。"疯狂艾迪"打算降为每台275美元，从而将对手的顾客拉过来，如那些家住在对手售货点附近或过去曾买过对手商品的顾客。

但是，对手的战略锁定了"疯狂艾迪"的行为，因为"疯狂艾迪"的这一计划会有相反的效果。因为顾客会到对手那里先以300美元买下录像机，然后再获退款50美元。这样，对手自然将价格降到更低的价格每台250美元，顾客反而是从"疯狂艾迪"那里流向对手而不是相反。

如果对手不想以250美元一台出售录像机，他也可以将价格降到275美元一台，只要它发现有顾客来要求退款，就会发现对手的背叛行为，从而将价格降到275美元一台。既不以太低价出售，又快速发现对手的背叛从而以降价予以报复，使对手降价也不能增大顾客量，从而蒙受损失。

这样，"疯狂艾迪"就没有进行价格战的意愿了，自然形成价格联盟。在美国，明目张胆的价格合盟是违法的，但这两家企业却以不违法的方式形成了价格合盟，顾客成了背叛行为的侦察者。

四、风险共担

在现实经济生活中，由于信息和其他不可确定的原因，经济主体的市场行为存在着大量的风险。对于大部分经济主体来讲，不喜欢风险的存在，就有出卖风险的需求，这就会产生专门买卖风险的机构——保险公司。保险公司通过集中这种出卖风险的需求，从而分

---

① 道客巴巴. 冻结价格战的博弈机制［EB/OL］.（2015-03-25）［2015-03-25］. https://www.doc88.com/p-5415818371641.html? r=1.

散风险，并收取一定的费用，从中赢利。保险市场的行为就像垃圾收集行业。个人不喜欢垃圾，就会出现垃圾公司，专门收取费用来回收垃圾，并通过垃圾处理来获利。

1. 两个极端情况

（1）保险公司提供全额保险的后果。

投保人会放松防范，产生败德行为。

投保人会夸大损失。比如在发生火灾或汽车碰撞时，投保人可能会夸大损失，以让保险公司提供更多的补偿。

（2）保险公司提供零保险（不提供保险）。

没有人投保，保险公司无法生存。

大量的风险规避者没有转嫁风险的渠道，同样不利于市场经济的运行。因为一方面市场中存在大量的风险，另一方面风险规避者需要把风险分散，所以保险市场应该存在。

2. 解决对策

（1）区别对待。

对于情况不同的投保人收取不同的保费。例如：对于防火、灭火设施不完备的单位，让其交纳更多保费。在人寿保险中，让抽烟者交纳更高的保费。在汽车保险中，一定时期内违反交通规则的人交纳更高的保费，没有违反过交通规则的人则交纳较低的保费。

（2）风险共担。

保险公司不提供全额保险，事故发生以后，保险公司只对损失提供部分赔偿，使投保人承担一定的损失，即投保人要承担部分风险。

【经典习题】

一、名词解释

1. 纳什均衡

2. 零和博弈

3. 道德风险

4. 逆向选择

5. 占优策略

二、选择题

1. 给定两家制酒企业 A、B 的收益矩阵，如表 9-8 所示：

表9-8　酒业博弈

A 企业

		白酒	啤酒
B 企业	白酒	700, 600	900, 1 000
	啤酒	800, 900	600, 800

每组数字中前一个数字代表 B 企业的收益，后一个数字代表 A 企业的收益。则下面说法正确的是（　　　）。

　　A. 存在一个纳什均衡：(啤酒，白酒)

　　B. 存在一个纳什均衡：(白酒，啤酒)

　　C. 存在两个纳什均衡：(啤酒，白酒)、(白酒，啤酒)

　　D. 不存在纳什均衡

　　2. 考虑一个旧手表市场，手表的质量可能好也可能差（好手表或差手表）。卖主知道自己所出售的手表的质量但买主不知道，好手表所占的比例为 q。假设卖主对好手表和坏手表的估价分别为 100 元和 50 元；而买主对好手表和坏手表的估价分别为 120 元和 60 元，如果旧手表的市场价格为 90 元，那么（　　　）。

　　A. 好手表和坏手表都将被出售　　　B. 好手表和坏手表都不发生交易

　　C. 只有坏手表被出售　　　D. 只有好手表被出售

　　3. 假定甲、乙两个企业同时选择"合作"或"抗争"的经营策略。若两个企业都选择"合作"的策略，则每个企业的收益均为 100；若两个企业都选择"抗争"的策略，则两个企业的收益都为零；若一个企业选择"抗争"的策略，另一个企业选择"合作"的策略，则选择"合作"策略的企业的收益为 S，选择"抗争"策略的企业的收益为 T。要使"抗争"成为占优策略，S 和 T 必须满足条件（　　　）。

　　A. $S+T>200$　　　B. $S<T$ 与 $T>100$

　　C. $S<0$ 与 $T>100$　　　D. 以上都不是

三、简答与论述

　　1. 用博弈矩阵来说明可信和不可信的威胁，并分析对企业竞争的借鉴作用。

　　2. 请用博弈理论分析卡特尔的合作与非合作。

　　3. 信息不完全和信息不对称相同吗？

　　4. 七个人出了事故流落荒岛上，只能靠一袋米熬粥吃渡过一星期，由此产生了分粥问题。有以下几种分法：

　　（1）每天抽签，抽到的人分；

（2）每天每人轮流分；

（3）大家推举一个"公平"的人分；

（4）分的人最后拿粥。

请问以上分法，你觉得哪种最好？

一星期后船终于来了，将七个人解救了。那个想出了最佳分法的人非常兴奋，说："机制设计多么好呀，我回去就竞选总统，你们也可以当公务人员。我们可以用机制设计来让我们的社会更加美好！"

请问：岛上的思考在岸上有什么启迪？你对机制设计有什么看法？

5. 利用信息经济学原理说明假冒伪劣商品对市场的影响。

6. 如果任何人只要花钱就可购买到所需的文凭，文凭的信号作用会发生什么变化？在短期内和长期内分别给劳动力市场带来什么影响？

7. 用博弈论分析项羽的"破釜沉舟"。

8. "海盗分金"是说5个海盗抢得100枚金币，他们按抽签的顺序依次提方案：首先由1号提出分配方案，然后5人表决，超过半数同意方案才被通过，否则他将被扔入大海喂鲨鱼，依此类推。

假定"每个海盗都是绝顶聪明且很理智"，那么"第一个海盗提出怎样的分配方案才能够使自己的收益最大化？"

9. 很多观众会发现，大部分电视台总是将最精彩的节目放在相同的时间段，甚至有些时候是在相同时间段播放类似的节目。电视台为什么也是这么"相煎太急"？

10. 为什么高档产品的生产者不愿在地摊上出售他们的产品？如果真正高价值、高质量的产品放在地摊上出卖会有怎样的遭遇？

11. 在囚徒困境中，如果两个囚徒规定好总共合作3次，双方会选择什么行动？如果要合作无数次呢？

四、计算与证明

1. 两家手机厂商 A 和 B 正计划推出新款旗舰手机。各厂商都既可以开发一种高性能、大电量的手机（H），也可以开发一种一般性能、一般电量的手机（L）。市场研究表明各厂商在不同策略下相应的利润由表9-9得益矩阵给出。

表9-9　厂商博弈

		厂商B	
		H	L
厂商A	H	30, 30	50, 35
	L	40, 60	20, 20

（1）如果两厂商同时作决策，结果将是什么？

（2）假设两厂商都试图最大化利润，且 A 先开始计划并实施，结果会怎么样？如果 B 先开始，结果又会如何？

2. 博弈的报酬矩阵如表 9-10 所示。

表 9-10　甲乙博弈

		乙	
		左	右
甲	上	a, b	c, d
	下	e, f	g, h

（1）如果（上，左）是占优策略的均衡，那么 a, b, c, d, e, f, g, h 之间必然满足哪些关系？

（2）如果（上，左）是纳什均衡，（1）中的关系式哪些必须满足？

（3）如果（上，左）是占优策略均衡，那么它是否必定是纳什均衡，为什么？

3. 性别之战。一对恋人准备在周末晚上一起出去，男的喜欢听音乐会，但女的比较喜欢看电影。当然，两个人都不愿意分开活动。不同的选择给他们带来的满足如表 9-11 表示。

表 9-11　性别博弈

		女	
		音乐会	电影
男	音乐会	2, 1	0, 0
	电影	0, 0	1, 2

请问：恋人的最优策略是什么？

4. 企业 A 和企业 B 是某地区两个竞争寡头，都可以把产品价格定位 10 元或 15 元，收益矩阵如表 9-12 所示，每组数字中前一个数字代表 B 企业的收益，后一个数字代表 A 企业的收益。

表 9-12　价格博弈

		企业 A	
		10 元	15 元
企业 B	10 元	100, 80	180, 30
	15 元	50, 170	150, 120

请问：企业 A 和企业 B 的最优策略是什么？

5. 日本和欧洲都可以制定自己的高清晰度电视的技术标准，也可以使用别人制定的标准，收益矩阵如表9-13所示。

表9-13 高清晰度电视技术标准的争夺

		欧洲企业	
		日本标准	欧洲标准
日本企业	日本标准	100, 80	180, 30
	欧洲标准	50, 170	150, 120

请问：问日本和欧洲的纳什均衡是什么？

6. 某垄断企业面对潜在进入者的竞争，进入者可以选择进入也可以选择不进入，垄断者在竞争者进入后可以选择商战也可以选择默许。收益矩阵如表9-14所示。

表9-14 进入博弈

		垄断者	
		商战	默许
潜在进入者	进入	−200, 600	900, 1 100
	不进入	0, 3 000	0, 3 000

请问：它们的纳什均衡是什么？

7. 甲有两种策略U和D，乙有三种策略L、M和R。收益矩阵如表9-15所示。

表9-15 策略博弈

		乙		
		L	M	R
甲	U	1, 1	4, 2	1, 3
	D	2, 3	1, 2	2, 1

请问：甲和乙分别会选择什么战略？

【综合案例】 美团、饿了么的补贴大战①

"原本300元的麻辣诱惑小龙虾，叫外卖只需要150元，有便宜谁不占。"白领李先生自认为已被外卖惯坏了，以前上了一天的班太累就不爱做饭点外卖，现在他却习惯了没事在家也一边看电影一边吃外卖，不仅便宜还省事。

---

① 人民日报海外网. 巨头开打舌尖上的战争 [EB/OL]. (2015-07-29) [2020-12-25]. http://m.haiwainet.cn/middle/352345/2015/0729/content_28991002_1.html.

像李斌这样的"懒人"和"吃货"人群正在迅速扩大。而在商家们看来,发红包依旧是获取用户芳心最有效最直接的方式。百度外卖小龙虾半价、饿了么推1元咖啡和10元套餐、到家美食会有1块钱的必胜客……此类优惠补贴轮番上演,继1块钱打车之后,1块钱吃饭也眼睁睁成为现实。

"我下载了五六个外卖软件。"在国贸上班的白领霍女士给自己算了一笔账,"以前都是跟同事出去吃,一顿麻辣香锅或者日本料理分摊下来人均60至80元,再加上租房、买名牌衣服和包包,工资卡上所剩无几。"如今,叫外卖成了她第一个省钱突破口。"我几乎订阅了所有外卖软件的微信服务号,他们每天都会推送最新优惠。"霍女士说,前些天刚买过1元的星巴克下午茶,近两天Costa又正在推1元美式咖啡。除此之外,原价40元的套餐、60元的披萨,她曾数次以低于10元的价格订购。

外卖都杀红了眼,BAT(Baidu、Alibaba、Tencent)等"大个头"却继续加入竞争,外卖红包让消费者又有了更大的期待。

但补贴还要持续烧多久?每一个在这场战争中的人都想过这个问题,但都在警惕地提防着对手不敢轻举妄动。南有饿了么,北有美团外卖,随着这场南北大战的持续,外卖市场已经成长为千亿级别的市场,并还在继续壮大。

无论是美团和饿了么,成交额中都有一部分本身是由补贴率组成的。"当市场一个月只有30亿元的时候,你要维持10%的补贴就需要3亿元。当这个市场涨到60亿元级别的时候,你还要维持补贴率,就是6亿元。"美团外卖总经理王莆中说道,"你很难在市场同等增长的同时,维持你的补贴率不变,但如果补贴率降低到10%以下,用户的感知度就很低了。"

如果美团外卖不补贴,饿了么的最优策略就是补贴;如果饿了么不补贴,美团外卖的最优策略就是补贴,这个战场就这么陷入了囚徒困境。

要是都不补贴,那么双方来说能节约成本、分享市场。但在博弈中双方的最优策略都是补贴,大家不得不硬着头皮推出相同的筹码。

10

第十章　市场失灵与政府规制

【思维导图】

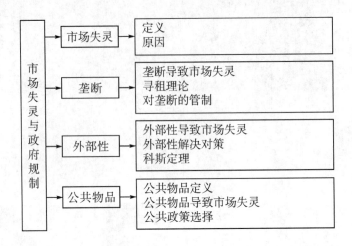

【导入案例】大电商平台的"二选一"和"大数据杀熟"

近年来，中国平台经济迅速发展，新业态、新模式层出不穷。但与此同时，关于对平台经济领域"二选一"和"大数据杀熟"问题的反映和举报日益增加。

"二选一"是指具有优势地位的电商平台以种种明示或暗示手段，要求合作商家只能入驻自己这一家电商平台，不能同时入驻竞争对手平台，商家如果不配合，就不能获得平台许多优惠政策和优势资源的支持，甚至会被逐出平台。"大数据杀熟"是指同样的商品或服务，老客户看到的价格比新客户要贵出许多的现象。

2021年2月7日，国务院反垄断委员会正式印发《国务院反垄断委员会关于平台经济领域的反垄断指南》解决此类问题，这有助于维护各方合法利益，营造公平竞争的市场环境。

第一节　市场的效率

在现代市场经济体系中，市场调节与政府干预、自由竞争与宏观调控，是紧密相连、相互交织、缺一不可的重要组成部分。因为市场机制的完全有效性只有在严格的假说条件下才成立，而政府干预的完美无缺同样也仅仅与"理想的政府"相联系。也就是说，市场调节与政府干预都不是万能的，都有内在的缺陷和失灵、失败的客观可能，要害是寻求经济及社会发展市场机制与政府调控的最佳结合点，使得政府干预在匡正和纠补市场失灵的同时，避免和克服政府失灵，这对我国社会主义市场经济体制的建立和完善，无疑具有重大的理论意义和实践意义。

一、效率评价：帕累托最优

帕累托最优（pareto optimality）是以提出这个概念的意大利经济学家维弗雷多·帕雷托的名字命名的，维弗雷多·帕雷托在他关于经济效率和收入分配的研究中使用了这个概念。帕累托最优，也称为帕累托效率（pareto efficiency）。帕累托最优和帕累托改进（pareto improvement），在经济学和社会科学中有着广泛的应用。

帕累托最优是指资源分配的一种状态，在不使任何人境况变坏的情况下，不可能再使某些人的处境变好。帕累托改进是指一种变化，在没有使任何人境况变坏的情况下，使得至少一个人变得更好。一方面，帕累托最优是指没有进行帕累托改进余地的状态；另一方面，帕累托改进是达到帕累托最优的路径和方法。帕累托最优是公平与效率的"理想王国"。

一般来说，达到帕累托最优时，会同时满足以下三个条件：

（1）交换最优：即使再交易，个人也不能从中得到更大的利益。此时对任意两个消费者，任意两种商品的边际替代率是相同的，且两个消费者的效用同时得到最大化。

（2）生产最优：这个经济体必须在自己的生产可能性边界上。此时对任意两个生产不同产品的生产者，需要投入的两种生产要素的边际技术替代率是相同的，且两个生产者的产量同时得到最大化。

（3）产品混合最优：经济体产出产品的组合必须反映消费者的偏好。此时任意两种商品之间的边际替代率必须与任何生产者在这两种商品之间的边际产品转换率相同。

如果一个经济体不是帕累托最优，则存在一些人可以在不使其他人的境况变坏的情况下使自己的境况变好的情形。普遍认为这样低效的产出的情况是需要避免的，因此帕累托最优是评价市场效率的非常重要的标准。

二、市场失灵

市场失灵（market failure）是指由于市场价格机制在某些领域、场合不能或不能完全有效发挥作用而导致社会资源无法得到最有效配置的情况。导致市场失灵的因素主要有四个，即公共物品、外部性、垄断和信息不对称。

"市场万能，市场决定一切（调节生产、分配和消费）"早已不是什么新鲜名词，其根源可以上溯至英国古典经济学家那里，当时的市场决定论是很有市场的，可是，后来的经济危机给了它当头一棒。当经济危机爆发之后，市场不再决定什么了，而且首先是它发生了令人恐慌和束手无策的紊乱，人们眼睁睁看着一个个企业倒闭、破产，工人失业，流离失所。战争的火花也在这危机四伏，并且似乎看不到任何希望的绝望境地中产生。在经历一个痛苦挣扎的过程之后，才有渐渐趋于恢复。可见，市场虽然孕育了资本主义，但是，随着资本主义社会的发展，它同样也会成为资本发展过程中的死穴，市场的繁荣外观掩饰不了它内在的脆弱性——无序竞争，市场失灵表现为如下几个方面。

1. 收入与财富分配不公

这是因为市场机制遵循的是资本与效率的原则。资本与效率的原则又存在着"马太效应"。从市场机制自身作用看，这是属于正常的经济现象，资本拥有越多在竞争中越有利，效率提高的可能性也越大，收入与财富向资本与效率也越集中。另外，资本家对其雇员的剥夺，使一些人更趋于贫困，造成了收入与财富分配的进一步拉大。这种拉大又会由于影响到消费水平而使市场相对缩小，进而影响到生产，制约社会经济资源的充分利用，使社会经济资源不能实现最大效用。

2. 外部负效应问题

外部负效应是指某一主体在生产和消费活动的过程中，对其他主体造成的损害。外部负效应实际上是生产和消费过程中的成本外部化，但生产或消费单位为追求更多利润或利差，会放任外部负效应的产生与蔓延。如化工厂，它的内在动因是赚钱，对企业来讲，为了赚钱最好是让工厂排出的废水不加处理而进入下水道、河流、江湖等，这样就可减少治污成本，增加企业利润。但这会对环境保护、其他企业的生产和居民的生活带来危害。社会若要治理，就会增加负担。

3. 竞争失败和市场垄断的形成

竞争是市场经济中的动力机制。竞争是有条件的，一般来说竞争是在同一市场中的同类产品或可替代产品之间展开的。但一方面，由于分工的发展使产品之间的差异不断拉大，资本规模扩大和交易成本的增加，阻碍了资本的自由转移和自由竞争。另一方面，由于市场垄断的出现，减弱了竞争的程度，使竞争的作用下降。造成市场垄断的主要因素包括：技术进步、市场扩大、企业为获得规模效应而进行的兼并。一旦企业获利依赖于垄断地位，竞争与技术进步就会受到抑制。

4. 失业问题

失业是市场机制作用的主要后果，一方面从微观看，当资本为追求规模经营，提高生产效率时，劳动力被机器排斥。另一方面从宏观看，市场经济运行的周期变化，对劳动力需求的不稳定性，也需要有产业后备军的存在，以满足生产高涨时对新增劳动力的需要。劳动者的失业从宏观与微观两个方面满足了市场机制运行的需要，但失业的存在不仅对社会与经济的稳定不利，而且也不符合资本追求日益扩张的市场与消费的需要。

5. 区域经济不协调问题

市场机制的作用只会扩大地区之间的不平衡现象，一些经济条件优越、发展起点较高的地区，发展也越有利。随着这些地区经济的发展，劳动力素质、管理水平等也会相对较高，可以支付给被利用的资源要素的价格也高，也就越能吸引各种优质的资源，以发展当地经济。那些落后地区也会因经济发展所必需的优质要素资源的流失而越发落后，区域经济差距会拉大。另外，因为不同地区有不同的利益，在不同地区使用自然资源过程中也会出现相互损害的问题，可以称之为区域经济发展中的负外部效应。比如，江河上游地区林木的过量开采，可能影响的是下游地区居民的安全和经济的发展。这种现象造成了区域间经济发展的不协调与危害。

6. 公共产品供给不足

公共产品是指消费过程中具有非排他性和非竞争性的产品。所谓非排他性，就是一旦这类产品被生产出来，生产者就不能排除别人不支付价格的消费。因为这种排他，一方面在技术上做不到，另一方面即使技术上能做到，但排他成本高于排他收益。所谓非竞争性，是因为对生产者来说，多一个消费者或少一个消费者不会影响生产成本，即边际消费成本为零。而对正在消费的消费者来说，只要不产生拥挤也就不会影响自己的消费水平，这类产品包括国防、公安、航标灯、路灯、电视信号接收等。所以这类产品又叫非盈利产品。从本质上讲，生产公共产品与市场机制的作用是矛盾的，生产者是不会主动生产公共产品的。而公共产品是全社会成员必须消费的产品，它的满足状况也反映了一个国家的福利水平。这样一来公共产品生产的滞后与社会成员与经济发展需要之间的矛盾就十分尖锐。

7. 公共资源的过度使用

有些生产主要依赖于公共资源，如渔民捕鱼、牧民放牧。他们使用的就是以江湖河流这些公共资源为主要对象，这类资源既在技术上难以划分归属，又在使用中不宜明晰归属。正因为这样，由于生产者受市场机制追求最大化利润的驱使，往往会对这些公共资源进行掠夺式使用，而不能给资源以休养生息。有时尽管使用者明白长远利益的保障需要公共资源的合理使用，但因市场机制自身不能提供制度规范，又担心其他使用者的过度使用，出现使用上的盲目竞争。

市场失灵使政府的积极干预成为必要。

西方发达国家及一批后发现代化国家市场经济的实际历程和政府职能的演化轨迹表明，市场调节这只"看不见的手"有其能，也有其不能。一方面，市场经济是人类迄今为止最具效率和活力的经济运行机制和资源配置手段，它具有任何其他机制和手段不可替代的功能优势：一是经济利益的刺激性。市场主体的利益驱动和自由竞争形成一种强劲的动力，它极大地调动人们的积极性和创造性，促进生产技术、生产组织和产品结构的不断创新，提高资源配置的效率。二是市场决策的灵活性。在市场经济中，生产者和消费者作为微观经济主体的分散决策结构，对供求的变化能及时做出灵活有效的反应，较快地实现供需平衡，减少资源的浪费，提高决策的效率。三是市场信息的有效性。高效率地分配资源要求充分利用经济中的各种信息。而以价格体系为主要内容的信息结构能够使每一个经济活动参与者获得简单、明晰、高效的信息，并能充分有效地加以利用，从而有利于提高资源配置的合理性。此外，市场经济的良性运行还有利于避免和减少直接行政控制下的低效和腐败等。但是另一方面，市场经济也有其局限性，其功能缺陷是固有的，光靠市场自身是难以克服的，完全摒弃政府干预的市场调节会使其缺陷大于优势，导致市场失灵，因而必须借助凌驾于市场之上的力量——政府这只"看得见的手"来纠补市场失灵。

第二节 垄断及其管制

垄断是市场不完善的表现，垄断市场是一个产量较低而价格较高的市场。它的存在，不仅造成资源浪费和市场效率低下，而且使社会福利减少。

一、垄断造成市场效率低下

在垄断市场条件下，垄断厂商为实现自身利益最大化，也会像竞争厂商一样努力使生产定在边际收益等于边际成本的点上。但与竞争企业不同的是，垄断市场的价格不是等于而是大于边际收益，因此，它最终会选择在价格大于边际成本的点上组织生产。垄断厂商不须被动地接受市场价格、降低成本，而可以在既定的成本水平之上加入垄断利润形成垄断价格。所以，垄断市场的价格比竞争市场高，产量比竞争市场低。

这样，一方面，导致厂商丧失了降低成本、提高效率的动力；另一方面，抬高的垄断定价成为市场价格，扭曲了正常的成本价格关系，对市场资源配置产生误导，造成一种供不应求的假象，导致更多的资源流向该行业。

二、垄断造成社会福利损失

垄断对社会福利造成损失主要表现为使消费者剩余大大减少。消费者剩余是指消费者愿意为某种商品或服务支付的最高价格与他实际支付的价格之差。如图 10-1 所示：

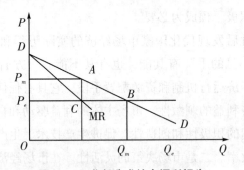

图 10-1 垄断造成社会福利损失

在图 10-1 中，Q 代表产量，P 代表价格，D 是需求曲线，MR 是边际收益曲线。在完全竞争条件下，高于均衡价格 P_e 的价格反映的效用水平就是消费者剩余，即图中 $\triangle DBP_e$ 部分。在垄断条件下，高于垄断价格 P_m 的价格反映的效用水平就是消费者剩余，即图中 $\triangle DAP_m$ 部分。显然，前者大于后者，二者之差即 AP_mP_eB 部分，其中 ACP_eP_m 部分为垄断利润，△*ABC* 部分就是社会福利损失，即垄断产量限制对社会造成的损失。

三、垄断造成寻租

寻租（rent-seeking）通常指那些通过公共权力参与市场经济从而谋取非法收益的非生产性活动。在垄断市场条件下，垄断厂商为获取垄断利润，就必须保持其垄断地位，为此而付出的花费和开支就是寻租成本。如向政府游说或贿赂立法者、采取合法手段规避政府的管制以及进行反垄断调查等发生的费用都属于寻租成本。由于寻租成本未用于生产性经营活动，会造成社会资源的浪费和社会福利水平的降低。

租，或者叫经济租，指一种生产要素的所有者获得的收入中，超过这种要素的机会成本的剩余。经济处于总体均衡状态时，每种生产要素在各个产业部门中的使用和配置都达到了使其机会成本和要素收入相等。如果某个产业中要素收入高于其他产业的要素收入，这个产业中就存在着该要素的经济租。在自由竞争的条件下，租的存在必然吸引该要素由其他产业流入有租存在的产业，增加该产业的供给，压低产品价格。在规模经济效益不递增的前提下，要素的自由流动最终使要素在该产业中的收入和在其他产业中的收入一致起来，从而达到均衡。所以，只要市场是自由竞争的，要素流动在各产业之间不受阻碍，任何要素在任何产业中的超额收入（即租）都不可能长久稳定地存在。在一个动态的经济结构中，某要素在一个产业中的经济租既可以是个正量，也可以是个负量，这是社会经济在动态发展过程中不断调整、不断适应的正常现象。

当一个企业家成功地开发了一项新技术或新产品，其企业就能享受高于其他企业的超额收入。这种活动可以称为创租活动，或者可称为寻利活动。当其他企业家看到应用这一新技术或生产这一新产品有（超额）利可图，就会纷纷起而效之，涌入这一市场，从而使产品价格降低，超额利润（租）渐渐消散。后者的行为，也属寻利范畴。寻利活动是正常的市场竞争机制的表现，其作用是降低成本开发新产品。寻利活动的特征是对于新增社会经济利益的追求，因而会增进社会的福利。

但是，如果人们追求的是既得的社会经济利益，其活动的性质就变成了寻租。从这个意义上说，偷盗抢劫作为对财产所有权的直接侵犯，可以算是最原始的寻求对社会的既得经济利益实行再分配的寻租活动了。在现代社会中更为常见的，也是更为高级的寻租方式则是利用行政法律的手段来维护既得的经济利益或是对既得利益进行再分配。这类寻租行为往往涉及采用阻碍生产要素在不同产业之间自由流动、自由竞争的办法来维护或攫取既得利益。比方说，当一个企业家开拓了一个市场后，他可能寻求政府的干预来阻止其他企业加入竞争，以维护其独家垄断的地位，确保他创造的租不致扩散。这时，他的行为已不再能增进社会福利，反而阻止了社会从市场竞争中获益。同时，阻止其他企业加入竞争的活动本身也消耗了社会的经济资源。另一个寻租活动的例子是，一个企业或企业群体，明知另一些企业（比如其他地区的企业）拥有比它们更先进的管理和技术，不是下功夫去向后者学习，而是想方设法诱使政府采取保护政策，阻止那些先进企业加入竞争，以维护自身的既得利益。还有同样糟糕的事例是，一部分企业施展种种手段使政府以特殊政策对它们优先照顾，通过税收和补贴的办法抽东补西，使社会的既得经济利益在企业间作重新分配，让这部分企业享受其他企业的"输血"，从而获得一种经济租。

这几种寻租活动的共同特点是：一是它们造成了经济资源配置的扭曲，阻止了更有效的生产方式的实施；二是它们本身白白耗费了社会的经济资源，使本来可以用于生产性活动的资源浪费在这些于社会无益的活动上；三是这些活动还会导致其他层次的寻租活动或"避租"活动，如果政府官员在这些活动中享受了特殊利益，政府官员的行为会受到扭曲，因为这些特殊利益的存在会引发一轮追求行政权力的浪费性寻租竞争；四是利益受到威胁的企业也会采取行动"避租"，与之抗衡，从而耗费更多社会经济资源。

四、垄断的管制

对一般性的垄断，制定与实施遏制垄断的反托拉斯政策，以避免或减少垄断；反托拉斯政策试图防止垄断或各种反竞争行为，以激励竞争，提高市场经济的效率。反托拉斯法的基本框架主要由以下三个法律组成：①《谢尔曼法》（1890年）；②《克莱顿法》（1914年）；③《联邦贸易委员会法》（1914年修正案）。

在自然垄断行业，对新厂商进入行业所必须具备的条件、产品标准与价格等方面进行管制。

政府管制是指政府制定条例和设计市场激励机制，控制厂商的价格、销售与生产决策，以提高资源的配置效率。政府管制分经济管制与社会管制两类：经济管制是指对产品价格、市场进入与退出条件、产品与服务标准等方面进行的管制；社会管制主要是为了保护环境、保证劳工和消费者的健康和安全。

政府对自然垄断行业在价格方面的管制措施包括：

（1）$P=\mathrm{MC}$。按此原则定价虽然有效率，但是行不通。因为垄断厂商总是在平均成本递减的区域中从事生产，有多余的生产能力。平均成本递减的原因是 MC<AC。如果 $P=\mathrm{MC}$，则 $P<\mathrm{AC}$，厂商亏损。除非政府给厂商一定的补贴，否则，在长期厂商必然退出行业。政府对厂商的补贴常常导致不公平，因为政府的补贴实际上是给了这种产品的消费者，其他不消费该产品的人没有得到补贴。政府的补贴来源于税收，而税收是公民公平缴纳的。

（2）$P=\mathrm{AC}$。按此原则定价，减少了价格与边际成本的差额，增加了产量，提高了效率，而且由于消除了垄断利润，也显得比较公平。然而，其也有缺陷，主要表现在提高生产效率、降低成本方面，对企业的激励往往是反向的，企业不仅没有足够的激励去降低成本，而且还常常增加成本开支，获取非经济利润。

（3）价格创新：$\dfrac{\Delta P}{P}=$通胀率$-X$（政府规定的劳动生产率的增长率）。按此原则定价，在政府规定的劳动生产率的增长率比较合理的条件下，企业通过努力降低成本而多得到的收益都会转化为利润，因而这种价格创新，能有效地激励企业提高劳动生产率、降低成本。按此原则定价的关键，是设定一个比较合理的劳动生产率的增长率。如果 X 的设定长期不正确，企业就会陷入巨额亏损（X 过高）或巨额利润（X 过低）之中。

[案例 10-1]　AT&T 的分割[①]

1984 年 1 月，美国政府决定放开电话市场，公众的普遍反应是并不乐意甚至抱怨不断，指责政府非要将国民生活中少得可怜的几种有用之物（这次轮到电话）搞垮而后快。此前，AT&T（美国电报电话公司）垄断着美国的电话通讯服务，为所有人提供长短途电话服务。在分割改革之后，改由一家地方电话公司承办本地电话，而长途电话市场则出现包括 AT&T、MCI、Sprint 在内多家公司竞争的局面。从公众的反应来看，多数人悲观地认为现代通讯业就此结束了。人们打电话也变得不方便，他们投诉说必须要先拨一个长途代号，然后再拨要的电话号码，并且要收到两份话费单：一份是短途的，还有一份是长途的。

然而，现实证明电话市场的分割与竞争正在逐步开始起作用，而且相当积极。在这一政策实施五年后，租用电话的费用下降了 50%，许多增设的电话服务种类，如拨号等待、电话信箱、自动重拨、话语转达等都已经广为人知，为人们带来了极大的便利。电话卡同信用卡一样广泛进入日常生活，传真设备也成为办公室必备之一。固然，即使没有这一项政策，随着时间的推移，技术进步也会将传真机这样的新设备普及到公众的生活中，但这一政策带来的竞争压力毕竟极大地推动了这一进程。

第三节　外部经济与解决对策

一、外部性

外部效应：当某个经济主体的活动产生了额外的成本或额外的收益，而且这种额外的成本或收益并没有得到市场承认的时候，我们说这种经济活动存在外部性。

1. 外部不经济

当经济活动使其他经济主体承担额外成本的时候，这种外部效应被称为外部负效应或外部不经济。例如，工厂生产过程中产生的废气、排放的污水或产生的噪声，对周围地区居民的生活和身体健康造成损害。如氟利昂的大量使用、过度的森林砍伐和渔业资源的捕捞会破坏生态环境，带来全球气候的恶化，造成厄尔尼诺现象和拉尼娜现象，从而带来严重的自然灾害；又如，燃油助动车给骑车人带来了方便，但助动车排放的废气对大气造成的污染比小轿车更严重，已经成为城市大气污染的主要来源之一；再如，现代建筑大量使

[①]　斯蒂格利茨.《经济学》小品和案例 [M]. 王尔山，肖倩，译. 北京：中国人民大学出版社，1998.

用玻璃幕墙，在美化建筑的同时，也给周围居民或其他企业带来光污染。

2. 外部经济

当经济活动使得其他经济主体获得额外收益的时候，这种外部效应就被称为外部正效应或外部经济。如养蜂人在农田里放蜂，农民的收成可能因此而增加；又如，居民在自己家里种花，不仅使自己获得享受，也对美化环境做出了贡献；再如，如果一家企业出钱修建一条公路，那么公路两边的其他企业和居民都将由此获得明显的或不明显的收益。

二、外部性导致市场失灵

1. 外部效应的存在将造成市场失灵

当经济主体的活动产生了外部经济或外部不经济的时候，由于这种额外的收益或额外成本并不为市场所承认，该经济主体并不为此获得相应的收益或承担相应的成本。那么，从整个社会的角度来说，该项经济活动的全部收益或全部成本没有得到充分的体现，并由此带来资源配置的扭曲。也就是说，在这种情况下，仅仅依靠市场机制将无法达成社会资源的有效配置。

2. 经济活动的成本与收益

社会成本＝内部成本＋外部成本

社会收益＝内部收益＋外部收益

企业生产的边际成本曲线为 MC。假定市场需求曲线为 D，则市场均衡点为 E，企业的产量将为 Q_0，相应地，该商品的市场均衡价格将为 P，但均衡点 E 是在未考虑外部不经济的情况下达成的。当我们将外部不经济纳入分析范围的时候，以社会角度来衡量的最优产量和最优价格应有所不同。假定企业生产的边际外部成本由曲线 MEC 表示，那么边际社会成本 MSC 应该是内部的边际成本与边际外部成本之和，即 $MSC = MC + MEC$（如图 10-2 所示）外部负效应的存在使得产生这种负效应的商品供给过多、价格过低，而市场机制无法解决这个问题，因为外部成本无法通过市场纳入企业的成本计算之中。这使得污染的控制和环境保护始终是一个相当艰巨的任务，使得我们正面临着大自然的严厉惩罚和报复。在这种情况下，政府必须承担起责任，必须通过有效的措施对存在外部负效应的商品的生产加以规制。

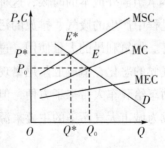

图 10-2　外部不经济情况下的市场失灵

当外部效应为正效应的时候，所谓资源配置的扭曲就表现为相关商品生产得过少，相应的价格则过高，此时同样需要政府对市场进行某种干预。

三、解决外部性的对策

1. 征税和补偿

政府对造成外部不经济的家庭或厂商征税，对造成外部经济的家庭或厂商进行补偿，直至社会的利益＝私人的利益，或社会的成本＝私人的成本，从而使资源配置达到帕累托最优。

庇古税：庇古认为当私人成本与社会成本不一致的场合下，政府应采取征税或补贴进行干预，以增进社会福利。对产生负外部性的厂商征课税金或罚款，使它向政府支付由污染等导致社会所增加的成本，把厂商造成的外在成本内部化，促使它们消灭或减少负外部性，从而得到最有效率的状态。用税收克服负外部效应的最大弱点在于政府很难确定边际污染成本，因而无法设定恰当的污染税率。但是，只要税率不是太高而超过边际污染成本，污染税会使完全竞争企业的产量接近于社会最优产量，因而对改善市场效率是有积极意义的。

2. 企业合并

将具有外部经济的企业和具有外部不经济的企业合并，从而使外部性"内部化"，容易实现资源配置的帕累托最优。

3. 限量与配额

（1）排污标准。

从整个社会角度来看，厂商应将污染物的排放量减少到这样一点，使得污染成本和污染控制成本之和最小。实施排放标准的优势在于它能够使排污水平很确定，但排污成本很不确定，那些减污成本较高的厂商，不得不忍受较高的成本以达到排放标准。

（2）可转让的排污许可证。

在该制度下，只有拥有许可证才可排放。每张许可证都规定了许可排放的数量，超过规定数量将会被处以巨额罚款。许可证的数量事先确定，以使排放总量达到有效水平。许可证在厂商之间分配，并且允许买卖。如果有足够多的厂商和许可证，就可以形成一个竞争性的许可证市场，那些减污成本较高的厂商会从减污成本较低的厂商那里购买许可证。在均衡水平，所有厂商减污的边际成本都相等，都等于许可证的价格，这意味着整个行业把污染降至规定的理想数量时成本最低。这样，可交易的排污许可证制度，既吸收了排放标准制度能够有效控制排放水平的优点，又吸收了排污收费制度减污成本低的优点，是一种具有很大吸引力的制度。

4. 明确产权

产权明确之后，可以使外部经济通过市场交易来解决。这样，通过产权交易，可以为实现资源配置的帕累托最优创造条件。

科斯定理

科斯定理是经济学家科斯提出的通过产权制度的调整，将商品有害外部性内部化，从而将有害外部性降低到最低限度的理论。科斯定理指出：在市场交换中，若交易费用为0，那么产权对资源配置的效率就没有影响；反之，若交易费用大于0，那么产权的界定、转让及安排都将影响产出与资源配置的效率。科斯主张用产权明确化的办法来解决外部性的问题。

[案例 10-2] 为什么黄牛没有绝种

历史上，许多动物都遭到了灭绝的威胁。即使现在，像大象这种动物也面临着这样的境况，偷猎者为了得到象牙而进行疯狂捕杀。但并不是所有有价值的动物都面临这种威胁。例如，黄牛作为人们的一种有价值的食物来源，却没有人担心它会由于人们对牛肉的大量需求而绝种。

为什么象牙的商业价值威胁到大象，而牛肉的商业价值却成了黄牛的护身符呢？这就涉及产权的界定问题。因为野生大象没有确定的产权，而黄牛属于私人所有。任何人都可以捕杀大象获取经济利益，而且谁捕杀的越多，谁获取的经济利益越大。而黄牛生活在私人所有的牧场上，每个农场主都会尽最大努力来维持自己牧场上的牛群，因为他能从这种努力中得到收益。

政府试图用两种方法解决大象的问题。如肯尼亚、坦桑尼亚、乌干达等非洲国家把捕杀大象并出售象牙作为一种违法行为，但由于法律实施难度较大，收效甚微，大象种群仍在继续减少。而同在非洲，纳米比亚以及津巴布韦等国家则允许捕杀大象，但只能捕杀自己土地上作为自己财产的大象，结果大象开始增加了。由于私有产权和利润动机在起作用，非洲大象或许会像黄牛一样摆脱灭顶之灾。

[案例 10-3] 雾霾背后的经济学

雾霾问题成为人们关注的一个焦点。虽然保护环境逐渐成为共识，但仍然存在几个广泛争论的问题：认为环境污染是经济发展的必然结果，是必须付出的代价，尤其在经济减速、人口红利消失的时候，谈环保是否太奢侈？强调环保后，工厂关门、工人失业怎么办？

在控制污染方面政府责无旁贷。老百姓有权要求污染企业赔偿，法庭或仲裁员再要求污染企业按损失照价赔偿，强迫企业在生产过程中必须把污染计入成本，要求企业为其造成的污染行为买单。为茱莉亚·罗伯茨赢得小金人的影片《永不妥协》说的就是这样一个真实案例，美国加州电力公司 PG&E 因六价铬重金属离子污染城市供水、损害居民健康付出了三亿三千三百万美金的赔偿，创造了美国历史赔偿金额的纪录。但打官司有诸多困难之处：首先是钱，冗长的诉讼过程中产生的巨大交易成本让一般老百姓望而却步，在 PG&E 一案中，仅代理律师就将一亿三千三百六十万美金收入囊中，居民实际得到的补偿大打折扣；另外一个难处是举证，如何证明污染物是导致疾病的罪魁祸首，影片中 PG&E 的代表曾对指控嗤之以鼻，并反驳说营养缺乏、劣质基因和不良生活习惯都会导致居民遭遇的健康问题，影片中这一幕不外乎是现实的缩影。又如雾霾问题，在污染源众多、受害方数量巨大、影响范围极广的情况下，要提起诉讼，几乎是不可能的任务。

治理环境的政策方面，排放税比单一的排放标准控制更符合经济准则。排放税制度下，政府规定排污税率，企业可自由选择排放量，多排多缴税，少排少缴甚至不缴。企业会自己比较税率和减排的边际成本，只要减污的成本比排放税率低，企业就会选择减排。

可转让排放许可证是治理污染的一项创新政策，政府制定排放总量，然后按照一定标准分配给企业，企业依照获得的许可证数量排放，配额用不完可以卖，不够用可以买，环保机构如果对政府制定的总量不满意，也可以参与购买，然后直接把买回来的许可证束之高阁，退出市场流通。

环保政策的选择是政府监管与市场机制有机结合的艺术，排放税和可转让许可证是较为市场化的政策，企业根据市场经济价格机制自主决定排放，但税率和许可证总量的决定权在政府手中。将市场机制融入政策设计的灵魂，严格制定标准，坚决惩治违规，有效落实赔偿，污染控制和环境保护会跨过严冬，迎来春天。

[案例 10-4] 产权和政治稳定

在《孟子·滕文公上》中说："民之为道也，有恒产者有恒心，无恒产者无恒心，苟无恒心，放辟邪侈，无不为己。"

决策者可以加快经济增长的一个方法是保护产权，并促进政治稳定。市场经济的价格机制发生作用的一个重要前提是经济中广泛尊重产权。简单地说，产权是指人们对自己拥有的资源行使权利的能力。如果一个生产煤炭的公司，预计煤炭会被偷走，它就不会努力开采煤矿。只有公司相信它将从煤炭的销售中得到收益，才会开采煤矿。由于这个原因法庭在市场经济中所起的一个重要作用是：强化产权。在刑事案件中，法院直接禁止偷窃；在民事审判制度中，法庭保证买者与卖者履行他们的合约。

如果产权司法制度不能很好地运行，合约就难实现，欺诈往往得不到惩罚。如果政府有关部门，为了地方利益，不仅不能实施产权，而且实际上还侵犯产权。企业为了经营，需要贿赂有权的政府官员。这种腐败阻碍了市场的协调能力，产权在未来能否得到尊重和保护是值得怀疑的，这样的后果是减少了即期居民储蓄和投资。同时外国人也会减少在对该国的投资激励，其结果是降低了一国生活水平。因此，经济繁荣部分取决于政治繁荣。

第四节　公共物品及供给

一、公共物品概述

（一）公共物品的含义

公共物品（public goods）是指私人不愿意或无能力生产而由政府提供的具有非排他性和非竞争性的物品。一国的国防、警务、公共卫生、道路、广播电视等都属于公共物品。一种物品要成为公共物品，必须具备以下特性：①非排他性。公共物品的非排他性是指无论是否付费，任何人都无法排除他人对该产品的消费。之所以会出现免费消费，是因为要么技术上不允许，要么由于收费的成本太大而放弃收费。②非竞争性。公共物品的非竞争性是指任何人对某一物品的消费，都不会给他人对该产品的消费造成影响。即人们无法排斥别人对同一物品的共同享用，也不会由于自己的加入而减少他人对该公共物品享用的质量与数量。③不可分割性。公共物品的不可分割性是指公共物品的供给与消费不是面向哪一部分人或利益集团，而是面向所有人的；公共物品也不能分成细小的部分，只能作为一个整体被大家享用。

（二）公共物品的分类

根据公共物品所具有的非排他性和非竞争性的不同程度，公共物品可以分成纯公共物品和准公共物品两类。

1. 纯公共物品

纯公共物品（pure public goods）是指同时具有非排他性和非竞争性的产品。如国防、外交、天气预报等。纯公共物品必须以不拥挤为前提，否则随着消费者数量的增加会影响他人的消费，从而影响公共物品的性质。如节日期间，免费的露天广场就会由于拥挤而具有了竞争性。

2. 准公共物品

准公共物品（quasi public goods）是指具有不完全排他性和竞争性的产品。准公共物品又分为两类：一类是具有非竞争性和排他性的物品，称为俱乐部物品，如有线电视、社区绿化等；另一类是具有非排他性和竞争性的物品，称为公共资源，如公海中的鱼类资源、拥挤的免费道路等。

与公共物品相对的物品是私人物品（private goods），它是指既具有排他性又具有竞争性的产品，如家具、自行车等。由此，我们可以将物品的分类用表 10-1 来表示：

表 10-1　物品的分类

	非排他性	排他性
竞争性	公共资源	私人物品
非竞争性	纯公共物品	俱乐部物品

[案例 10-5]"搭便车者"一词的由来

"搭便车者"一词的英文是"free rider",它来源于美国西部城市道奇城的一个故事。当时,美国西部到处是牧场,大多数人以放牧为生。在牧场露天圈养的大量马匹对一部分人产生了诱惑,于是出现了以偷盗马匹为业的盗马贼。在道奇城这个城市,盗马贼十分猖獗。为避免自己的马匹被盗,牧场主就联合组织了一支护马队伍,每个牧场主都必须派人参加护马队伍并支付一定的费用。但是,不久就有一部分牧场主退出了护马队,因为他们发现,即使自己不参加,只要护马队存在,他就可以免费享受别的牧场主给他带来的好处。这种个别退出的人就成了"free rider"(自由骑手)。后来,几乎所有人都想通过自己退出护马队伍来占集体的便宜。于是,护马队解散了,盗马贼又猖獗起来。后来,人们把这种为得到一种收益但避开为此支付成本的行为称为"搭便车",这样的人称为"搭便车者"。

二、"搭便车"与市场失灵

公共物品的市场失灵的表现为:公共商品将没有人提供,或者说这种商品的市场根本就不存在。原因是:公共物品具有的特性所带来的"搭便车"的现象。"搭便车"不支付任何成本而获得某种收益或享受某种好处。公共物品的特性为"搭便车"提供了可能。

既然无法排除消费者的消费,那么,一旦商品生产出来,消费者就可能"搭便车",而试图"搭便车"的人也不会为消费这种商品而支付任何成本。事实上,生产这种商品的人是无法向"搭便车"的人收取费用的,后者完全可以否认他消费了这种商品,或者说他根本不需要这种商品。因此,政府不可能以国防税的形式来向每个消费者收取国防费用。

在有些小范围的市场中,这种现象也会出现。例如,居民住宅的公用路灯是一种公共物品,路灯安装之后,每个居民都可以使用而不可能被排除在外,而且为多向一个居民照亮楼道的边际成本为零。在一些居民区中,公共路灯是"聋子的耳朵——摆设",因为没有人愿意花钱来点亮路灯。一旦安装了路灯,你无法排除其他人使用,但又无法向其他人收取费用。这就是市场机制无法解决的问题,在这种情况下,路灯这种商品的供给量为零。

那么,从社会角度来看,或者从效率角度来看,公共物品的产出是否应该为零?答案是否定的。国防是每个国家都必需的,灯塔对于航海者是必不可少的,而居民楼道里的路灯不仅将方便出入楼房，而且还对治安有重要作用。

因为公共物品生产出来之后，多向一个消费者提供这种物品的边际成本为零，那么，按照完全竞争条件下利润最大化的原则，价格应等于边际成本，也就是说，公共物品的价格应该等于零。由此产生一个悖论，公共物品应该生产，但生产成本是无法收回的，不仅因为存在"搭便车"的现象，也因为有效率的价格应该是零。

既然公共物品的生产是无法获利的，而企业在市场经济中生存与发展的基本动力是利润，因此，企业是不会生产公共物品的。也就是说，在这种情况下，公共物品的市场供给为零。

三、解决途径：政府为公共物品的生产做出安排

政府的安排可以有各种形式。像国防那样的公共物品，由于其特殊的重要性，必须由政府自己来"生产"。政府通过税收获得资金，国防开支在政府支出中必须占有足够的比例，以此组织军队，构建起国防体系。税收尽管不是绝对平均的，但却绝对是强制性的，至少就国防开支部分来说可以这样来理解。

对于那些公共道路的建设，政府通常也是直接的投资者。但某些地方道路则不一定由政府投资，有时也采取集资建设的方法。关键是道路这种公共物品很容易改变其非排他的性质，只要设立一个收费站，就可以收取费用，因此其成本的回收并不是遥遥无期的。特别是，在某些情况下，道路建设甚至已经成为生财之道。这种高价索取"买路钱"的做法，实际上已经演变为垄断定价，从而成为如我们所分析过的因垄断而产生的市场失灵。对于这种垄断定价，政府当然应该加以严格规制。

对于居民楼的路灯这种公共物品，通常应该由居民委员会或其他管理机构统一进行安装和维护，当然，相关的成本应该由居民分摊。在这里，社会公德是主要的一种约束。政府的作用有时也是十分重要的，如上海市政府在1998年推出的"亮灯工程"，就是一种较有成效的做法。

第五节　信息不对称与市场失灵

信息不对称是指市场交易双方掌握的信息状况不对等，掌握信息多的一方被称为信息优势方，掌握信息少的一方被称为信息劣势方。由于交易双方的信息不对称，价格不再是引导资源流动的明确的信号，消费者可能以较高的价格购买到质量很差的商品；生产者可能生产出市场并不需要的产品。这样一些潜在的、对双方都有利益的交易可能无法达成，或是即便达成，效率也不高。在信息不对称的情况下导致的均衡结果对社会来讲将是一种无效率的状况。信息不对称可分为事前不对称和事后不对称。

柠檬是次品的意思，当产品的卖方对产品质量比买方有更多信息时，柠檬市场会出

现，低质量产品会不断驱逐高质量产品。柠檬市场也称次品市场，即在市场中，产品的卖方对产品的质量拥有比买方更多的信息。在极端情况下，市场会止步萎缩和不存在，这就是信息经济学中的逆向选择。柠檬市场效应则是指在信息不对称的情况下，往往好的商品遭受淘汰，而劣等品会逐渐占领市场，从而取代好的商品，导致市场中都是劣等品。

在现实的经济生活中，存在着一些和常规不一致的现象。本来按常规，降低商品的价格，该商品的需求量就会增加；提高商品的价格，该商品的供给量就会增加。但是，由于信息的不完全性和机会主义行为，有时候，降低商品的价格，消费者也不会做出增加购买的选择，提高价格，生产者也不会增加供给的现象。这叫"逆向选择"。

二手车市场的案例。在二手车市场，显然卖家比买家拥有更多的信息，两者之间的信息是非对称的。买者肯定不会相信卖者的话，即使卖家说得天花乱坠。买者唯一的办法就是压低价格以避免信息不对称带来的风险损失。买者过低的价格也使得卖者不愿意提供高质量的产品，从而低质品充斥市场。

"劣币驱逐良币"是柠檬市场的一个重要应用，也是经济学中的一个著名定律。该定律是这样一种历史现象的归纳：在铸币时代，当那些低于法定重量或者成色的铸币——"劣币"进入流通领域之后，人们就倾向于将那些足值货币——"良币"收藏起来。最后，良币将被驱逐，市场上流通的就只剩下劣币了。当事人的信息不对称是"劣币驱逐良币"现象存在的基础。质品被逐出市场，最后导致二手车市场萎缩。

道德风险是代理人签订合约后采用隐藏行为，由于代理人和委托人信息不对称，给委托人带来损失。保险市场上的道德风险是指投保人在投保后，降低对所投保标的的预防措施，从而使损失发生的概率上升，给保险公司带来损失的同时降低了保险市场的效率。

第六节　政府干预与政府失灵

一、政府干预

针对垄断原因导致的市场失灵，政府干预的方式主要有：

1. 制定反垄断法

例如，美国在 1890—1950 年，曾先后制定并颁布实施了《谢尔曼法》（1890 年）、《克莱顿法》（1914 年）、《联邦贸易委员会法》（1914 年）、《罗宾逊—帕特曼法》（1936 年）、《惠特—李法》（1938 年）、《塞勒—凯弗维尔法》（1950 年）等反托拉斯法。这些法律可以起到削弱或分解垄断企业、防止垄断产生的目的。

2. 公共管制

政府对垄断的管制主要是指政府对垄断价格进行管制并进而影响到价格。价格管制就是使管制之下的垄断厂商制定的价格等于边际成本。这样可以将垄断造成的社会福利损失减少到最低限度，以实现资源的优化配置。

针对信息不对称原因导致的市场失灵，政府干预的方式主要有：

1. 解决逆向选择问题的措施

解决逆向选择问题的措施一是由政府规定企业对自己出售的产品提供质量保证；二是由政府引导企业对自己出售的产品提供不同的产品包修年限；三是政府鼓励企业对自己的产品树立品牌，通过"声誉"来分辨优质产品与劣质产品；四是政府鼓励企业通过广告等宣传方式来区分优质产品与劣质产品；五是政府鼓励企业实现产品标准化。

2. 解决道德风险问题的措施

解决道德风险问题的措施主要是一些制度安排：一是预付保证金；二是订立合同；三是树立品牌声誉；四是实施效率工资。

二、政府失灵

1. 政府干预必须适度、有效

市场失灵为政府干预提供了基本依据，但是，政府干预也非万能，同样存在着"政府失灵"（government failure）的可能性，政府失灵一方面表现为政府的无效干预，即政府宏观调控的范围和力度不足或方式选择失当，不能够弥补"市场失灵"维持市场机制正常运行的合理需要。比如对生态环境的保护不力，缺乏保护公平竞争的法律法规和措施，对基础设施、公共产品投资不足，政策工具选择上失当，不能正确运用行政指令性手段等，结果也就不能弥补和纠正市场失灵。另一方面，则表现为政府的过度干预，即政府干预的范围和力度，超过了弥补"市场失灵"和维持市场机制正常运行的合理需要，或干预的方向不对路，形式选择失当，比如不合理的限制性规章制度过多过细，公共产品生产的比重过大，公共设施超前过度；对各种政策工具选择及搭配不适当，过多地运用行政指令性手段干预市场内部运行秩序，结果非但不能纠正市场失灵，反而抑制了市场机制的正常运作。

2. 导致政府失灵的根源

（1）政府的偏好。政府同个体一样，也有自己的偏好和利益目标。当下级政府的目标与上级政府的政策出现矛盾时，它会做出与政策相悖的选择，从而导致政府失灵。同时，政府在制定政策时，其偏好也起着重要作用，稍有不慎，出现失误也会导致"政府失灵"。

（2）官员的素质。通常，官员的素质较经济学家、科学家要低。因此，他们在制订和执行政策时往往存在不当之处；同时，个别官员把公共权力当作私人权力来满足个人偏好，权钱交易、权权交易偶有发生，如果人们对政府不信任，就会致使政府干预失效。

（3）利益集团的寻租行为。当政府制定政策时，利益集团的游说活动、个体的寻租活动都会使得政府的决策偏离社会最优选择，推出的政策往往只代表利益集团的利益而不是全社会的利益。当政府执行政策时，寻租活动会使得政策的执行效率或执行过程偏离政策本身。

（4）信息不对称。当信息不对称现象普遍存在时，政府不可能全面把握遇到的问题，这会使其政策自制定时就存在偏差，出现政府失灵。同时，信息不对称还会影响政府对其各部门和代理人的监督，并会引起政策在传递过程中的耗散，从而导致政策在执行阶段出现"政府失灵"。

（5）政府干预的成本与收益。由于意识形态等方面的影响，很难对政府干预的作用进行实证的评价。

（6）政府实行干预的法令、规章等都具有刚性，不能及时适应经济的具体情况变化，从而导致政府对经济干预的盲目性。

（7）政府某些干预行为的效率较低。与市场机制不同，政府干预首先具有不以直接盈利为目的的公共性。政府为弥补市场失灵而直接干预的领域往往是那些投资大、收益慢且少的公共产品，其供给一般是以非价格为特征的，即政府不能通过明确价格的交换从供给对象那里直接收取费用，而主要是依靠财政支出维持其生产和经营，很难计较其成本，因此缺乏降低成本提高效益的直接利益驱动。

其次，政府干预还具有垄断性。政府所处的"某些迫切需要的公共产品（例如国防、警察、消防、公路）的垄断供给者的地位"决定着只有政府才拥有从外部对市场的整体运行进行干预或调控的职能和权力。这种没有竞争的垄断极易使政府丧失对效率、效益的追求。

最后，政府干预还需要具有高度的协调性。政府实施调控的组织体系是由政府众多机构或部门构成的，这些机构部门间的职权划分、协调配合、部门观点，都影响着调控体系的运转效率。

（8）政府干预易引发政府规模的膨胀。政府要承担对市场经济活动的干预职能，包括组织公共产品的供给，维持社会经济秩序，等等，自然需要履行这一职能的相应机构和人员。柏林大学教授阿道夫·瓦格纳早在19世纪就提出：政府就其本性而言，有一种天然的扩张倾向，非凡是其干预社会经济活动的公共部门在数量上和重要性上都具有一种内在的扩大趋势，它被西方经济学界称为"公共活动递增的瓦格纳定律"。政府的这种内在扩张性与社会对公共产品日益增长的需求更相契合，极易导致政府干预职能扩展和强化及其机构和人员的增长，由此而造成越来越大的预算规模和财政赤字，成为政府干预的昂贵成本。

三、公共政策的选择

公共物品的提供影响到几乎所有居民的生活，政府必须对公共物品的建立做出选择，简称为公共选择。公共选择有两个基本特点：①它建立在对消费者偏好充分了解的基础上；②关于提供公共物品是集中做出的。其中，"多数票机制"是西方国家使用最广泛的公共投票选择的原则。

【经典习题】

一、名词解释

1. 市场失灵
2. 寻租
3. 科斯定理
4. 公共物品
5. 私人成本和社会成本

二、选择题

1. 如果某个产品市场存在外部正效应，那么可以断定（   ）。

    A. 边际社会成本超过边际私人成本

    B. 边际私人成本超过边际社会成本

    C. 边际社会收益超过边际私人收益

    D. 边际私人收益超过边际社会收益

2. 下面情况，（   ）具有正面的外部性。

    A. 钢铁厂的炉渣，卖给水泥厂做原料，使水泥厂的成本降低

    B. 企业培养工人，提高了他们的技能，几年后，工人跳槽，新雇主受益

    C. 世界石油增产，汽油降价，导致飞机票价格下降

    D. 吸烟

3. 下列物品，（   ）是公共品。

    A. 邮政服务　　　　B. 公共交通　　　　C. 公路建设　　　　D. 供应煤气

4. 具有非排他性和竞争性的物品是（   ）。

    A. 公共资源　　　　B. 私人物品　　　　C. 纯公共物品　　　　D. 俱乐部物品

5. 周围人吸烟会给你带来危害属于（   ）。

    A. 生产正外部性　　　　　　　　　B. 消费正外部性

    C. 消费负外部性　　　　　　　　　D. 生产负外部性

6. 针对垄断原因导致的市场失灵，政府干预的方式主要有（   ）。

    A. 制定反垄断法　　　　　　　　　B. 实行"内部化"政策

    C. 界定产权　　　　　　　　　　　D. 加大监管与加重税收

三、简答与论述

1. 为什么在经济调控中，光用市场或者政府手段都不行，而要将二者有机结合起来。

2. 人们为了获取象牙，而捕杀大象，导致大象物种危机，为此许多国家通过禁止捕杀大象的法令，来保护这一物种；然而，人类每天都在大量地屠宰黄牛，却不存在黄牛的物种危机。用经济学知识解释这一现象。

3. 作图并说明垄断厂商对社会的福利损失。

4. 解释"搭便车"的含义，它对公共产品生产有什么影响？对于社会上的搭便车现象你怎么看？提出你的解决建议。

5. 引起市场失灵的因素有哪些，说明其原因和对策。

四、计算与证明

某企业的生产边际成本为 $MC=3Q$，其中 Q 是该企业的产量。但该企业的生产所产生的污染给社会带来的边际成本为 $2Q$，市场对该企业的产品的需求曲线为 $P=420-Q$。

（1）如果该企业是个垄断者，那么企业的均衡产量是多少？价格是多少？

（2）考虑到污染成本，社会的最优的产量应该是多少？

（3）现在，政府决定对每单位产品征收污染税，那么税率应该是多少才能够使企业的产量与社会的最优产量相一致？

五、案例分析

污染问题

污染，由定义而论几乎就是不受欢迎的。有许许多多的方法能减少或避免污染。可以通过法律禁止使污染物排放进入空气和水的生产工序，或指定最低空气质量水准，或公布所允许的最大污染限量。于是厂家将负责开发技术并为满足此类标准而支付价钱。或者法律规定必须使用特定种类的生产技术，和安装特定种类的减少污染的设备，才能进行合法的生产。最后，可以向那些减少污染排放物的厂家予以补贴，或者向那些涉及污染排放的厂家课以特定的税收。

无论使用何种方法减少污染，问题还会出现。例如，设立允许排放的污染的物理限量，会使得厂家没有积极性去开发能把污染降到这一限量之下的新技术。补贴降低污染水准厂家的方法，似乎会使人们感到对纳税人美元使用的异常和失当。对于空气污染的最新"解决方案"——出售污染权利——看起来似乎更加奇怪。然而，这一方法现正在大多数州中实施。有些人，像加利福尼亚州里士满的斯图尔特·鲁普——一家环境咨询公司的合伙人，他成为帮助各个公司交易排放污染的权利的经纪人。

要明白这种情形是如何出现的，我们就必须了解"联邦清洁空气法案"。这一法案是在 1963 年通过的，旨在强制减少污染，尤其是在美国的都市区域。通过环境保护署（EPA）的法规和规章，"清洁空气法案"向各个地区公布了指定的允许污染水准。这些所谓"联邦空气质量标准"必须在大多数主要都市地区达到。然而，在许多上述的这些地区，空气质量已经很差。所以，一家希望在此类地区建立一家工厂的公司，从理论上说，是不能够这样做的，因为它对空气质量具有有害的影响。如果指导方针得到严格的遵守，就意味着在许多城市地区不会再有进一步的工业增长。

环境保护署批准了一个抵消政策来绕过这一难题。一家想建新厂的公司被要求设法相应地减少某个现有厂家的污染。例如，当大众汽车公司想在宾夕法尼亚州的新斯坦顿建立一家分厂时，宾夕法尼亚州同意了大众在其铺设高速公路的工作中减少污染物的方案。这一污染的减少将抵销这家大众汽车厂的污染。

抵消政策的一个主要难题涉及寻找抵消合作人的困难。换句话说，每当一个厂家要在已经被污染的地区建立一家新厂，它就必须独自寻找一个同意减少污染（通常是在该搜寻公司对其进行支付补偿之后）的抵销合作者。这便是进行污染权利经纪的概念得以实行的所在，也是斯图尔特，鲁普这类人得以工作效劳的机会所在。

一家关闭一个工厂或安装改进了的污染控制设备的公司，可以因它净化努力而获得"排放额度"，该额度可以被另一厂家收买，由本行业商议其价格。例如，时代镜业公司在它购买了排放额度（由此每年可向大气环境中增加 150 吨碳氢化合物的额外排放）之后，得以在俄勒冈的波特兰附近完成一项投资为 1.2 亿美元的造纸厂扩建工程。一家木质面料厂和一家干洗公司关闭停业，他们以 5 万美元的价格把所需的污染额度计分出售给了时代镜业公司。雇用一个中间商去寻找拥有排放额度并愿将其出售的厂家，并不能解决抵消政策所带来的所有问题。威斯康星州正在建立一种电脑系统以查询跟踪用于全国性交易体系的可获得的额度。在伊利诺斯州，商会与州环境办公室建立了一家清算所，来处理污染权利交易的市场事务。更多的此类中心肯定会迅速出现，因为有 45 个州已经接受了该规章，或者公布了允许某种形式空气污染抵消的许可。

污染权利"银行"的利益之一，如同它过去那样，是为将污染水准降低到法律所许可的标准之下增加了激励。一个相信它能以较为低廉的代价，进一步减少污染的厂家，会发现在某一点，另一厂家会对此类污染的减少支付代价，以便建立一家新厂。大概此类污染权利交易的市场会鼓励对减少污染技术的进一步研究与开发。今天许多标准是建立在绝对的物理限量的基础上，没有给公司提供把污染降低到空气质量标准以下的激励。

（1）买卖污染权利是否意味着我们正在允许我们的环境遭受更多的毁坏？

（2）如果建立一家污染"银行"，并且污染权利被出售给出价最高的竞争者，意味着谁将拥有空气产权？

【综合案例】"互联网卖菜"背后：夹缝中的菜贩与巨头们的垄断

互联网巨头纷纷入局社区团购的消息广受关注。美团、滴滴、拼多多、阿里、京东、字节跳动等企业都已经加入到了社区团购大战之中，一场残酷的竞争正在慢慢展开。统计显示，从 2019 年、2020 年两年时间，国内社区团购类电商领域一共发生 26 起投融资事件，共计融资超 117 亿元。社区团购对于互联网行业来说并不陌生。几年前，社区团购就拥有了一定规模的用户基础。并且疫情更是加速了该产业发展的进程。

2020 年互联网巨头们对卖菜的热情空前高涨，滴滴出行、美团、拼多多、阿里等企业都开展了社区团购业务，"卖菜"正在成为互联网的新战场。卖菜社区团购主要有两种模式：一种是以"团长"模式来主导购物，在这种模式中，团长利用自身的私域流量在微信群及小程序分享菜品，建立社群运营、给社区居民推荐商品并提供售后服务，收取平台的佣金来获利。另一种则是"供应链"模式。在这种模式中，平台通过与线下商店合作，或在自有仓库存储货物，并为消费者提供到家配送服务。

巨头们打起社区团购的主意并不奇怪。社区团购销售的物品覆盖的品类包括食品、生鲜及各种家庭主流用品，每家每户都有购买需求，从一线城市到乡镇县城都能够成为潜在市场，因此发展前景十分诱人。目前虽然很多平台的选品和供应链还未完善，价格战和补贴战就已经打响。很多互联网大公司开始通过烧钱的方式争抢团长、设立网点、拼销售量，用低价策略换取消费数据，打开市场，这场"卖菜之战"已经逐渐进入了白热化阶段。

在社区团购经济的热潮中，有一个问题引起了人们的关注：在这场卖菜之战的冲击下，那些原本在菜市场卖菜的商贩又该何去何从？在巨头们持续烧钱，不断补贴的情况下，这些以卖菜收入作为生活消费的来源的小商贩们在定价方面自然是无力与巨头们竞争的，等待他们的最终结果或许只能是关门大吉。或许，社区经济会制造送菜和"团长"等新岗位，但这些岗位的出现相对于菜贩丢掉的就业只是杯水车薪。菜贩群体中不乏许多不熟悉互联网也不具备其他就业技能的中老年人群，当互联网介入到卖菜的实体经济中时，也会对他们的生活造成严重的影响。更何况通过社区团购购买的商品价格并不一定比现在从菜贩手中购买的价格更低，这意味着本来分散在许多低收入群体中的利润，被集中到了少数几家互联网企业手中。还有观点认为，互联网巨头掌握着高端技术与顶级资源，却将每个家庭的生活必需品视作血拼对象，把精力投入到下场卖菜这种小事中，与菜贩抢夺份额，这何尝不是一种资源的浪费。

在社区团购经济盛行下，少数平台利用高科技手段与资本力量垄断社会生产与流通，是否也是一种市场垄断行为呢？

第十一章 开放经济中的管理经济

【思维导图】

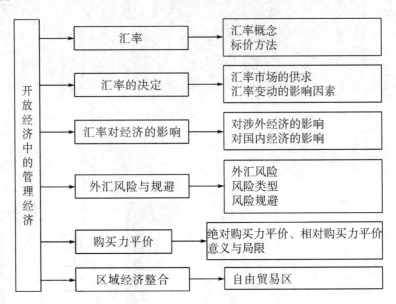

【导入案例】 跨境电商成为经济全球化的新方式

相较于传统国际贸易方式，跨境电商链路短、时效高，能整合供应链信息、资金、物流、人力资源直面国际消费者市场，已经成为中国企业迈向全球市场的首选路径。跨境电商摆脱传统贸易多层次、长路径、大批量、时间长、环节多的困扰，因其扁平化、短路径、小批次、快速度、直面消费者、数字化交易而蓬勃发展。中国跨境电商交易额从2010年的1.3万亿元增长到2020年的10.3万亿元。即使在新冠肺炎疫情全球蔓延，传统外贸受到严重冲击的情况下，跨境电商仍然逆势上扬，释放出了巨大发展潜力，成为经济全球化的新方式。

2015年3月，首次设立杭州跨境电商综合试验区；2016年1月，第二批设立上海、深圳、宁波等12个城市为跨境电商综合试验区；2018年7月，设立北京、呼和浩特、沈阳等22个城市为第三批跨境电商综合试验区；2019年12月，设立石家庄、太原、赤峰等24个城市为第四批跨境电商试验区；2020年5月，在雄安新区、大同、满洲里等46个城市设立了第五批跨境电子商务综合试验区。目前，跨境电商综合试验区达105个，跨境电商产业不断发展壮大。

以往只能通过跨国公司或者国际贸易的方式进行国际化运作，现在所有的企业都可以通过跨境电商平台全球销售，企业的普遍国际化时代到来。

第一节　汇率

一、汇率的概念

汇率（exchange rate）是指一个国家或地区的货币用另一个国家或地区的货币所表示的价格，也就是用一个国家或地区的货币兑换成另一个国家或地区的货币时买进、卖出的价格。换句话说，汇率就是两种不同货币之间的交换比率或比价，故又称为"汇价""兑换率"。

从汇率的定义可以看到，汇率是一个"价格"的概念，它跟一般商品的价格有许多类似之处，不过它是各国或地区特殊商品——货币的价格，因而这种"价格"也具有一些特殊之处。首先，汇率作为两国或地区货币之间的交换比例，客观上使一国或地区货币等于若干量的其他国家或地区货币，从而使一国或地区货币的价值（或所代表的价值）通过另一国或地区货币表现出来。而在一国或地区范围内，货币是没有价格的，因为价格无非是价值的货币表现，货币不能通过自身来表现自己的价值。其次，汇率作为一种特殊价格指标，通过对其他价格变量的作用而对一国经济社会具有特殊的影响力。作为货币的特殊价格，作为本国或地区货币与外国或地区货币之间价值联系的桥梁，汇率在本国或地区物价和外国或地区物价之间起着一种纽带作用，它首先会对国际贸易产生重要影响，同时也对本国或地区的生产结构产生影响，因为汇率的高低会影响资源在出口部门和其他部门之间的分配。除此之外，汇率也会在货币领域引起反应。汇率这种既能影响经济社会的实体部门，同时又能影响货币部门的特殊影响力，是其他各种价格指标所不具备的。

二、汇率的标价方法

汇率的标价方法即汇率的表示方法。因为汇率是两国或地区货币之间的交换比率，在具体表示时就牵涉以哪种货币作为标准的问题，由于所选择的标准不同，便产生了三种不同的汇率标价方法。

（一）直接标价法

直接标价法（direct quotation）是以一定的外国货币为标准，折算为一定数额的本国货币来表示汇率。或者说。以一定单位的外币为基准计算应付多少本币，所以又称应付标价法（giving quotation）。在这种标价法下，外国货币数额固定不变，总是为一定单位（一、百、万等），汇率涨跌都以相对的本国货币数额的变化来表示。一定单位外币折算的本国货币越多，说明外币汇率上涨，即外汇升值；反之，一定单位外币折算的本国货币越少，说明外汇贬值，本币升值。也就是说，在直接标价法下，汇率数值的变化与外汇价值的变化是同方向的，因此以直接标价法来表示汇率有利于本国投资者直接明了地了解外汇行情变化，它成为目前国际上绝大多数国家采用的标价方法。我国亦不例外，采用直接标价法。

（二）间接标价法

间接标价法（indirect quotation）是以一定单位的本国或地区货币为标准，折算为一定数额的外国或地区货币来表示其汇率。或者说，以本国或地区货币为标准来计算应收多少外国或地区货币，所以，它又称应收标价法（receiving quotation）。在间接标价法下，本币金额总是为一定单位而不变，汇率的涨跌都是以相对的外国或地区货币数额的变化来表示，一定单位本币折算的外国或地区货币越多，说明本币升值，外汇贬值；反之，一定单位本币折算的外币越少，说明本币贬值，外汇升值。与直接标价法相反，在间接标价法下，汇率数值的变化与外汇价值的变化呈反方向。

目前在世界各国中主要是英国和美国采用间接标价法。英国采用间接标价法，一是因为英国资本主义发展比较早，当时伦敦是国际贸易和金融的中心，英镑也因而是国际贸易计价结算的标准，相适应的，外汇市场主要交易货币是英镑。在间接标价法下，汇率数值变化与外汇价值变化成反方向关系，相反与本币价值变化则呈同方向关系，因而英国采用间接标价法能使国际外汇市场的投资者直接明了英镑的行情。二是因为英镑的计价单位大，用1英镑等于若干外国货币，在计算上比较方便。三是因为英国的货币单位在1971年以前一直没有采取十进位制，而是二十进位制，用直接标价法表达汇率不直观，计算起来十分不便，这样由于长期以来的习惯，英国直至今日在外汇市场上仍然袭用间接标价法。美国过去采用直接标价法，后来由于美元在国际贸易上作为计价标准的交易增多，纽约外汇市场从1978年9月1日起改为间接标价法（仅对英镑、澳大利亚元汇率仍沿用直接标价法），以便与国际上美元交易的做法相一致。

（三）美元标价法

美元标价法是以一定单位的美元为标准来计算应兑换多少其他各国货币的汇率表示法。其特点是：美元的单位始终不变，汇率的变化通过其他国家货币量的变化来表现出来。这种标价方法主要是随着国际金融市场之间外汇交易量的猛增，为了便于国际间进行交易，而在银行之间报价时通常采用的一种汇率表示方法。目前已普遍使用于世界各大国际金融中心，这种现象某种程度反映了在当前的国际经济中美元仍然是最重要的国际货币。美元标价法仅仅表现世界其他各国货币对美元的比价，非美元货币之间的汇率则通过各自对美元的汇率进行套算。

第二节　汇率的决定

汇率是一个国家特殊商品——货币的价格，其变动的基本特点与一般商品的价格变动一样，以两国货币之间的价值比率为基础，随着供求波动而相应升降，因此，认识汇率变动原因关键在于把握影响供求关系背后的因素，这些因素通过影响外汇市场的供求关系来影响一国的货币汇率。在具体分析这些因素之前，先了解一下外汇市场供求关系决定汇价的过程。

一、外汇市场供求关系决定汇率

外汇市场决定汇率的过程是这样的：市场汇率是外汇需求等于供给时的均衡水平，当外汇的需求增加而供给不变时，外汇汇率上升；当外汇需求不变而供给增加时，外汇汇率下跌。

现在假定，外汇市场上只有一种外币——美元。外汇的需求主要取决于进口商品和对外投资者对美元的需求。外汇的供给则取决于出口商和在本国投资的外国人对美元的供应。这种供求关系对汇率的影响过程可由图 11-1 来表示。图中纵轴 P 表示在直接标价法下外汇（美元）的汇率，横轴 Q 表示一国所有国际经济交易的外汇收入总额和外汇支出总额，即外币美元的数量。曲线 S 是外汇美元的供给曲线，表示在外汇市场上，每一时期外汇持有人在各种可能的汇价上要用外汇购买本币的数量，外汇供给曲线斜率为正，反映了外汇汇率越高，本国商品的国际竞争力越强，外国资本在本国的竞争力也越强，从而在外汇市场上的外汇供应就越多；曲线 D 是外汇美元的需求曲线，表示在外汇市场上，每一时期本币持有人在各种可能的汇价上要用本币购买外币的数量，外汇需求曲线斜率为负，反映了外汇汇率越高，外汇需求就越少。

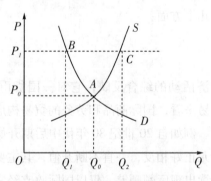

图 11-1　外汇市场的供求均衡

现设均衡汇率为 P_0，均衡数量为 Q_0，均衡点为 A 点。若现在汇价偏离 P_0，而在 P_1 点，超过 P_0，于是外汇市场外汇需求量就下降为 Q_1，外汇供给量将增加到 Q_2，这样就形成外汇供过于求，于是就出现数量为（Q_2-Q_1）的顺差。但这只是暂时的现象，需求少，供给多，必然导致汇率下降，一直降到均衡点 A，汇价为 P_0 时，供给量和需求量相等，从而达到了市场均衡，同样当汇价偏离 P_0 而较低时，也会因市场的作用回到均衡水平。

假若在某个时期某个因素发生变化使得外汇供给曲线和外汇需求曲线发生了偏移，如图 11-2 所示。

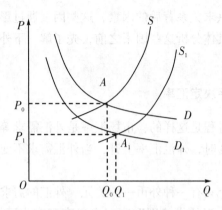

图 11-2 外汇市场的供求变动

供给曲线往右下方移动，需求曲线往左下方移动，这样原来均衡的汇率水平在新的外汇供求关系中已不适用，于是均衡汇率也会重新产生，如图 11-2 中 P_1。可见，在图 11-2 中影响汇率变动的因素就是通过移动外汇供给曲线和外汇需求曲线来体现的。

二、汇率变动的影响因素

一国外汇供求的变动要受到许多因素的影响，这些因素既有经济的，也有非经济的，而各个因素之间又有相互联系、相互制约甚至相互抵消的关系，汇率变动的原因极其错综复杂，主要影响因素有以下几个方面：

（一）经济因素

1. 国际收支状况

国际收支是一国对外经济活动的综合反映，它对一国货币汇率的变动有着直接的影响。而且，从外汇市场的交易来看，国际商品和劳务的贸易构成外汇交易的基础，因此它们也决定了汇率的基本走势。例如自 20 世纪 80 年代中后期开始，美元在国际经济市场上长期处于下降的状况，而日元正好相反，一直不断升值，其主要原因就是美国长期以来出现国际收支逆差，而日本持续出现巨额顺差。仅以国际收支经常项目的贸易部分来看，当一国进口增加而产生逆差时，该国对外国货币产生额外的需求，这时，在外汇市场就会引起外汇升值，本币贬值；反之，当一国的经常项目出现顺差时，就会引起外国对该国货币需求的增加与外汇供给的增长，本币汇率就会上升。

2. 通货膨胀率的差异

通货膨胀是影响汇率变动的一个长期、主要而又有规律性的因素。在纸币流通条件下，两国货币之间的比率，从根本上说是根据其所代表的价值量的对比关系来决定的。因此，在一国发生通货膨胀的情况下，该国货币所代表的价值量就会减少，其实际购买力也就下降，于是其对外比价也会下跌。当然如果对方国家也发生了通货膨胀，并且幅度恰好一致，两者就会相互抵消，两国货币间的名义汇率可以不受影响，然而这种情况毕竟少见。一般来说，两国通货膨胀率是不一样的，通货膨胀率高的国家货币汇率下跌，通货膨胀率低的国家货币汇率上升。特别值得注意的是，通货膨胀对汇率的影响一般要经过一段时间才能显现出来，因为它的影响往往要通过一些经济机制体现出来。

（1）商品劳务贸易机制。

一国发生通货膨胀，该国出口商品劳务的国内成本提高，必然提高其商品、劳务的国际价格，从而削弱该国商品、劳务在国际上的竞争能力，影响出口和外汇收入。相反，在进口方面，假设汇率不发生变化，通货膨胀会使进口商品的利润增加，刺激进口和外汇支出的增加，从而不利于该国经常项目状况。

（2）国际资本流动渠道。

一国发生通货膨胀，必然使该国实际利息率（即名义利息率减去通货膨胀率）降低，这样，用该国货币所表示的各种金融资产的实际收益下降，导致各国投资者把资本移向国外，不利于该国的资本项目状况。

（3）心理预期渠道。

一国持续发生通货膨胀，会影响市场上对汇率走势的预期心理，继而有可能产生外汇市场参加者有汇惜售，待价而沽，无汇抢购的现象，进而对外汇汇率产生影响。据估计，通货膨胀对汇率的影响往往需要经历半年以上的时间才显现出来，然而其延续时间却较长，一般在几年以上。

3. 经济增长率的差异

在其他条件不变的情况下，一国实际经济增长率相对别国来说上升较快，其国民收入增加也较快，会使该国增加对外国商品和劳务的需求，结果会使该国对外汇的需求相对于其可得到的外汇供给来说趋于增加，导致该国货币汇率下跌。不过在这里注意两种特殊情形：一是对于出口导向型国家来说，经济增长是由出口增加推动的，那么经济较快增长伴随着出口的高速增长，此时出口增加往往超过进口增加，其汇率不跌反而上升；二是如果国内外投资者把该国经济增长率较高看成是经济前景看好、资本收益率提高的反映，那么就可能扩大对该国的投资，从而抵销经常项目的赤字，这时，该国汇率亦可能不是下跌而是上升。我国就同时存在着这两种情况，近年来尤其是 2003 年中国一直面临着人民币升值的巨大压力。

4. 利率差异

利率高低，会影响一国金融资产的吸引力。一国利率的上升，会使该国的金融资产对本国和外国的投资者来说更有吸引力，从而导致资本内流，汇率升值。当然这里也要考虑一国利率与别国利率的相对差异。如果一国利率上升，但别国也同幅度上升，则汇率一般不会受到影响；如果一国利率虽有上升，但别国利率上升更快，则该国利率相对来说反而下降了，其汇率也会趋于下跌。另外，利率的变化对资本在国家间流动的影响还要考虑汇率预期变动的因素，只有当外国利率加汇率的预期变动率之和大于本国利率时，把资金移往外国才会有利可图，也就是常说的"利率平价理论"。

一国利率变化对汇率的影响还可通过贸易项目发生作用。当该国利率提高时，意味着国内居民消费的机会成本提高，导致消费需求下降，同时也意味资金利用成本上升，国内投资需求下降。这样，国内有效需求总水平下降会使出口扩大，进口缩减，从而增加该国的外汇供给，减少其外汇需求，使其货币汇率升值。不过在这里需要重点强调的是，利率因素对汇率的影响是短期的，一国仅靠高利率来维持汇率坚挺，其效果是有限的，因为这很容易引起汇率的高估，而汇率高估一旦被市场投资者（投机者）所认识，很可能产生更严重的本国货币贬值风潮。例如，20世纪80年代初期，里根入主白宫以后，为了缓和通货膨胀，促进经济复苏，采取了紧缩性的货币政策，大幅度提高利率，其结果使美元在20世纪80年代上半期持续上扬，但是1985年，伴随美国经济的不景气，美元高估的现象已经非常明显，从而引发了1985年秋天美元开始大幅度贬值的风潮。

5. 财政收支状况

政府的财政收支状况常常也被作为该国货币汇率预测的主要指标，当一国出现财政赤字，其货币汇率是升还是降主要取决于该国政府所选择的弥补财政赤字的措施。一般来说，为弥补财政赤字一国政府可采取四种措施：一是通过提高税率来增加财政收入，如果这样，会降低个人的可支配收入水平，从而个人消费需求减少，同时税率提高会降低企业投资利润率而导致投资积极性下降，投资需求减少，导致资本品、消费品进口减少，出口增加，进而导致汇率升值；二是减少政府公共支出，这样会通过乘数效应使该国国民收入减少，减少进口需求，促使汇率升值；三是增发货币，这样将引发通货膨胀，由前所述，将导致该国货币汇率贬值；四是发行国债，从长期看这将导致更大幅度的物价上涨，也会引起该国货币汇率下降。在这四种措施中，各国政府有可能选择的是后两种，尤其是最后一种，因为发行国债最不容易在本国居民中带来对抗情绪，相反由于国债素有"金边债券"之称，收益高，风险低，为投资者提供了一种较好的投资机会，深受各国人民的欢迎，因此在各国财政出现赤字时，其货币汇率往往是看贬的。

6. 外汇储备的高低

一国中央银行所持外汇储备充足与否反映了该国干预外汇市场和维持汇价稳定的能力大小，因而外汇储备的高低对该国货币稳定起主要作用。外汇储备太少，往往会影响外汇市场对该国货币稳定的信心，从而引发贬值；相反，外汇储备充足，往往该国货币汇率也较坚挺。例如：1995年3月至4月中旬国际外汇市场爆发美元危机，很重要的原因就是当时克林顿政府为缓和墨西哥金融危机动用了200亿美元的总统外汇平准基金，动摇了外汇市场对美国政府干预外汇市场能力的信心。

（二）心理预期因素

在外汇市场上，人们买进还是卖出某种货币，同交易者对今后情况的看法有很大关系。当交易者预期某种货币的汇率在今后可能下跌时，他们为了避免损失或获取额外的好处，便会大量抛出这种货币，而当他们预料某种货币今后可能上涨时，则会大量地买进这种货币。国际上一些外汇专家甚至认为，外汇交易者对某种货币的预期心理现在已是决定这种货币市场汇率变动的最主要因素，因为在这种预期心理的支配下，转瞬之间就会诱发资金的大规模运动。由于外汇交易者预期心理的形成大体上取决于一国的经济增长率、货币供应量、利率、国际收支和外汇储备的状况、政府经济改革、国际政治形势及一些突发事件等很复杂的因素。因此，预期心理不但对汇率的变动有很大影响，而且还带有捉摸不定、十分易变的特点。

（三）信息因素

现代外汇市场由于通信设施高度发达，各国金融市场的紧密连接和交易技术日益完善，已逐渐发展成为一个高效率的市场，因此，市场上出现的任何微小的盈利机会，都会立刻引起资金大规模国际移动，因而会迅速使这种盈利机会归于消失。在这种情况下，谁最先获得有关能影响外汇市场供求关系和预期心理的"新闻"或信息，谁就有可能趁其他市场参加者尚未了解实情之前立即做出反应从而获得盈利。同时要特别注意的是在预期心理对汇率具有很大影响的情况下，外汇市场对政府所公布的"新闻"的反应，也不仅取决于这些"新闻"本身是"好消息"还是"坏消息"，更主要取决于它是否在预料之中，或者是"好于"还是"坏于"所预料的情况。总之，信息因素在外汇市场日趋发达的情况下，对汇率变动已具有相当微妙而强烈的影响。

（四）政府干预因素

汇率波动对一国经济会产生重要影响，目前各国政府（央行）为稳定外汇市场，维护经济的健康发展，经常对外汇市场进行干预。干预的途径主要有四种：①直接在外汇市场上买进或卖出外汇；②调整国内货币政策和财政政策；③在国际上发表表态性言论以影响市场心理；④与其他国家联合，进行直接干预或通过政策协调进行间接干预等。这种干预有时规模和声势很大，往往几天内就有可能向市场投入数十亿美元的资金，当然相比目前交易规模超过 1.2 万亿美元的外汇市场来说，这无疑是杯水车薪，但在某种程度上，政府干预尤其是国际联合干预可影响整个市场的心理预期，进而使汇率走势发生逆转。因此，它虽然不能从根本上改变汇率的长期趋势，但在不少情况下，它对汇率的短期波动有很大影响。

按在干预汇市时是否同时采取其他金融政策，央行的干预一般被划分为冲销式干预和非冲销式干预。非冲销式干预是指中央银行在干预外汇市场时不采取其他金融政策与之配合，即不改变因外汇干预而出现的货币供应量的变化；反之，冲销式干预就是指中央银行在干预外汇市场的同时，采取其他金融政策工具与之配合，例如在公开市场上进行逆向操作，以改变因外汇干预而出现的货币供应量的变化。一般来说，非冲销式干预直接改变了货币供应量，从而有可能改变利率以及其他经济变量，所以它对汇率的影响是比较持久的，但会导致国内其他经济变量的变动，干扰国内金融政策目标的实现；冲销式干预由于基本上不改变货币供应量，从而也很难引起利率的变化，所以它对汇率的影响是比较小的，但它不会干扰国内金融的其他政策目标的实现，不会牺牲宏观经济的稳定性。表 11-1 列出了仅考虑以公开市场操作为政策工具与外汇干预相搭配的八种类型。

表 11-1　外汇市场操作和公开市场操作的搭配

类型	外汇操作	公开市场操作
紧—紧	卖出外汇	卖出债券
松—松	买入外汇	买入债券
紧—松	卖出外汇	买入债券
松—紧	买入外汇	卖出外汇
紧—0	卖出外汇	不变
松—0	买入外汇	不变
0—紧	不变	卖出债券
0—松	不变	买入债券

第三节　汇率变动对经济的影响

汇率变动从根本上说取决于一国国际收支和经济发展的状况，但实际上，汇率的变动在很大程度上受到该国汇率政策的影响，即出于一定的目的，该国政府有意识地促使本国货币贬值或升值，因为货币汇率的变动对一国经济会产生广泛的影响，有有利的方面，也有不利的方面，而该国决策层往往为了某些方面的目标，而促使汇率朝有利的方向移动，因此有必要对汇率变动的经济效应做些具体的分析。汇率变动大致有两个方向，即升值或贬值，二者的影响如水中倒影正好相反。本节以贬值为例进行分析。

一、汇率贬值对一国涉外经济的影响

1. 汇率贬值将鼓励出口，限制进口

一国货币汇率下跌，一方面可降低该国出口商品的外币价格，提高出口商品的价格竞争力，扩大国外市场对该国出口产品的需求。另一方面对出口商来说，出口产品外币价格适当下降不仅不会降低其本币利润，相反，会提高其本币利润，因而刺激出口商出口的积极性，这样，出口规模就可扩大。但对于进口来说，会导致进口商品的本币价格上升，减少进口商品在国内市场的竞争能力，抑制本币贬值国对这些进口商品的需求，从而进口减少。所以贬值有利于一国扩大出口，限制进口，这是贬值最重要的影响，也是一国货币当局降低本币对外汇率经常考虑的方面。

[案例 11-1]　人民币升值，外贸企业叫苦

人民币升值对企业进口商品或者个人去海外消费是个利好，但却让从事出口的外贸企

业叫苦不迭。

某服装有限公司的总经理表示，自己公司大多数产品出口，与贸易伙伴一直以美元结算，一般与国外客户提前一两个月签订单，产品价格是按当时汇率定的，现在人民币升值美元就贬值，这意味着最终入账的钱按照现在的汇率换成人民币后，收益明显下降。"人民币涨多少我就亏多少。"总经理无奈地说。

人民币升值必然造成外贸企业出口困难，对扩大外需不利。一方面，人民币升值将提高我国出口商品的外币价格，直接削弱我国出口的价格竞争优势。另一方面，外贸企业出口利润空间进一步缩窄，使得"有单不敢接"的现象较为突出。

2. 贬值可以促进本国旅游事业和劳务出口的发展

贬值以后，外国货币的购买力相对提高，贬值国的商品、劳务、交通、导游和住宿等费用，按外币来表示，就变得便宜了，这对外国游客来说增加了吸引力，因此能促进贬值国的旅游和有关行业收入的增加。但同样有一个弹性问题，汇率下跌，一方面有可能增加外来旅游人数，另一方面每个旅游者所花费的外币却会减少，因而汇率下跌对旅游外汇收入的影响效果要视弹性大小而定。贬值对劳务及其他无形贸易收支的影响也大致如此。

3. 贬值将可能减少单方面转移项目的外汇收入

一国货币汇率贬值后，如果该国的国内物价不变，单位外币所能换到的本国货币增加，即同样数量的本国货币现在只需要较少的外币就可以了。因此，侨民汇回的赡家费用和赠款，如以外币来计算就有可能减少。当然，实际上决定侨汇数量的多少，主要还在于双方的关系及汇款人的经济能力。

4. 贬值将会鼓励长期资本流入，从而改善一国资本项目的收支状况

一国汇率下跌可使同量的外币投资购得比以前更多的劳务和生产原料，所以可能吸引更多的国外资本内流，不过，在既定利润条件下，汇率下跌也会使外商汇回国内的利润减少，因而外商会有不愿追加投资或抽回投资的可能。由此可见，在其他条件不变的情况下，一国汇率下跌最终是否有利于吸引外资，主要取决于外商的投资结构，或者说取决于汇率下跌前后外商获利大小的比较。

5. 汇率贬值可能导致短期资本外逃，从而恶化一国的国际收支状况

汇率下跌以后，以贬值国货币计值的金融资产的相对价值就下跌，为了躲避货币贬值的损失，便会发生"资本抽逃"现象，使大量的资金移往国外。同时，由于贬值会造成一种通货膨胀预期，即人们预计该国货币会进一步下跌，从而造成投机性资本的外流。例如，1994 年年底爆发的墨西哥金融危机主要的原因就是墨西哥货币比索法定贬值后引发了大规模的短期资本外逃。

综合以上五个方面的分析，可以得出一个一般性的结论：一国货币贬值有利于该国从事涉外经济活动，从而有利于改善国际收支状况。事实上，许多国家在国际收支出现逆差的情况下，往往采用促使其货币汇率贬值的方式来调节。

二、汇率贬值对一国国内经济的影响

汇率贬值在一国涉外经济活动产生重大影响的同时，对其国内经济也会产生重大的影响，这种影响一般通过国内物价、货币供求状况和收入变动等渠道发生。通过这种影响，贬值不可避免地会影响到一国的国内经济结构、资源配置和收入分配等，从而对其整个国内经济状况产生深远的影响。

1. 汇率贬值会给一国通货膨胀带来压力，引起物价上涨

（1）从进口的角度来看，汇率贬值会导致进口商品本币价格的提高，若进口的是原材料、中间产品，则会导致国内用这些原材料、中间产品进行生产的商品成本提高，进而使这些商品的价格上升，引发成本推进型通货膨胀。若进口的是消费品等制成品，一方面本身会带来消费市场物价上涨，另一方面会对国内相同的产品带来示范效应，提高销售价格。

（2）从出口角度来看，汇率贬值带动出口增加，而一国生产的扩大在短期内有一定的困难，因而会加剧国内市场的供求矛盾，从而引起出口商品国内价格的飞涨，尤其是当出口的产品本来就是国内短缺的初级产品，那将会对国内制成品以至相关产品的物价上涨产生压力。

（3）从货币发行量来看，汇率贬值可增加一国外汇收入，改善外汇收支状况，从而该国的外汇储备也会有一定程度的增加，而外汇储备增加的另一面是一国中央银行增加发行相同价值的本币，因而汇率贬值会扩大一国货币的发行量。这显然也会给通货膨胀带来压力。

2. 汇率贬值会对国内利率水平产生影响

汇率贬值对国内利率水平的影响具有双重性：一方面，从货币供应量的角度，本币贬值会鼓励出口、增加外汇收入、本币投放增加；减少进口，外汇支出减少，货币回笼也会减少。因此，汇率贬值会扩大货币供应量，促使利率水平下降。另一方面，从国内居民对现金的需求来看，由于在贬值的情况下，物价普遍上涨，因而人们手中所持现金的实际价值下跌，因此就需要增加现金持有额才能维持原先的实际需要水平。这样整个社会的储蓄水平就会下降，同时一些人会把原先拥有的金融资产换成现金，导致金融资产的价格下降，这样国内利率水平会由此趋于上升。因此汇率贬值究竟是提高还是降低一国的利率水平，要看各国的具体情况而定。不过，一般来说，后面一种趋势要比前面一种强，即对于一般的国家来说，汇率贬值随之而来的总是利率上升。

3. 汇率贬值可以加快一国经济的增长，扩大就业水平

只要一国汇率下跌能够起到增加出口的作用，就会带动国民经济的增长和劳动就业的增加。出口所增加的国民收入中有一部分用于购买本国产品，出口就会对国民收入和就业的增加起连锁的推动作用。同样，只要一国汇率下跌，进口价格上涨，一些消费者把原要

购买进口商品的支出转移到购买本国生产的商品上，这样就会产生与出口增加同样的作用，增加国民收入。

但是，汇率贬值鼓励出口，限制进口，从而带动国民收入的倍增是有条件的：其一，汇率下跌前，国内有闲置生产资料，有剩余劳动力。只有这样，出口增加或进口减少形成的国内商品需求的增加可以使闲置的资源得到利用，从而对经济增长和劳动就业的增加起到推进作用。其二，该国不能是严重依赖进口或资源稀缺，否则进口对生产能力的提高变得至关重要，如果汇率贬值削减了进口，就会构成对经济增长的巨大限制，同时进口生产资料价格上涨，使生产成本上升，企业利润减少，结果导致经济增长速度下降，这时进口减少不是促进经济的增长，而是阻碍经济的增长。

4. 汇率贬值会实现一国资源的重新配置，从而促使其生产结构升级

汇率贬值之所以会影响一国的资源配置，关键在于汇率贬值对一国不同行业会产生不同的影响，具体表现如下：

第一类，出口行业，即生产出口产品的行业。由于汇率贬值可以鼓励出口，提高出口企业的本币利润，因而贬值对该行业是非常有利的。

第二类，进口替代行业，即生产进口替代产品的行业。货币汇率贬值可以提高进口产品的本币价格，限制进口，进口替代产品在国内市场的价格就显得较低，消费者倾向于购买更多的替代产品，这样就可提高进口替代行业的利润。

第三类，以贸易产品为原材料、中间产品的生产行业。由于汇率贬值会提高贸易产品的本币价格，因而这些行业的生产成本会因此而提高，这样一来就会使该行业的利润下降。

第四类，内向型企业，即与国际市场基本上无联系的行业，比如建筑业、农业等。由于这些行业从投入到产出都与国际市场联系较少，因而汇率贬值对其利润影响不大。

综合以上情况，在一国货币汇率贬值后，投资者为了追求高额利润，首先会把资本从后两类行业转移出来投资于前两类行业，接着劳动力也会实现类似的转移，当然劳动力的转移很大部分也是为了追求高工资，但还有一部分是因为属于后两类的一些企业的倒闭而游离出来被迫转移，从而实现了一国资源的重新配置。产业结构也因此而发生变化。根据各国的情况，一般来说，前两类行业属于资本技术密集型企业，是属于较高级行业，而后两类行业大都属于劳动密集型行业，因而汇率贬值对产业结构的影响是使其不断升级、优化。

5. 汇率贬值可以实现一国国民收入的重新再分配

汇率贬值对一国国民收入重新再分配的影响可从两个方面来考虑：首先，考虑行业之间收入再分配。在一国货币汇率贬值后，该国生产资源会重新配置，生产结构会调整，其中就出现扩张性的部门（或行业）和收缩性部门（或行业）之分。在扩张性部门密集使用的生产要素如资本可以得到更多的利益；在收缩性部门密集使用的生产要素（如劳动）

相应地就会有所损失。这样，资本的所有者（资本家）会因此而获利，而劳动的所有者（劳动工人）则会受损。其次，扩张性部门内部会出现收入再分配，在贬值后，由于出口产品、进口替代产品的国内价格上涨，所以生产这些商品的企业的利润会有所增加。但在这一过程中，工人的工资不可能立即跟着增加，而出现一部分收入从工人转移到资本家手中的情况。总之，汇率贬值对一国国民收入分配的影响会加剧富者越富、穷者越穷的两极分化。

汇率变动对不同的国家或对同一国家的不同时期而言，产生的经济影响的相对重要性可能很不一样。在有的国家，一段时间内可能以某些影响为主，而在另一段时间内可能是以另一些影响为主。而在别的国家则可能与此大不相同，甚至完全相反。也可能汇率变动的某些经济影响在一些国家中非常强烈，在别的国家则很弱，甚至根本没有。例如，在某些发达国家，汇率变动会极大影响国内金融资产吸引力，促使公众改变手中所持国内金融资产和外国金融资产的结构；而在大部分发展中国家，由于国内没有证券市场或者证券市场不完善，公众不能自由地购买外国的证券或其他投资工具，因而汇率变动的这方面影响非常小。

第四节　外汇风险与规避

一、外汇风险

外汇风险（foreign exchange risk）指两国货币汇率的变动给交易双方中任何一方可能带来的损失或收益。通常将承受外汇风险的外汇金额称为"受险部分"或"暴露"（exposure）。也就是说，如果做定量分析的话，可通过分析外汇的暴露程度来判断外汇风险的大小。例如，如果某跨国公司资金部的一位负责人称他们在欧元方面有 100 万美元的正暴露，那就是说，欧元若升值10%，该公司将受益 10 万美元；欧元若贬值10%，该公司将会损失 10 万美元，因此，暴露的这部分外汇，就处于风险状态。从这里我们也可以看出外汇交易之所以会产生风险是因为有一部分外汇头寸处于暴露状态，即因为有外汇暴露才产生了外汇风险，同时，外汇暴露程度是确定的，而外汇风险程度是不确定的。

需要注意的是，在我们日常实际活动中，对外汇风险的理解习惯于从风险的主体出发，也就是说，从主体损失的可能性来进行分析和研究。因此，当我们在表述外汇风险时，主要是指在一定时期内，在持有或运用外汇的场合，因汇率变动而给有关主体带来损失的可能性。

外汇风险的构成要素有三个：一是本币，因为本币是衡量一笔国际经济交易效果的共同指标，外币的收付均以本币进行结算，并考核其经营成果；二是外币，因为任何一笔国际经济交易必然涉及外币的收付；三是时间，这是因为，国际经济交易中，应收款的实际收进、应付款的实际付出、借贷本息的最后偿付，都有期限，即时间因素。在确定的期限内，外币与本币的折算汇率可能会发生变化，从而产生外汇风险。

二、外汇风险的类型

1. 外汇买卖风险

外汇买卖风险是指由于外汇交易而产生的汇率风险。这种风险是以一度买进或卖出外汇，将来又必须卖出或买进外汇为前提而存在的。例如，把 1 欧元 = 1.208 2 美元的汇率买进的欧元以 1 欧元 = 1.207 1 美元卖出，1 个欧元的交易就会发生 0.001 1 美元的买卖亏损，蒙受这种损失的可能性在当初进行外汇交易时就产生了，这就是外汇买卖风险。

银行的外汇风险主要是外汇买卖风险，因为外汇银行的交易几乎都是外汇买卖，即外币现金债权的买卖。银行以外的企业有时也面临外汇买卖风险，它主要存在于以外币进行借贷款或伴随外币借贷而进行外币交易的情况之中。

2. 交易结算风险

交易结算风险（transaction risks）是指以外币计价或成交的交易，由于外币与本币的比值发生变化而引起亏损的风险，即在以外币计价成交的交易中，因为交易过程中外汇汇率的变化使得实际支付的本币现金流量变化而产生的亏损。这种外汇风险主要是伴随着商品及劳务买卖的外汇交易而发生的，并主要由进行贸易和非贸易业务的一般企业承担。具体来说，可将这些交易分成两大类：一类是企业资产负债表中所有未结算的应收应付款所涉及的交易活动和以外币计价的国际投资和信贷活动；另一类是表外项目所涉及的、具有未来收付现金的交易，如远期外汇合约、期货买卖及研究开发等。

在国际经济贸易中，贸易商无论是以即期支付还是延期支付都要经历一段时间，在此期间汇率的变化会给交易者带来损失，从而产生交易结算风险。

［**例 11-1**］中国出口商输出价值为 10 万美元的商品，在签订合同时汇率为 US ＄ 1 = RMB ￥6.60，出口商可收 66 万元人民币货款，而进口商应付 10 万美元。若三个月后才付款，此时汇率为 US ＄ 1 = RMB ￥6.50，则中国出口商结汇时的 10 万美元只能换回 65 万元人民币，出口商因美元下跌损失了 1 万元人民币。相反，结汇时若以人民币计价，则进口商支付 66 万元人民币，需支付 10.15 万美元。

交易结算风险还有可能产生于外币计价的国际投资和国际借贷活动。比如投资者以本国货币投资于某种外币资产，如果投资本息收入的外币汇率下跌，投资实际收益就会下降，使投资者蒙受损失。再比如，从国际资本借贷中的借款者来看，借入一种外币需换成另一种外币使用，或偿债资金的来源是另一种货币，则借款人就要承担借入货币与使用货币或还款来源之间汇率变动的风险，若借入货币的汇率上升，就增加借款成本而有受损之可能。

3. 会计风险

会计风险（accounting risks）又称外汇评价风险或折算风险，是指企业进行外币债权、债务结算和财务报表的会计处理时，对于必须换算成本币的各种外汇计价项目进行评议所产生的风险。企业会计通常是以本国货币表示一定时期的营业状况和财务内容的，这样，企业的外币资产、负债、收益和支出，都需按一定的会计准则换算成本国货币来表示，在换算过程会因所涉及的汇率水平不同、资产负债的评价各异，损益状况也不一样，因而就会产生一种外汇评价风险。

［例 11-2］日本一家跨国公司在美国的子公司于年初购得一笔价值为 10 万美元的资产，按当时汇率 US ＄ 1＝J ￥ 110.00，这笔美元价值为 1 100 万日元，到年底，日元汇率上升到 US ＄ 1＝J ￥ 100.00，于是在年底给跨国公司的财务报表上，这笔美元资产的价值仅为 1 000 万日元，比开始时资产价值减少了 100 万日元。可见，折算风险的产生是由于折算时使用的汇率与当初入账时使用的汇率不同，从而导致外界评价过大或过小。

4. 经济风险

经济风险（economic risks）是指未预料的汇率变化导致企业未来的纯收益发生变化的外汇风险。风险的大小取决于汇率变化对企业产品的未来价格、销售量以及成本的影响程度。一般而言，企业未来的纯收益由未来税后现金流量的现值来衡量，这样，经济风险的受险部分就是长期现金流量，其实际国内货币值受汇率变动的影响而具有不确定性。比如，当一国货币贬值时，出口商可能因出口商品的外币价格下降而刺激出口，从而使出口额增加而获得收益。但是，如果出口商在生产中所使用的主要原材料是进口品，因本国货币贬值会提高以本币表示的进口品的价格，出口品的生产成本又会增加，其结果有可能使出口商在将来的纯收益下降，这种未来纯收益受损的潜在风险即属于经济风险。

经济风险的分析是一种概率分析，是企业从整体上进行预测、规划和进行经济分析的一个具体过程，其中必然带有主观成分。因此，经济风险不是出自会计程序，而是来源于经济分析。潜在的经济风险直接关系到海外企业经营的效果或银行在海外的投资收益，因此对于一个企业来说经济风险较之其他外汇风险更为重要。分析经济风险主要取决于预测能力，预测是否准确直接影响生产、销售和融资等方面的战略决策。

5. 储备风险

外汇业务活动交易者不论是国家政府、外汇银行还是企业，为弥补国际收支和应付国际支付的需要，都需要有一定的储备，其中相当大的部分是外汇储备。在外汇储备持有期间，若储备货币汇率变动引起外汇储备价值发生损失就称之为储备风险。在一般情况下，外汇储备中货币品种适当分散，保持多元化，根据汇率变动和支付需要，随时调整结构，使风险减小到最低限度。

管理实践 11-1　外汇风险规避实务

外汇风险规避方法又大致可以分为两大类：事前和事后。事前称为外汇风险的防范，主要是通过改善企业内部经营来实现；事后称为外汇风险的转嫁，主要是利用外汇市场金融资产的交易来实现。

一、事前外汇风险的防范措施

1. 准确预测汇率变动的长期趋势

做好汇率预测工作，掌握汇率变动趋势，便于在国际收付中正确选择和使用收付货币。

2. 正确选用收付货币

在对外经济交易中，计价货币选择不当往往会造成损失。正确选择计价收款货币对于国际经济业务相当重要。一般的原则是：①计价收付货币必须是可兑换货币。自由兑换货币可随时兑换成其他货币，既便于资金的应用和调拨，又可在汇率发生变动时，便于开展风险转嫁业务，从而达到避免转移汇率风险的目的。②收硬付软原则，即在出口贸易中，力争选择硬货币来计价结算，而在进口贸易中，力争选择软货币计价结算。但是在实际业务中，货币选择并不是一厢情愿的事，因为交易双方都想选择对自己有利的货币，从而将汇率的风险转嫁给对方。因此，交易双方在计价货币的选择上往往产生争论，甚至出现僵局。为打开僵局，促使成交，使用"收硬付软"原则要灵活多样。比如说可通过调整商品价格的方法，把汇率变动的风险计进商品的价格中，同时还可采取软硬对半策略等。③要综合考虑汇率变动趋势和利率变动趋势。这主要是指在国际市场上筹集资金时，低利率债务不一定就是低成本债务，高利率债务也不一定就是高成本债务。

[例 11-3] 有 A、B 两笔债务，A 债务以美元计价年利率为 12%，B 债务以日元计价年利率为 8%，而美元汇率将贬值 4%，日元汇率将升值 4%，这样 A 债务的实际利率是8%，而 B 债务的实际利率为 12%，因而，实际上 B 债务的成本比 A 债务的成本高。

3. 国际经营多样化

国际经营多样化是防范外汇风险中经济风险的一种基本策略，它是企业在国际范围内将其原料来源、产品生产及其销售采取分散化的策略。当汇率变动时，企业就能通过其在某些市场竞争优势的增强来抵消在另一些市场的竞争劣势，从而消除经济风险。例如，对原材料的需求不是仅依赖于一至两个国家或市场，而是拥有多个原材料的供应渠道，即使由于某个国家货币汇率变化而使得原材料价格上涨，也不至于使生产成本全面提高而降低产品在国际市场的竞争力。企业产品的分散销售还可以在汇率变动时，使得不同市场上产品的价格差异带来的风险相互抵消。

4. 筹资分散化或多样化

筹资分散化也是防范外汇风险中经济风险的一种基本策略，它是指企业从多个资本市场以多种货币形式获得借贷资金。通过这种多渠道、多货币的筹资，可分散汇率、利率变化的风险，比如以日元一种货币筹资，筹资者就承受了日元汇率变动的全部风险，如果日元升值，其还本付息的负担就会加重，筹资成本提高，如果以美元、日元、德国马克等多种货币筹资，由于这些货币比价互有升降，就可以减少或抵消汇率变动带来的风险。

二、事后外汇风险的转嫁措施

1. 提前或推迟外汇收付

提前或推迟外汇收付是根据对汇率的预测，对在未来一段时期内必须支付和收回的外汇款项采取提前或推迟结算的方式以减少交易风险。

提前是在规定时间之前结清债务或收回债权；滞后是在规定时间已到时，尽可能推迟结清或收回债权。一般而言，如果预计计价结算货币的汇率趋跌，那么出口商或债权人就应设法提前收汇，以避免应收款项的贬值损失，而进口商或债务人则应设法推迟付汇。反之，如果预计计价结算货币的汇率趋升，出口商或债权人则应尽量推迟收汇，进口商或债务人则应尽量设法提前付汇。

不过值得注意的是：提前或推迟收付所依据的是进出口商对汇率的预测。预测准确不仅能避免外汇风险，而且能额外获益；若预测失误，将受到损失，因此带有投机性质。另外，在实际收付过程中，进出口商单方面提前或推迟收付外汇并非易事，因为要受到合同约束、外汇管制、国内信用规定等方面的限制。

2. 资产负债表保值

资产负债表保值是避免会计风险的主要措施，它是通过调整短期资产负债结构，从而避免或减少外汇风险的方法。

资产负债表保值的基本原则是：如果预测某种货币将要升值，则增加以此种货币持有的短期资产，即增加以此种货币持有的现金、短期投资、应收款、存货，等等，或者减少以此种货币表示的短期负债，或者两者并举。反之，若预测某种货币将要贬值，则减少以此种货币持有的资产，或增加以此种货币表示的负债，或两者并举。

3. 债务净额支付

债务净额支付是指跨国公司在清偿其内部交易所产生的债权债务关系时，对各子公司之间、子公司与母公司之间的应付款项和应收款项进行划转与冲销，仅定期对净额部分进行支付，以此来减少风险性的现金流动，这种方法又称轧差或冲抵。它具体包括双边债务净额支付和多边债务净额支付两种情形。前者是指在跨国公司体系两个经营单位之间定期支付债务净额的办法，后者是指在三个或三个以上经营单位之间定期支付债务净额的方法。

[例11-4] 在某跨国公司的净额支付期间，法国子公司欠英国子公司等值于500万美元的英镑，英国子公司欠意大利子公司等值于300万美元的意大利里拉，意大利子公司欠法国子公司等值于300万美元的法国法郎，则三个子公司之间的债权债务关系经过彼此冲

抵后，只要求法国子公司向英国子公司支付相当于 200 万美元的、某种预先商定的货币资金即可结清。在此期间，资金的总流量是 1 100 万美元，资金的净流量为 200 万美元，彼此冲抵的资金流量为 900 万美元。可见，多边债务净额支付使支付数额和次数大为减少，达到了降低风险的目的。

4. 在金融市场上借款

这是一种对现存的外汇暴露，通过在国际金融市场上借款，以期限相同的外币债权、债务与之相对应，以消除外汇风险的做法。这种方法主要适用于交易结算风险的转嫁。

利用在金融市场上借款来避免外汇风险的一般做法是：对出（进）口商而言，首先，在签订贸易合同后立即在金融市场上借入所需外（本）币；其次，卖出（买入）即期外币，取得本（外）币资金；再次，利用金融市场有效地运用所取得的本（外）币资金；最后，执行贸易合同，出口商以出口货款偿还借款本息，进口商一方面以外币支付货款，另一方面以本币归还本币借款本息。

[**例 11-5**] 一日本公司和一美国公司签订了价值 100 万美元的出口合同，三个月后收到货款。这三个月期间，该日本公司出现了 100 万美元的外汇暴露，一旦美元贬值，他得到的日元就会减少。为了避免或减少外汇风险，日本公司在国外金融市场以年利率 12% 借入 100 万美元，期限三个月，若当时的即期汇率为 US＄1＝J￥100，将 100 万美元卖出可取得 1 亿日元。日本公司在金融市场上运用这笔资金，投资于三个月的有价证券，年利率为 8%。通过这一系列的操作，在签订合同到收款这段时间，无论汇率发生什么变化，都与该公司无关。

5. 在外汇市场和期货市场上进行套期保值

套期保值是指在已经发生一笔即期或远期交易的基础上，为了防止汇率变动可能造成的损失而再做一笔方向相反的交易，其中如果原来一笔交易受损，则后来做的套期保值交易就必得益，以资弥补；或者正好相反，后者交易受损而前者得益。运用这个原理转嫁汇率风险的具体方式主要有远期外汇业务、外汇期货业务、外汇期权业务、货币互换、利率互换和远期利率协议等。

6. 掉期保值

掉期保值与套期保值在交易方式上是有区别的，前者是购现售远或购远售现（也可以是购近售远或购远售近），两笔相反方向的交易同时进行，而后者是在一笔交易基础上所做的反方向交易。前者掉期交易的两笔金额通常相等而后者套期保值则不一定。掉期交易方式最常用于短期投资或短期借贷的业务中防范汇率风险。

7. 利用货币保值条款保值

货币保值条款（exchange rate proviso clause）是指在合同中规定一种（或一组）保值货币与本国货币之间的比价，如支付时汇价变动超过一定幅度，则按原定汇率调整，以达到保值的目的。由于货币保值条款中使用的是指数，因此把它称作货币指数化。其主要有两种形式：

（1）简单指数形式。目前常用的是一揽子货币保值。在运用这种方法时，首先确定一揽子货币的构成，其次确定每种货币的权数，先定好支付货币与每种保值货币的汇价，计算出每种保值货币在支付总额中的金额比例，到期支付时再按付款时的汇率把各种保值货币的支付金额折算回支付货币进行支付。由于一揽子货币中的各种保值货币与支付货币汇价有升有降，汇价风险分散，可有效地避免或减轻外汇风险。

[**例11-6**] 某出口企业有价值为 90 万美元的合同，以欧元、英镑、日元三种货币保值，他们所占的权数均为 1/3，和美元的汇率定为：US ＄ 1＝EUR0.82、US ＄ 1＝£ 0.6、US ＄ 1＝J¥110，则以此三种货币计算的价值各为 30 万美元，相当于 24.6 万欧元、18 万英镑、3 300 万日元。若到期结算时这三种货币与美元之间的汇率变为：US ＄ 1＝EUR0.80、US ＄ 1＝£ 0.5、US ＄ 1＝J¥112，则按这些汇率将以欧元、英镑、日元计价的部分重新折算回美元，付款时我国出口企业可收回 96.21 万美元的货款。

（2）复合指数形式。它是在简单指数基础上把商品价格变动的因素也考虑进去，使价格也指数化，以确定复合指数，达到避免外汇汇率和商品价格变动风险的目的。

使用货币指数时，一般对各种保值货币的汇价变动规定有调整幅度。如调整幅度定为 0.8%，如果汇率变动不超过 0.8%，则按原定汇价结算；若超过 0.8%，则按当时汇率调整。

8. 外汇风险保险

目前不少国家开设了外汇保险机构，承保外汇汇率风险。国际经济交易者就可以利用这类保险服务避免外汇风险。如英国的出口信贷保证部（U. K. export credits guarantee department，ECGD）、荷兰的信贷保险有限公司（netherlands credit insurance company limited）、美国的进出口银行（export import bank，eximbank）等。

第五节　购买力平价

一、购买力平价

与市场汇率不同，购买力平价是另一种汇率决定的理论。人们对外国货币的需求是由于用它可以购买外国的商品和劳务，外国人需要其本国货币也是因为用它可以购买其国内的商品和劳务。因此，本国货币与外国货币相交换，就等于本国与外国购买力的交换。所以，用本国货币表示的外国货币的价格也就是汇率，决定于两种货币的购买力比率。由于购买力实际上是一般物价水平的倒数，因此两国之间的货币汇率可由两国物价水平之比表示。这就是购买力平价说（purchasing power parity，PPP）。

[**案例** 11-2] 购买力平价让发展中国家的 GDP 虚胖?

《经济学人》杂志发明的巨无霸指数对比世界各国的麦当劳出售的巨无霸汉堡的价格。数据显示,一个巨无霸在中国平均卖 16.6 元人民币,在美国卖 4.62 美元,那么 1 美元=3.59 元人民币,而实际汇率 1 美元=6.26 元人民币,人民币被严重低估。除此以外,还有中杯鲜奶咖啡指数、可口可乐指数等。

通过市场汇率与购买力平价得到的各国 GDP 排名,是完全不一样的。2012 年的印度 GDP,以实际汇率计算为 1.87 万亿美元,而用 PPP 则为 4.79 万亿美元,较前者多出 156%。印度是发展中国家,其货币的国际竞争力相对弱势,货币被低估的可能性更高。几乎所有的发展中国家,尤其是人口大国,其实际汇率都存在被低估的现象。

从表现形式来看,购买力平价说有两种定义,即绝对购买力平价 (absolute PPP) 和相对购买力平价 (relative PPP)。

1. 绝对购买力平价

绝对购买力平价是指本国货币与外国货币之间的均衡汇率等于本国与外国货币购买力或物价水平之间的比率。绝对购买力平价理论认为:一国货币的价值及对它的需求是由单位货币在国内所能买到的商品和劳务的量决定的,即由它的购买力决定的,因此两国货币之间的汇率可以表示为两国货币的购买力之比。而购买力的大小是通过物价水平体现出来的。

绝对购买力平价,是指在一定的时点上,两国货币汇率决定于两国货币的购买力之比。如果用一般物价指数的倒数来表示各自的货币购买力的话,则两国货币汇率决定于两国一般物价水平之比。用表示直接标价法下的汇率——P_a 和 P_b 分别表示本国和外国一般物价的绝对水平,则绝对购买力平价公式为:

$R_a = P_a/P_b$ 或 $P_b = P_a/R_a$

R_a:代表本国货币兑换外国货币的购买力平价。

P_a:代表本国物价指数。

P_b:代表外国物价指数。

它说明的是在某一时点上汇率的决定,决定的主要因素即为货币购买力或物价水平。

2. 相对购买力平价

相对购买力平价是指不同国家的货币购买力之间的相对变化,是汇率变动的决定因素,认为汇率变动的主要因素是不同国家之间货币购买力或物价的相对变化;同汇率处于均衡的时期相比,当两国购买力比率发生变化,则两国货币之间的汇率就必须调整。

相对购买力平价表示一段时期内汇率的变动,并考虑到了通货膨胀因素。汇率应该反映两国物价水平的相对变化,原因在于通货膨胀会在不同程度上降低各国货币的购买力。因此,当两种货币都发生通货膨胀时,它们的名义汇率等于其过去的汇率乘以两国通货膨胀率之商。

本国货币新汇率=本国货币旧汇率×外国货币购买力变化率

二、购买力平价的意义

购买力平价理论产生以来，无论在理论上还是实践上都具有广泛的国际影响。这使它成为现在最重要的汇率理论之一。

1. 购买力平价理论较为合理

两国货币的购买力可以决定两国货币汇率，这实际上是从货币所代表的价值这个层次上去分析汇率决定的。这抓住了汇率决定的主要方向，因而其方向是正确的。在纸币流通的情况下，如果商品价值量既定，则两国纸币购买力的差异实际上代表了两国货币所体现的价值量的差异。两国货币购买力之比，就是两国货币价值量之比。因而两国货币兑换的汇率在某种程度上可以由两国货币购买力之比表现出来。

2. 购买力平价有助于判断长期趋势

不考虑短期内影响汇率波动的各种短期因素，从长期来看，汇率的走势与购买力平价的趋势基本上是一致的。因此，购买力平价为长期汇率走势的预测提供了一个较好的方法。购买力平价把物价指数与汇率水平联系起来，而且研究思路相对简单明了，对指导投资有一定意义。

3. 便于比较不同国家之间的生活水平

例如，如果人民币相对于美元贬值一半，那么以美元为单位的国内生产总值也将减半。可是，这并不表明中国人变穷了。如果以人民币为单位的收入和价格水平保持不变，而且进口货物在对国人的生活水平并不重要（因为这样进口货物的价格将会翻倍），那么货币贬值并不会带来国人的生活质量的明显恶化。

三、购买力平价的局限

购买力平价建立在货币数量论基础之上，但货币数量论与货币的基本职能是不符合的。把汇率的变动完全归之于购买力的变化，忽视了其他因素，如国民收入、国际资本流动、生产成本、贸易条件、政治经济局势等对汇率变动的影响，也忽视了汇率变动对购买力的反作用。

另外在计算具体汇率时，存在许多困难。这主要表现在物价指数的选择上是以参加国际交换的贸易商品物价为指标，还是以国内全部商品的价格即一般物价为指标，很难确定。绝对购买力平价方面的"一价定律"失去意义，因为诸如运费、关税、商品不完全流动、产业结构变动以及技术进步等会引起国内价格的变化从而使一价定律与现实状况不符。

第六节　区域经济整合

一、广义的自由贸易区

自由贸易区，一般被分解为广狭二义。广义的自由贸易区是指两个或两个以上的国家或地区通过签署协定，在 WTO 最惠国待遇基础上，相互进一步开放市场，分阶段取消绝大部分货物的关税和非关税壁垒，在服务业领域改善市场准入条件，实现贸易和投资的自由化，从而形成涵盖所有成员全部关税领土的"大区"，著名的自由贸易区如表 11-2 所示：

表 11-2　广义的自贸区

自贸区名称	自贸区功能
北美自由贸易区	1992 年 8 月 12 日，美国、加拿大和墨西哥三国就《北美自由贸易协定》达成一致意见，并于同年 12 月 17 日由三国领导人分别在各自国家正式签署。1994 年 1 月 1 日，协定正式生效，北美自由贸易区（NAFTA）宣布成立。三个会员国彼此必须遵守协定规定的原则和规则，如国民待遇、最惠国待遇及程序上的透明化等来实现其宗旨，借以消除贸易障碍。自由贸易区内的国家货物可以互相流通并减免关税，而贸易区以外的国家则仍然维持原关税及壁垒。北美自由贸易区已发展成为囊括了 4.2 亿人口和 11.4 万亿美元的国民生产总值、世界上最大的自由贸易区。
欧盟	欧洲联盟（EU）是世界三大自由贸易区之一，其实质是一个集政治实体和经济实体于一身、在世界上具有举足轻重的巨大影响力的区域一体化组织。欧盟的诞生使欧洲的商品、劳务、人员、资本自由流通，使欧洲的经济增长速度快速提高。欧盟的经济实力已经超过美国，居世界第一。随着欧盟的扩大，欧盟的经济实力将进一步加强，尤其重要的是，欧盟不仅因为新加入国家正处于经济起飞阶段而拥有更大的市场规模与市场容量，而且，作为世界上最大的资本输出的国家集团和商品与服务出口的国家集团，再加上欧盟相对宽容的对外技术交流与发展合作政策，对世界其他地区的经济发展，特别是包括中国在内的发展中国家至关重要。
中国—东盟自由贸易区	中国—东盟自由贸易区（CAFTA），是中国与东盟 10 国组建的自由贸易区。2010 年 1 月 1 日，贸易区正式全面启动。自贸区建成后，东盟和中国的贸易占到世界贸易的 13%，成为一个涵盖 11 个国家、19 亿人口、GDP 达 6 万亿美元的巨大经济体。按人口算，是世界上最大的自由贸易区；从经济规模上看，是仅次于欧盟和北美自由贸易区的全球第三大自由贸易区，由中国和东盟 10 国共创的世界第三大自由贸易区，是发展中国家组成的最大的自由贸易区。
欧盟与墨西哥自由贸易区	1999 年 11 月 24 日，欧盟与墨西哥正式签署了建立双边自由贸易区的协定。欧盟希望加强与墨西哥空贸合作的愿望始于 1994 年墨西哥加入北美自由贸易区。欧盟的主要目的是通过与墨西哥建立自由贸易区，与美、加争夺墨西哥市场，扭转北美自由贸易区的建立使欧盟对墨出口大幅下降的局面，并通过墨西哥进入美国和加拿大市场。

二、狭义的自由贸易区

狭义的自由贸易区是指一个国家或单独关税区内设立的用栅栏隔离、置于海关管辖之外的特殊经济区域，区内允许外国船舶自由进出，外国货物免税进口，取消对进口货物的配额管制，狭义的自贸区如表 11-3 所示：

表 11-3　狭义的自贸区

自贸区名称	自贸区功能
上海自由贸易区	上海是中国大陆境内第一个自由贸易区，是中国经济新的试验田，力争建设成为具有国际水准的投资贸易便利、货币兑换自由、监管高效便捷、法制环境规范的自由贸易试验区。上海自贸区的政策与经验强调复制性和推广性。
中国香港	1841 年 6 月 7 日，英国政府代表查理·义律（Charles Elliot）宣布中国香港成为自由贸易港。1872 年以来，中国香港自由贸易港的内涵和功能逐步扩展，成为全世界最自由、最开放也最多功能的自由港，是全球最大的贸易、金融和航运中心之一。
巴拿马科隆自由贸易区	巴拿马科隆自由贸易区成立于 1948 年，位于巴拿马运河大西洋入海口处，是西半球最大的自由贸易区，是仅次于中国香港的世界第二大自由贸易区，是拉美贸易的集散地、转口中心。
美国纽约港自由贸易区	美国纽约港自由贸易区又称纽约港第 49 号对外贸易区，于 1979 年由美国国会批准设立，是全美自贸区中面积最大的自贸区之一，主要功能是货物中转、自由贸易。区外还设有若干分区，发展制造业、加工服务业。

【经典习题】

一、名词解释

1. 汇率
2. 直接标价法
3. 间接标价法
4. 购买力平价
5. 外汇风险
6. 掉期保值

二、选择题

1. 一家企业在美国拥有水果工厂。假设美元贬值，换算成人民币的价值会（　　）。
　　A. 增加　　　　　B. 减少　　　　　C. 没有影响　　　　D. 视情况而定
2. 对出口商来说，下列哪种情况对其最有利？（　　）。
　　A. 货源不稳定　　B. 人民币升值　　C. 人民币贬值　　D. 以上都不对

3. 当外汇需求大于对该外汇的供给时，外汇汇率（   ）。

    A. 上升   B. 下降   C. 没有影响   D. 视情况而定

4. 影响汇率的因素包括（   ）。

    A. 货币供给量   B. 政治   C. 股价的预期   D. 以上都是

5. 通货膨胀会导致什么样的情况发生？（   ）。

    A. 货币贬值   B. 货币升值   C. 视情况而定   D. 以上都不对

三、简答与论述

1. 简述影响汇率变动的经济因素有哪些，并分析各自的影响机制。

2. 简述汇率变动对企业涉外经济活动的影响。

3. 简述汇率变动对国内经济的影响。

4. 试述外汇风险的概念及其主要类型。

5. 试分析企业如何对外汇风险进行管理。

四、计算

1. 魅刻贸易有限公司生产一款衣服的直接材料费 20 元人民币，直接人工费 20 元人民币，制造费 10 元人民币。生产该款衣服 2 000 件，总管理费和销售费 20 000 元人民币。该款衣服主要在速卖通网站销售，欧美主要国家包邮，邮费平均每件 50 元人民币，销售一件衣服速卖通网站收取 1 美元佣金。如果企业的目标成本利润率为 10%，该款衣服定价多少合适？（按照汇率 1 美元 = 6.5 元人民币计算）

2. 魅刻贸易有限公司分别在亚马逊欧洲和亚马逊北美两个不同的子市场上销售同一款衣服（单位为件），两个子市场的需求曲线分别为：欧洲市场：$P_A = 60 - 0.5Q_A$；北美市场：$P_B = 110 - 3Q_B$，魅刻贸易有限公司生产该服装的成本函数为：$C = 1\ 000 + 9Q + 0.1Q^2$。试计算魅刻贸易有限公司实行差别定价和统一定价时的企业利润。

【综合案例】自贸区——中国对外开放的"试验田"[①]

我国的自贸试验区建设已经从 2013 年的初期试点阶段进入到 2020 年的全面推进阶段，自贸试验区版图也实现了从点到线、再从线到面的空间战略布局。从保税区到自贸试验区再到自贸港，我国不断扩大对外开放，提高对外开放水平，推动经济高质量发展。

当前我国已成立 21 个国家级自贸试验区，包括上海、广东、天津、福建、辽宁、浙江、河南、湖北、重庆、四川、陕西、海南、山东、江苏、河北、云南、广西、黑龙江、

---

① 作者调查编写。

北京、湖南、安徽。按地理位置划分，可以分为 10 个沿海自贸试验区、8 个内陆自贸试验区和 3 个沿边自贸试验区，形成全方位、有梯度的开放格局。其发展模式和重点不尽相同。如沿海自贸试验区进行以港口片区为主要特征的对外开放；内陆自贸试验区承担中国经济内循环的重要节点功能，着重打造新兴产业和高端制造业。沿边自贸试验区则因地制宜其发展模式，进行产业结构的升级换代。

自贸试验区通过制度创新可以突破"一带一路"倡议的制度障碍、贸易壁垒和文化隔膜，增进"一带一路"国际经贸合作。2020 年新冠肺炎疫情大流行，给全球产业链和供应链带来巨大冲击。"逐步形成以国内大循环为主体、国内国际双循环相互促进的新发展格局"，这是中央根据国内国际形势发展的新变化做出的重大战略部署。作为新时代改革开放的新高地，自由贸易试验区是链接"双循环"的重要平台和关键节点，也是促进"双循环"新格局形成的重要抓手和有力支撑。

在新形势下，应立足各自由贸易试验区的资源禀赋、区位优势，授予自由贸易试验区更大的改革自主权，促进它们探索差异化发展之路。除继续加强货物贸易和吸引外资的全面开放，还需着力于资金与人员开放政策的实施，即货币完全自由兑换和境外人员自由流动。还应当注意保持制造业的一定比重，避免产业空心化。

参考文献

［1］N. 格里高利·曼昆. 经济学原理（第 8 版）［M］. 梁小民，译. 北京：北京大学出版社，2020.

［2］任志安. 管理经济学［M］. 北京：中国人民大学出版社，2020.

［3］周勤，侯赟慧，赵驰. 管理经济学［M］. 北京：北京大学出版社，2020.

［4］罗云峰. 博弈论教程（第 2 版）［M］. 北京：清华大学出版社，2020.

［5］道格拉斯·B. 莱尼. 信息经济学：如何对信息资产进行定价、管理与度量［M］. 曹雪会，译. 上海：上海交通大学出版社，2020.

［6］哈罗德 W. 库恩. 纳什精要［M］. 彭剑，译. 北京：机械工业出版社，2020.

［7］刘志彪. 产业经济学（第 2 版）［M］. 北京：机械工业出版社，2020.

［8］多米尼克·萨尔瓦多. 国际经济学（第 12 版）［M］. 刘炳圻，译. 北京：清华大学出版社，2019.

［9］张维迎. 博弈论与信息经济学［M］. 上海：格致出版社，2019.

［10］陈雨露. 国际金融（第 6 版）［M］. 北京：中国人民大学出版社，2019.

［11］克里斯托弗 R. 托马斯. 管理经济学（第 12 版）［M］. 北京：机械工业出版社，2018.

［12］詹姆斯 R. 麦圭根. 管理经济学（第 14 版）［M］. 陈章武，译. 北京：机械工业出版社，2018.

［13］吴德庆，王保林，马月才. 管理经济学（第 7 版）［M］. 北京：中国人民大学出版社，2018.

［14］陈章武. 管理经济学（第 4 版）［M］. 北京：清华大学出版社，2018.

［15］提尔曼·伯格斯. 机制设计理论［M］. 李娜，译. 上海：格致出版社，2018.

［16］迈克尔·贝叶，杰弗里·普林斯. 管理经济学（第 8 版）［M］. 王琴，译. 北京：中国人民大学出版社，2017.

［17］秦树东. 管理经济学［M］. 北京：电子工业出版社，2017.

［18］多米尼克·萨尔瓦多. 管理经济学原理和国际应用（第 8 版）［M］. 陈章武，杨晓丽，译. 北京：清华大学出版社，2017.

［19］内拉哈里. 博弈论与机制设计［M］. 曹乾，译. 北京：中国人民大学出版社，2017.

［20］蒙昊. 国际金融理论与实务［M］. 北京：人民邮电出版社，2017.

［21］李平. 管理经济学［M］. 北京：高等教育出版社，2016.

［22］方博亮. 管理经济学原理与应用［M］. 北京：北京大学出版社，2016.

［23］法纳姆. 管理者经济学（第3版）［M］. 罗立彬，译. 北京：电子工业出版社，2016.

［24］安佳. 管理经济学——企业经营的理论. 方法和应用［M］. 北京：人民邮电出版社，2016.

［25］莫顿·I. 凯曼，南茜·L. 施瓦茨. 动态优化——经济学和管理学中的变分法和最优控制（第2版）［M］. 王高望，译. 北京：中国人民大学出版社，2016.

［26］李帮义. 博弈论与信息经济学［M］. 北京：科学出版社，2016.

［27］钱津. 管理经济学［M］. 北京：北京大学出版社，2015.

［28］弗罗布. 管理经济学：如何解决实际问题［M］. 李国津，译. 北京：北京大学出版社，2015.

［29］周颖. 管理经济学［M］. 北京：电子工业出版社，2015.

［30］王尔大，于洋. 管理经济学［M］. 北京：清华大学出版社，2015.

［31］W. 布鲁斯·艾伦，尼尔·A. 多尔蒂. 管理经济学：理论、应用与案例（第8版）［M］. 申笑颜，译. 北京：中国人民大学出版社，2015.

［32］戴维·贝赞可，戴维·德雷诺夫，马克·尚利. 战略经济学（第5版）［M］. 侯锦慎，译. 北京：中国人民大学出版社，2015.

［33］布里克利，史密斯，齐默尔曼. 管理经济学与组织架构（第4版）［M］. 张志强，王春香，张彩玲，译. 北京：人民邮电出版社，2014.

［34］夏洪胜，张世贤. 管理经济学［M］. 北京：经济管理出版社，2014.

［35］宋国宇. 管理经济学［M］. 北京：经济科学出版社，2013.

［36］李自杰. 管理经济学［M］. 北京：清华大学出版社，2013.

部分习题参考答案

扫二维码如遇到问题，请邮件联系 258699722@ qq. com。